高等教育城市与房地产管理系列教材

社区发展与管理

主　编　包红霏
副主编　李南芳　何　敏

中国建筑工业出版社

图书在版编目(CIP)数据

社区发展与管理/包红霏主编. —北京：中国建筑工
业出版社，2014.5
高等教育城市与房地产管理系列教材
ISBN 978-7-112-16318-2

Ⅰ.①社… Ⅱ.①包… Ⅲ.①社区建设-高等学校-
教材 Ⅳ.①C912.8

中国版本图书馆 CIP 数据核字(2014)第 012964 号

本书包括的主要内容有：绪论、中国社区建设与管理的实践发展、国
外社区管理的实践与经验、社区的组织、社区服务、社区环境、社区卫生
服务、社区教育、社区文化、社区治安。本书在每章都安排了复习思考
题，便于学生复习。本书体系完整、内容丰富、资料翔实，具有理论性、
实用性的特点。每章均由基本内容和特色案例组成，是一部融社区管理理
论与实践为一体的教材。

本书可作为普通高等院校管理类本科生教材及其他专业选修教材，还
可作为基层社区管理人员学习使用。

责任编辑：胡明安　姚荣华
责任设计：董建平
责任校对：陈晶晶　刘　钰

高等教育城市与房地产管理系列教材
社区发展与管理
主　编　包红霏
副主编　李南芳　何　敏

*

中国建筑工业出版社出版、发行（北京西郊百万庄）
各地新华书店、建筑书店经销
北京科地亚盟排版公司制版
北京建筑工业印刷厂印刷

*

开本：787×1092 毫米　1/16　印张：14¼　字数：350 千字
2014 年 5 月第一版　　2014 年 5 月第一次印刷
定价：**39.00 元**
ISBN 978-7-112-16318-2
(25056)

高等教育城市与房地产管理系列教材

编写委员会

主任委员: 刘亚臣

委　　员（按姓氏笔画为序）:

于　瑾　王　军　王　静　包红霏　毕天平

刘亚臣　汤铭潭　李丽红　战　松　薛　立

编审委员会

主 任 委 员: 王　军

副主任委员: 韩　毅（辽宁大学）

汤铭潭

李忠富（大连理工大学）

委　　员（按姓氏笔画为序）:

于　瑾　马延玉　王　军　王立国（东北财经大学）

刘亚臣　刘志虹　汤铭潭　李忠富（大连理工大学）

陈起俊（山东建筑大学）　周静海　韩　毅

系列教材序

沈阳建筑大学是我国最早独立设置房地产开发与管理（房地产经营与管理、房地产经营管理）本科专业的高等院校之一。早在1993年沈阳建筑大学管理学院就与大连理工大学出版社共同策划出版了《房地产开发与管理系列教材》。

随着我国房地产业发展，以及学校相关教学理论研究与实践的不断深入，至2013年这套精品教材已经6版，已成为我国高校中颇具影响力的房地产经营管理系列经典教材，并于2013年整体列入辽宁省"十二五"首批规划教材。

教材与时俱进和不断创新是学校学科发展的重要基础。这次沈阳建筑大学又与中国建筑工业出版社共同策划了本套《高等教育城市与房地产管理系列教材》，使这一领域教材进一步创新与完善。

教材，是高等教育的重要资源，在高等专业教育、人才培养等各个方面都有着举足轻重的地位和作用。目前，在教材建设中同质化、空洞化和陈旧化现象非常严重，对于有些直接面向社会生产实际的应用人才培养的高等学校和专业来说更缺乏合适的教材，为不同层次的专业和不同类型的高校提供适合优质的教材一直是我们多年追求的目标，正是基于以上的思考和认识，本着面向应用、把握核心、力求优质、适度创新的思想原则，本套教材力求体现以下特点：

1. 突出基础性。系列教材以城镇化为大背景，以城市管理和城市房地产开发与管理专业基础知识为基础，精选专业基础课和专业课，既着眼于关键知识点、基本方法和基本技能，又照顾知识结构体系的系统。

2. 突出实用性。系列教材的每本书除介绍大量案例外，并在每章的课后都安排了现实性很强的思考题和实训题，旨在让读者学习理论知识的同时，启发读者对房地产以及城市管理的若干热点问题和未来发展方向加以分析，提高学生认识现实问题、解决实际问题的能力。

3. 突出普适性。系列教材很多知识点及其阐述方式都源于实践或实际需要。并以基础性和核心性为出发点，尽力增加教材在应用上的普遍性和广泛适用性。教材编者在多年从事房地产和城市管理类专业教学和专业实践指导的基础上，力求内容深入浅出、图文并茂，适合作为普通高等院校管理类本科生教材及其他专业选修教材；还可作为基层房地产开发及管理人员研修学习用书。

本套系列教材一共有九本，它们是《住宅与房地产概论》、《房地产配套设施工程》、《城市管理概论》、《工程项目咨询》、《城市信息化管理》、《高层住区物业管理与服务》、《社区发展与管理》、《市政工程统筹规划与管理》和《生态地产》。

本套系列教材在编写过程中参考了大量的文献资料，借鉴和吸收了国内外众多学者的研究成果，对他们的辛勤工作深表谢意。由于编写时间仓促，编者水平有限，错漏之处在所难免，恳请广大读者批评指正。

刘亚臣

前　言

伴随着世界各国的社区建设的兴起，社区发展与管理逐渐成为我国社区发展理论与实践的热点问题。本书是在借鉴国外社区发展理论以及总结我国相关城市多年来的社区建设改革实验和社区管理实践经验的基础上，撰写而成。

本书共分 10 章，从不同角度和层面对社区发展与管理进行了研究，具体包括绪论、社区发展与管理的实践、社区发展与管理的内容三部分。其中，绪论主要介绍社区含义与构成要素、社区分类和社区的功能等；社区发展与管理的实践主要介绍中国社区建设与管理的实践发展，国外社区管理的实践与经验，选择欧美和亚洲一些社区发展比较发达的国家，介绍其发展经验，分析其主要特色与基本模式；社区发展与管理的内容主要从社区的组织、社区服务、社区环境、社区卫生服务、社区教育、社区文化、社区治安等方面来阐述社区管理的实务内容。

本书由具有多年教学和实践经验的教师精心撰写，由包红霏担任主编，李南芳、何敏担任副主编。具体分工如下：前言、第 1、2、3 章由包红霏撰写；第 4、5、6、7 章由李南芳撰写；第 8、9、10 章由何敏撰写。此书还得到了沈阳建筑大学管理学院的其他教师的大力支持，在此表示感谢。

本书体系完整、内容丰富、资料翔实，具有理论性、实用性的特点。在编写过程中，每章均由基本内容和特色案例组成，是一部融社区管理理论与实践为一体的教材。既可以作为行政管理、公共事业管理、社会工作等有关专业学生的教材，也可以作为社区管理人员的工作参考书或培训社区工作人员的教材。

本书在编著过程中参考了一些书籍和文献，并引用了有关的观点和资料，在此向相关的作者表示衷心的感谢。在撰写本书过程中作者投入了大量的时间和精力，但由于理论水平和实践经验有限，疏漏与不足在所难免，恳请各位专业学者及广大读者批评指正。

目　　录

第1章 绪 论

【关键词】 社区；社区分类；社区功能；社区管理

【案例导读】

中国第一个居民委员会

民政部于 2008 年 6 月 28 日在杭州宣布：成立于 1949 年 10 月 23 日的浙江省上城区上羊市街居民委员会是新中国第一个居民委员会。

据介绍，新中国第一个居民委员会是指自 1949 年 10 月 1 日中华人民共和国成立之日起我国建立的第一个城市居民委员会。它必须具备以下 5 个条件：时间为 1949 年 10 月 1 日新中国成立以后；名称为居民委员会；地域为城市；组织的性质为基层群众自治；组织结构为民主管理的委员会制。

2008 年 6 月 28 日在杭州举行的新中国第一个居民委员会寻访成果发布会上，民政部专家组组长、北京大学社会学教授夏学銮宣布：杭州上城区提供的举证材料充分、可靠，专家组确认该居民委员会为新中国第一个居民委员会。

上羊市街居民委员会成立于 1949 年 10 月 23 日，当时辖 2250 户。因不符合杭州市政府关于管辖户数的要求，它在同年 12 月 20 日被拆分为 13 个居委会。上羊市街居委会的名称从 1949 年一直被使用到 2000 年建立新的社区居委会，目前属杭州市上街区紫阳街道的管辖范围。

时任民政部基层政权和社区建设司司长詹成付说："'新中国第一个居委会'的诞生，不仅标志着封建保守制度的终结，也标志着基层民主自治正式走上历史舞台，是我国基层社会管理制度的重要转折点，其发祥、发展史折射出中国社区建设的发展史。"

据了解，"新中国第一个居民委员会"的寻访工作前后经历了近 5 年时间。

（新京报. ［2008-06-28］.）

1.1 社区的含义与构成要素

1.1.1 社区的概念与特征

社区的形成具有一个历史和现实的过程。历史上因为人类社会自然的生活和生产方式，形成了自然的村落，随着自然村落的不断发展和完善，形成了今天的社区。另一个现实的原因是，随着社会的发展，城市的兴起，人为地规划了行政区划，而我国许多社区的划分与行政区划具有一定的交叉和重叠，由此形成了我们今天城市中的社区。

1. 社区的概念

"社区"的概念最早由德国社会学家滕尼斯于 1887 年提出，是指由若干个亲族血缘关系结合而成的社会的联合，是一个社会共同体。

现代社会对"社区"概念有了不同的理解和注释。我国使用的"社区"概念，是费孝通先生在 1933 年介绍美国芝加哥学派的创始人帕克的社会学时，用来翻译英文 Community 一词时所使用的解释。主要是指以一定的地区为范围，在这个地区上，人们相互间结成的、具有一定关系的社区群体。同时，区分了在血缘关系基础之上所形成的具有亲属关系的群体。

从现代社会学的意义上来看，社区的概念是指聚集在一定的地域范围内的社会组织和社会群体，依据一套社会规范和制度结合而成的社会生活实体，是一个地域社会共同体。所以，社区是进行一定社会活动、具有某种相互关系和共同文化维系力的人类群体，在特定的地域内，按照某种制度或规范从事着社会的政治、经济等活动，并由此形成的、具有从属心理的、具体的社会单位。

确定一个社区的标准，可以采用客观标准和主观标准两种。

（1）客观标准。是指在我国社区的界定中，要考虑社区划分的自然地理条件等因素，即设定一个社区要考虑社区的自然河流、山脉、道路等自然界限。以自然地理条件来划分社区，主要是为了考虑社区之间的地理分隔的因素，比较有利于社区的管理、人员来往方便、自然生产和生活的实用性、人际关系的亲疏程度，等等。在今天，尤其是我国的农村社区，由于传统上社区疆域划分不明确，在社会的经济生产和文化交流中，产生了许多的摩擦或矛盾。因此，明确社区的界限对于构建和谐稳定的社会，具有非常重大的意义。

（2）主观标准。我国为了进一步加强管理，在行政区划上，划分了若干个具有行政性质的社区，尤其是在我国的城市中，社区的界定就具有人为划分的意味。除了要考虑行政区划的因素外，还应注意社区构成的基本要素。社区的组织或群体是具有一定的心理、文化的从属关系，它们在生产和生活中构成了相同的生活方式和生产方式，在社区这一社会实体的生活之中，具有强烈的相互关系和联系。因此，在划分社区时，也应当考虑这种心理上的主观因素。由此在确定社区时，可以跨出行政区划的范围或框架，从社区居民心理和文化的角度来设定社区界限。

2. 社区的特征

（1）地域性。社区是人群在一定的自然地域空间上的聚集。一方面，它并不是一个无限大的区域范围，具有有限的地域空间；另一方面，社区还是一个人文的空间，在地域范围上，社区还是居民群众的社会心理空间，人类在这一空间上，还创造出了社区的特有文化。因此，社区是地域空间和人文空间的结合，它体现了人类活动的地理区域和社会心理的维系空间。不仅在城市中有道路、商业网点、居民住宅区，在乡村中有农田、村落、祠堂，而且在城市和乡村还有居民们共同的生活方式、心理、关系和文化，是社会学家研究社会的重要阵地。

（2）共同性。居住在同一地域社区的居民具有共同的生活方式和习惯，有相同的利益，在长期的生活过程中，自然形成了一个有组织的社区实体，并维护着共同的社区群体利益，以共同的方式处理问题，形成传统上的行为规范。同时社区生活的共同性还在于，社区居民长此以往形成了共同的社区传统文化，特别的地域社区居民的认同感和归属感等社区意识，形成了社区实体特有的内聚力，并以此作为社区居民相互社会关系的重要纽带。不同地域的社区会有不同的社区文化形态。

（3）互动性。社区是一个微小的社会，人与人之间的社会关系是具体的、密切的，人们在地域社区中生活，相互之间的社会互动较多，人们共同生活在同一个社区中，相互的协调和共性需要社区成员积极的往来、沟通与互动，才能达到一个良性的运行过程，才能为本社区的发展和功能的体现创造条件。尤其是在我国农村的传统社区，人们相互之间的社会交往和互动关系比城市密切而浓厚。社区的居民如果来往少，彼此缺乏感情的交流和沟通，相互间不了解，就无法形成社区的共同意识，也就不是社会学意义上的社区了。

总之，社区是在一定地域中形成的，具有密切相互关系和意识的人们生活共同体。地域和人群构成了社区的基本要素，而人群的相互关系和互动则构成了社区的核心要素。

1.1.2　社区的构成要素

确定或划分一个社区，必须要具备以下几个要素。

（1）人群。具有一定的相互关系或心理联系的人群，并构成社会的群体或组织。

（2）地域。社区是一个具体的社会实体，社区并不是一个广大的、无限制的疆域，它是个有限度的区域。

（3）生活服务设施。一个社区的划分或确定，必须要有一套完整的社区居民生活所必须的生活服务设施。

（4）社区管理的机构。社区的管理机构是管理、监督社区民众生活和贯彻、执行规范制度的主要保障。

（5）规范的制度。社区是一个社会的具体生活共同体，人们在社区中生活要遵循一定的生活规范和制度。

（6）社区文化。包括：传统社区文化，如地方的口音、民俗等；社区的认同感，无论你来自哪种社区，你都会对自己所在的社区具有强烈的认同感；社区的归属感，主要是人们在心理上的社区归属感，如对从小生活的社区的怀念、回忆等。

1.1.3　社区与社会的关系

在国内外学术界和实际生活中，"社会"一词具有多重含义。我国古籍中的"社"是指用来祭神的一块地方，"会"是指集会。两个字合起来，就表示在一定的地方，民间节日举行的演艺集会或祭神的庆祝活动。后来引申为以和睦为宗旨的各种团体。近代以来，在西方社会学界，有人认为社会是具有共同心理的人们的集合；有人认为社会是一种包括人类行为的习惯、情操、民俗等在内的文化遗产；还有人认为社会是互相模仿的一群人。这些都是关于社会的非科学界定。马克思、恩格斯等革命导师运用历史唯物主义观点探讨了社会的本质，他们认为社会是一个有机整体，是人们交互作用的产物，是各种社会关系的总和；社会的基础是生产方式，并在生产方式的基础上形成了相应的上层建筑；社会是按照一定的规律发展变化的，其原因在于社会内部的矛盾性。根据马克思、恩格斯的这些思想，所谓社会是在一定的生产方式基础上由人群所组成的，由人们的思想意识起作用，并有一定的上层建筑为之服务的充满活力的巨型自我控制系统。这个巨型系统是一切社会要素的总和，虽然不等于国家的概念，但一个国家，尤其像中国这样的国家具有社会的全部特征。因而我们可以把一个国家看成是一个社会整体。这个社会整体与社区的关系，主要表现为以下两点：

首先，从范围上看，社区是社会的组成部分。如前所述，社区是由居住在某一地方的人们所构成的社会生活共同体，其表现形态或者是一个村庄，一个集镇，一个由集镇连同周围的村落、农家构成的"集镇区"；或者是一座城市，乃至城市中的一个街区等。它们的人口是社会总人口的一部分，它们的地域和各种设施是社会生活条件的一部分，它们的管理机构属于整个社会管理系统的一部分，因而是社会的组成部分。换句话说，整个社会是由若干不同类型的社区所构成的。从这一点出发，那种把一个国家乃至全球视为一个社区的说法，便混淆了社区与社会的关系，其结果是使社区这一概念失去了自身特有的含义，抹杀了社区研究自身的特点。另外，从国内外社会学界对社区研究的实例来看，也很少有人把一个规模颇大的国家当作是一个社区，而大都是把一个村庄、一个集镇、一个集镇区或一个城市乃至城市中的一个街区当作是一个现实的社区。正因为如此，我们认为社区是社会的组成部分。

其次，从内容上看，社区是社会的缩影，是具有相对完整意义的社会实体。与社会某一部门、某一行业不同，社区所反映的并非社会的一个侧面，而是一个相对完整的社会结构体系。因为，社区是由一定的人口、一定的地域、一定的生产和生活服务设施、一定的管理机构和文化现象以及人们的思想意识等因素所构成的，具备社会的主要因素。不仅如此，一个社区还包含着人们的多种社会关系、多种社会群体和社会组织、多种社会活动，俨然是一个"小社会"。所以，社会普遍存在的一些现象都可以在社区内反映出来，人们能够透过社区观察到千变万化的社会现象，能够倾听到社会生活浪潮发出的细微呼声。但是，另一方面，也应该看到，社区作为社会的组成单位和社会的缩影，并不能反映社会的全部内涵和全部性质。因为，社会不是众多社区的简单拼合，而是由各种社会单位、社会现象和社会关系有机结合而成的整体，它具有超越各个具体社区的性质和特征，有着和具体社区不尽相同的发展规律和运行机制。

1.2　社区分类

随着社区研究的深入和社区本身的历史演进，社区分类标准呈现出多元化状态，我国学术界对社区的分类方式大致可分为以下几种：

1.2.1　按社区功能分

1. 经济社区

经济社区是指社区内的劳动者多数从事生产经营活动，其功能主要为经济功能的社区。经济社区还可以根据经济活动的种类细分为工业、矿业（如沈阳铁西工业区）、农业、林业、牧业、渔业、商业社区等。

2. 政治社区

政治社区是指各级行政区域的领导机关、管理中心所在地。城市中各类行政管理机构、政府各种机关聚集的社区，可视为政治社区。

3. 文化社区

文化社区主要指教育、科研、文化艺术等单位比较集中的区域，如北京的中关村，英国的剑桥等。

4. 军事社区

军事社区是指以军营、军事基地、军事院校或科研院所为主体的社区。

5. 特殊社区

特殊社区是指以实现社会某种特殊目的为活动内容的区域，如福利社区、精神病院、监狱、劳改农场、传染病隔离区等。

1.2.2 按区域特征分

1. 城市社区

城市社区是指以非农产业即第二、第三产业为主的居民所聚居，达到一定人口密度和规模，由国家批准设立市建制的社区。其主要特点是：人口集中，异质性强；经济和其他活动频繁；具有各种复杂的制度、信仰、语言和多样化的生活方式；具有结构复杂的各种群体和组织；家庭的规模和职能缩小，血缘关系淡化，人际关系松散；思想、政治、文化相对发达；社区服务设施、物质条件相对齐全。

2. 农村社区

农村社区是指以从事农业生产为主要谋生手段的人口为主，人口密度和人口规模相对较小的社区。农村社区的主要特点有：人口密度低，同质性强，流动性小；组织结构、经济结构单一；风俗习惯和生活方式受传统势力影响较大；家庭的社会影响作用较强；社区成员关系密切、血缘关系浓厚；社区服务设施、物质条件等相对落后。

3. 城镇社区

城镇社区即介于城市和乡村之间的、居民主要不从事农业生产劳动、人口达到一定规模的社区。城镇社区是城乡连续体中的一个特殊类型，是农村社区向城市社区转型的过渡型社区，因而它兼有前两类社区的特点：在人口要素上，它与城市社区较接近；在组织和经济结构上它又与农村社区的特征相类似；在服务设施、物质条件和管理水平上，它又介于前两类社区之间。

1.2.3 按空间特征分

社区具有明显的地域空间特征，按此标准来划分，社区可分为法定性社区、自然性社区和专能的社区三种。

1. 法定性社区

法定性社区即通常所说的地方行政区。它的界限可以明确地标示在地图上，并以法律形式加以规定。如城市中各个区、街道所辖的地域范围形成的社区，以及农村乡、镇、村等行政单位所辖的地域范围所形成的社区。法定性社区由政府或政府授权的行政派出机关来充当管理主体，对社区进行综合管理。这样的社区，政府功能的发挥相对直接、有效，有相对完备的政府管理网络和相对完备的服务设施，社区功能齐备，服务全面，社区居民与社区关系密切。

2. 自然性社区

自然性社区即人类在生产和生活中自然形成的定居区。如农村的自然村落、集镇和城市等。自然性社区与法定性社区有时是重合的。例如，农村中的许多自然村落同时被划定为"行政村"，一个小城镇同时也是建制镇。与法定性社区相比，在自然性社区中，社区成员的血缘、亲缘、地缘关系更为密切。

3. 专能的社区

专能的社区是指人们从事某些专门活动而形成于一定地域空间上的聚集区。如大学城、军营区、矿区等都是一种专能的社区。

1.2.4　按社区内部组织形式分

1. 整体社区

整体社区是指具有相对独立意义的，基本上具备了人类社会生活所包括的主要方面，并且能够解决绝大多数社区居民主要需求的比较完整的社区。这样的社区既有供人们进行生产活动的设施，又有供人们进行政治、文化活动以及其他社会生活所需要的设施、服务行业等，且大多数社区成员的经济、政治和文化活动都是在本社区范围内进行的。如一个城市、一个独立的村落，都是整体社区。

2. 局部社区

局部社区是整体社区的一部分，如城市中的一个街区。这样的社区，虽然也有构成社区的主要因素，但不能解决绝大多数成员的各种生活需要，不能完整地反映社会结构体系，尽管也有生活服务设施，但社区成员要到社区以外从事生产活动。

此外，按社区成员的互动类型来划分，社区可分为具体社区和抽象社区。所谓具体社区是指人们互动频率高，成员角色全部呈现的社区，如一条街道、一个村庄等。所谓抽象社区，是指尽管社区成员共同生活在一个聚落之中，但彼此只在特定场合发生单一方面的关系。因此，要描述这个社区时，往往需要用一系列抽象的数字来说明，所以称之为抽象社区，如较大的城市等。

按社区的地理环境来划分，社区可分为平原社区、山区社区、牧区社区等。

按社区发展的历史，还可以将社区分为流动型社区、半固定型社区、永久型社区等。

按新构建社区的特点，可将社区分为单位型社区-人群主体主要由本单位职工及家属构成；小区型社区-成建制开发的封闭式小区，功能设备配套，有独立的物业管理；板块型社区-按面积、人口、资源要素确定的，以三级以上马路砍块划定的社区。

1.3　社区的功能

从地域范围来讲，社区是人类生活和活动的共同体。人们在社区里要实现各种不同的社会功能，而社区也是由这些不同社会功能所构成的一个完整的结合体。

1.3.1　社区一般功能

（1）经济功能。社区一般都具有经济的功能，主要是满足社区人们生活的基本需要，包括一定的生产、分配和消费功能。不同类型的社区因经济生产活动不同，构成了不同的经济功能。农村以农业生产，如耕作业、渔业、林业、牧业等第一产业为主。城市主要以工业、商业、服务业和金融业等第二产业和第三产业为主，这也是衡量一个国家的发展是否实现现代化的一个重要标志。城市这样的社区功能涵盖了商业、旅店、餐饮、金融，以及其他服务性行业等，并为广大的城市和乡村民众提供了广阔的就业、谋生的场所和机会。

（2）政治功能。社区的政治功能主要在于维护和保障社区的秩序和安定，力求保证社区居民生活和生产的安全与和谐。社区的政治功能是通过组建社区的管理机构来进行管理，包括社区委员会、各类行政政治组织、公共事业组织、党派组织、社团组织以及各级立法组织等。

（3）服务功能。社区的服务功能是为了直接满足社区居民的最基本的生活需要所设立的服务设施或机构。社区老百姓的生活牵涉方方面面，也直接影响到他们对社区的满意度。尽量满足社区居民的生活需要也是社区构成的主要因素之一，要建立完备的生活服务设施，如菜市场、理发店、邮局、银行、购物中心、娱乐中心等，同时还应配有其他功能的服务机构，如老年人活动中心、家政服务中心、医疗陪护中心等，并广泛招募或支持社会志愿者参与到社区服务工作中来。社区的服务功能还应包括给本社区的居民创造出足够的公共空间。因为，在当今社区里，人们已不再属于来自相同的"单位"或"集体"的员工，社区居民之间互不熟悉，甚至基本就不认识，如果有一个自由的活动空间，就可以组织和方便社区居民开展活动和交流，促进相互之间的联系，为共同生活的社区尽自己的义务。

（4）教育功能。社区的教育功能体现在对社区居民的教化过程中，通过各种社区文化活动，为社区居民提供各类教育服务。如灾害中的自救知识、家居生活中的烹饪技术交流、社区亲子活动等各种社区所开展的活动。目的在于通过社区居民之间的学习和交流，掌握各种技能和技巧，不仅丰富了居民们的生活，更重要的是加强了社区居民的内聚力，对形成规范的社区具有较大的作用。

（5）卫生功能。社区的卫生功能包括社区本身的环境保护功能和对社区居民的医疗卫生保健功能。社区在建立的同时，就应当考虑环境的建设问题。一个良好的社区环境，除了开发和建设外，更重要的是需要依靠社区成员自己来维护和管理。一个优雅、舒适、整洁的社区环境，既有利于社区生态系统的发展，也有利于居民对高品质生活的追求。社会经济和文化的发展不能够以牺牲环境和破坏人类生存基础为代价。在我国的社区发展过程中，要大力提倡发展社区医疗保健工作。随着我国人口增长的需要，对医疗服务要求的质量越来越高。但由于我国医疗体制的不完备，医药价格市场的不规范，人们就医难已成为一个社会问题。为了缓解人们看病难，提高就医的工作质量和速度，在社区开办社区医疗机构，进一步完善社区医疗保健的医护人员配备、医疗器械配置、药品价格的合理化，加强社区医疗机构的建设，增加社区的医院、诊所、药房，使一般的疾病到社区医疗机构就可完成，既方便和实惠了社区群众，又支持和促进了社区医疗的发展，同时还解决了大医院看病难的压力，使社区的结构要素更加趋于完善。

（6）娱乐功能。社区的娱乐是通过社区组织和设施所开展的群众性的文体活动，它是社区居民休闲的一种生活方式。社区在街道办事处和社区委员会的领导和组织下，开展经常性的社区娱乐活动，如歌舞比赛、知识竞赛、厨艺表演等活动，引导社区居民追求积极向上的精神境界，增强人们的身体健康，陶冶人们的性情，增加相互了解，创建和谐社区。

（7）宗教功能。在一些社区中，因为宗教的广泛存在而建立起宗教活动中心，如教堂、寺庙、道观等。在社区内部的团结中，宗教的功能起着非常重要的作用。社区居民在宗教信仰的驱使下，内心具有强烈的趋同感，宗教的这种精神上的安慰和约束，比任何力量都来得伟大而坚强。特别在我国的农村社区中，宗教的庙宇、家族的祠堂、信徒的信仰等，在控制和约束村民的身心上具有不可替代的功能。

1.3.2　社区本质功能

（1）社会化的功能。社区在人们的社会化过程中，起到了至关重要的作用。社会化是一个个人提高学习群体文化，学习承担社会角色，把自己"一体化"到群众中去的过程。一个个体必须通过学习社会的文化，努力使自己整合到社会中去，成为合格的社会成员，也就是取得社会成员资格。我们出生后一般是依赖家庭养育者的帮助，在初级社会群体中生活和长大。为了更好地与社会融合，首先就要进行社会化的教化，在社会化的过程中，自己通过同化等潜移默化方式，逐步形成了社会认可的价值观和人格，并成长为社会的合格成员。社会化的教化来自于家庭、学校和社会三个方面，无论何种社会化的教化方式，都根植于社区这个社会实体。所以，社区作为一个具体的生活共同体，是人们进行社会化的重要场所。

（2）社会控制的功能。社会控制分为软性控制和硬性控制两种。社区所承担的控制权力主要是软性控制。软性控制包括社会的风俗、习惯、宗教、文化、道德和规范等，这种软性控制是通过对人们的思想和行为的控制力，来实现自觉的控制，而且，这种控制力也是社区对居民进行的最有效的控制。社区可以通过对社区居民的行为进行赞扬、表彰或讥讽、议论等方式，来实现对人们良好行为的宣扬，对不良行为的指责，使社区成员自觉地遵守社区的规范和制度，以维护社区的发展。社区的软性控制功能的机构通常包括深植于社区内部的宗教、邻里、社团组织等。

（3）社会参与的功能。社区成员通过参与社区的活动，如经济性活动、政治性活动、福利性活动、教育性活动、娱乐性活动等，来进一步增强社区成员间的相互了解，促进建立良好的人际关系，互相帮助，建立快乐、健康、有趣的社区生活。但是随着社会经济文化的发展，尤其是城市建筑小区的规模化，人们对住房条件的不断追求，使居住在传统的、熟悉的、具有良好人际关系的社区居民越来越少，取而代之的是互不相识的、单元式的、以自我为活动空间的现代社区居民的居住方式。人们在这样的社区环境中生活，相互不往来，对于参与社区的一切活动认为没有必要，社区活动与自己无关，不参与也不会受到什么损失，因此，参与的积极性不高。社区是人们共同的生活载体，在现代社区的居住方式中，如何调动和开创社区居民积极参与社区共同生活和活动，是当今我国城市社区建设中值得研究和思考的问题。

（4）社会互助的功能。社会互助的社区功能在我国的农村体现得非常完美，也是乡村传统社会生活中的基本功能。在传统的社区中，邻里关系非常亲密，家庭之间相互帮助。虽然免不了邻里的矛盾和纠纷，但总体上构成了非常和谐的居家环境。但随着社会生产和生活的日益现代化，社区越来越向着城市化的方向迈进，社会互助的功能有所削弱。在新的城市社区生活范围内，邻里之间彼此互不相识，互不来往，加上居住环境的独立性和封闭性，更加深了居民之间的隔阂。但是社区所具有的互助功能仍然在一定基础上起着作用，居民在环境、卫生、急救、防御、生活等方面，仍需要相互的关心和帮助，尤其有病人、老人、小孩、残障人的家庭中，社区居民之间的帮助就更显得重要。所以应加强社区互助机构的建设和管理，根据社区的具体情况，建立和满足社区居民对社会互助方面功能的需要。

1.4 社区管理的含义与特征

1.4.1 社区管理的概念

社区管理是指政府和社区组织依据相关的法律，对社区居民的公共行为和社区的公共事务实施的管理过程。社区管理包含二种意思：社区管理是整个社会公共管理的一部分，既包括社区组织对自己身边事务的管理，也包括政府对社区的管理；另一方面，社区管理也是社区组织对其社区居民的公共行为和内部事务的管理。

1.4.2 社区管理的特征

社区管理具有明显的特征，这些特征主要表现为：

1. 区域性特征

社区具有地域要素，社区管理的具体内容基本上都局限于社区的范围之内，管理的方式也是发动社区内的各类管理主体，进行自我组织、自我服务和自我管理。这种管理主体和管理对象的同一性，使社区管理的区域性特征更加明显，如果社区外的管理机构延伸至社区内来实行管理，那么社区的自我管理机制将无法正常运行，如果本社区管理机构的管理对象越出了社区的范围，那么社区管理主体和管理对象的一致性将不复存在。因此，以街道党工委和街道机构为主导的社区管理，一定要将工作重心指向社区，协调各方面的力量，积极开展环境卫生、绿化养护、市容整治、治安联防、教育卫生、文娱体育、社区服务等各项工作，切实解决社区居民日常碰到的各种困难和不便，提高居民对社区的认同感和满意度，同时还要抓好本社区的精神文明建设，加强思想道德品质以及文化艺术、科学知识的教育，以提高本社区居民的综合素质和生活质量。

2. 互助性特征

首先，生活在社区中的居民之间以及他们与社区单位、群众团体之间有着十分复杂、密不可分的关系，作为社区管理四级网络的居民委员会和社区居民之间的关系就是一个很好的说明。居委会干部是居民推举并通过社区居民直接选举的方式产生出来的，他们是社区居民的代表，要为居民说话，维护社区居民的利益，但居委会作为两级政府、三级管理、四级网络这种城市管理体制中的重要一环，它又要承担一部分街道机构交办的任务，居委会的这种双重身份，使它成为连接居民和街道机构的"桥梁"，三者之间有了紧密的联系。其次，这种复杂而又紧密关系建立的基础是各社区成员之间的平等关系，每个社区成员既是管理主体，同时又是管理对象，既有管理别人的权利，又有接受别人管理的义务。再次，在这种关系基础上建立起来的社区管理只能是社区成员共同参与的平等、互利、互助式的自我组织；自我服务、自我管理的模式，解决社区的矛盾和困难所采取的方法也只可能是社区成员的互助行动，即社区管理具有互助性特征。

3. 复杂性特征

社区管理的复杂性是由社区的人口要素、结构要素和社会心理要素所决定的。这些要素决定了目前社区存在以下三种情况。

(1) 人口密度高，流动性较大，外来人口的数量在不断增加。

(2) 社区成员的异质化程度高。各社区单位的性质、行政级别、规模、从事的工作等各不相同，而且数量众多。除社区单位之外，社区居民的异质化程度也在呈逐步提高的趋势，其表现一是人口结构变化，老年人的比例增高；二是从事职业收入的分化程度提高，有技术和技能的年轻人就职于新兴高科技行业的比例高，其收入相应也高，中年人的分化程度最高，下岗待岗人员不少，但大多数单位的领导和骨干也是有经验、有特长、年富力强的中年人。此外，由于房屋租赁政策的出台，社区居民中住房富余的、将房屋出租导致大量的借居者及外来人口进入社区，进一步加剧了异质化程度。社区成员的异质化程度越高，其需求就越不统一，要通过社区管理来满足这些需求也越难、越复杂。

(3) 社区成员之间的交流难度增加，次数减少。造成交流困难的主要原因：一是竞争压力大，工作已不仅仅限于上班时间，8 小时以外也有很多工作要做，使自己的空余时间减少，以致影响交流。二是生活条件改善，特别是居住条件的改善，使居民大多住上了独立成套的住房，但同时也淡化了人们的交往意识。三是由于社会上存在不安定的因素，治安状况不尽如人意，居民注意自我保护，邻里之间，特别是不熟悉的邻里之间交流极少。四是通信工具的发展，如电话、传真、网络的出现，使居民能跨越空间的阻隔进行远距离的交流，甚至可以在虚拟空间中和虚拟的人物进行交流，而这一切都降低了他们对在社区内进行面对面交流的需求程度。

社区管理要协调和发动这些数量众多、异质性强、交流意识淡薄的社区成员来参与社区管理，因此，社区管理涉及的因素众多，十分复杂。

4. 综合性特征

由于社区成员的数量多，差异性大，所以他们各自的资源优势和需求也各不相同。社区管理就是要充分利用社区居民的资源，满足多样化的需求；另外，社区管理的主体也不是单一的，而是各方面力量的共同参与，要综合利用这些力量；同时，社区的功能也不是单一的，社区管理要综合利用社区的各种功能，故社区管理具有综合性特征。

1.4.3　社区管理的主要内容

社区管理属于社会公共管理的体系，管理的内容广泛，大致可以分为以下几个方面。

(1) 社区对居民行为的管理。社区对居民行为的管理，包含了对"人"的管理，即对社区居民的个人行为和社区内的一切公共行为所进行的管理。居民的个人行为即私人行为。个人行为只要是在私人空间内，对他人、家庭、社会、环境等不产生危害，那么作为私人的行为社区组织无权进行干涉。但是，私人的行为要是给社会、组织、他人和环境造成了危害或潜在的危害时，社区组织就有权进行管理。

(2) 社区对公共事务的管理。社区的公共事务是指能够对许多人产生共同的影响、需要社区成员共同决定和采取行动的事务。社区是由居住在社区内的居民组成的共同体，社区生活中会有大量的公共事务等待社区组织去处理，比如，社区的绿化、环境卫生、社区治安、社区基础设施建设等，这些事务涉及社区居民每一个人，要解决这些事务需要社区居民同心协力，共同完成任务。但同时，社区的公共事务也可能涉及居民不同层次的利益，因而，需要有一个利益的协调机制来平衡社区的不同利益。这就必须要求社区的管理人员通过日常的社区管理活动，来处理不同利益集团的公共事务。

（3）社区对政府公共事务的管理。我国政府的某些职能，需要交由基层社区组织来承担具体的管理工作，如公共卫生、疾病防治、计划生育、人口普查、流动人口的管理等。这些事务属于更大范围的社会公共事务，政府承担其管理职责。但政府在具体实施工作中，需要社区基层组织参与工作和帮助实施。实际上，我国的城乡社区的管理在很大程度上是政府管理体系的一部分。随着我国社区建设的日益发展和壮大，社区一方面属于居民的自治组织；另一方面也是政府公共行为的管理组织。

具体来说，本教材从第4～10章将分别阐述社区组织、社区服务、社区环境、社区卫生服务、社区教育、社区文化、社区治安等内容。

【特色案例】

案例一：北京市海淀区华清园社区

华清园社区位于北京市海淀区中关村，东至财经学院东路，西邻中关村街道科馨社区，南至清华园货场，北至成府路；占地 16.37m²，总建筑面积 41.4 万 m²，居住面积336 万 m²。该社区有两个居委会，第一居委会成立于 2003 年，第二居委会成立于 2004 年3 月 18 日。2006 年，社区划归中关村街道办事处管辖，下辖几十栋楼。其中，华清嘉园11 号楼为双语幼儿园，12 号楼为商用楼，17 号楼为中关村二小。东升园公寓 5 号楼为明天第五幼儿园，7 号楼为物业办公楼。华清园社区的特点是流动人口、外籍人口较多（外籍人口中 80％是韩国人）。华清园社区作为北京市社区管理的样板区，是北京市高等学校人才培训基地，北京市魅力社区之一。

1. 组织设置

华清园社区主要的机构是党支部、居委会和服务站，其中党支部领导居委会和服务站，起核心作用；居委会是自治机构，履行政府交办的各项事务，同时指导物业部门的工作；服务站主要为居民提供社区公益类服务，向居委会、居民负责，接受其指导和监督。为了防止相互扯皮，居委会主任兼任服务站站长。此外，社区内还有社区民意协调委员会和五名常务居民代表，前者的召集人是党支部书记，居委会主任、片警、重要机关负责人参与，主要负责协调民意；后者来自居民代表大会，负责搜集、反映民意。

2. 资金来源

在北京，居委会资金分两块：办公经费和社区公益金。在社区公益金方面，如果社区住户小于 2000 户，政府每年拨款 8 万元；如果大于 2000 户，在此基础上每户每年增加 40元。华清园社区因为参加北京市的社区改革试点工作，因此，基数是每年 15 万。在社区公益金的使用上，华清园采取由居民代表大会讨论决定的办法。不过，由于现实中许多居民的参与意识不强，因而居委会会根据工作中遇到的实际问题，汇总后向居民代表大会提出使用动议，由居民代表大会进行审议。如果居民代表大会通过该项动议，则可以动用社区公益金，如果居民代表大会不同意某项动议，则不使用社区公益金。

3. 公共服务

这是中国社区的基本任务，华清园也不例外。在华清园，公共服务的供给由居委会和社区服务站共同负责。社区服务站成立于 2007 年 6 月，办公楼设在社区内东升园公寓 10 号楼，一楼右边是公共服务大厅，主要为居民提供"一窗式"便民服务；左边是老年活动室，老人们可以在这里打牌娱乐。沿楼梯进入二层，是接待室、活动室、办公室以及活动宣传板。服务站主要负责提供公共服务、公益服务和便民服务，公共服务主要是为居民办理一些相关的手续；公益服务是指一些社区公益活动；而便民服务则是针对社区居民生活中的一些问题找出解决办法，从而为社区居民提供便利。

为了维护社区治安，华清园居委会规定如果居民出租房屋，需要到居委会登记，居委会也会提醒居民签订安全责任书。在人口管理上，华清园社区的工作重点是老年人和小孩，中间人群主要靠工作单位。对于流动人口，居委会采取了一些临时性的针对措施，如汶川地震后给社区内的四川籍农民工发放慰问金，邀请社区内的律师为他们提供法律及其他咨询服务。

在社区邻里互助上，华清园通过志愿者队伍建立一帮一的互助小组，增进邻里感情，为空巢老人提供买菜、读报、聊天等服务。此外，现代社会人们的生活压力较大，因此，社区还不定期开展心理咨询工作。如果遇到常规的、简单的心理问题，由居委会工作人员给予安抚治疗。如果问题比较复杂，社区会联系专门的心理咨询师，为心理病人提供相应的服务。

为了丰富社区文化生活，华清园将居民分为青少年组、老年组和社区组，并配备了三名专职工作者负责此事。通常，他们会根据服务人群的特点开展有针对性的活动，如组织老年人举办趣味运动会，在儿童节举办少儿互动活动等。

在华清园社区，民间组织、志愿者十分活跃，他们组建了"老年舞蹈队"、"老年电脑培训班"、"乒协"、"老年合唱队"、"京剧社"等十几个群众团体，内容涵盖合唱、舞蹈、模特、钢琴、太极、晨练等。这些民间团体虽然规模不定，但他们都定期开展活动。为了使对公益组织的管理常态化、规范化、合法化，华清园进行不定期的培训，并互相交换资源。除此之外，社区还有巡逻队、环境监察队等组织，在重要的日子开展相关的活动。

社区参与是事关社区居民的大事，为了调动居民的参与积极性，吸引他们参与社区活动，华清园根据不同的群体，采取不同的对策。组织方式是提前通知、发布告，介绍工作的亮点，在活动现场举办能吸引居民亲身参与的活动，如有奖竞猜，而不是单纯地讲解宣传。对于社区内有技能的人，居委会会在每年的户籍交接工作中从派出所获得相关信息，通过上门探视与之交流，了解其情况，在需要时调用。为了提高社区志愿者的技能，提升社区服务水平，华清园社区定期开展有关的培训活动，帮助他们提高技能，如与社区卫生站联合培训急救技能，以便老人发生意外时能及时开展急救工作。

4. 工作成效

通过努力，华清园的群众满意度高达 90％，社区党组织、居委会地位明显增强，工作能力提升，服务专业化水平逐渐提高，反应速度也不断加快。而且，社区参与率也升至 70％，参与度提高，民间组织发展较快，居民社区认同度提高，社会责任感增强。

（魏娜. 社区管理原理与案例. 北京：中国人民大学出版社，2012.）

案例二：浦东新区陆家嘴滨江社区

浦东新区陆家嘴滨江社区位于陆家嘴金融贸易区，紧靠黄浦江东岸，北到张杨路，南至浦电路，西至浦明路，东至浦城路。该区核心区面积 1.7km²，规划建筑面积 400 万 m²，外资金融机构众多，是上海中央商务区的重要组成部分。滨江社区有着高品质的生活居住环境，其高档小区备受外籍人士尤其是欧美人士的青睐。

1. 社区设施

滨江社区内居住面积较大，现代化程度较高，停车场和现代信息技术的使用也较多，如宽带信息通信系统、一卡通系统、无线传呼系统、门禁系统、家庭防盗报警系统、电子巡警系统、节能系统等，生活空间的便利度、舒适度和安全度较高。

在配套设施上，由于滨江社区所在的陆家嘴金融贸易区是上海城市空间的重要副中心，因而社区交通便利发达，各类服务与办公设施都是国际一流。在生活上，社区内的每个小区都有完善的餐饮、洗衣、超市、物业管理、学校等服务体系，休闲娱乐设施如室内游泳池、多功能运动场、网球场、台球室、高尔夫球馆、酒吧、KTV、桑拿中心、美容室等一应俱全，且服务较好。在日常娱乐上，社区内居民常去户外运动场、公园、绿地、酒吧、咖啡馆等，而小区内的酒吧、咖啡馆、茶馆等的使用率较低，年轻人则倾向于选择去更有风情的市中心娱乐地带。

2. 社区成员

经过长时间的发展，滨江社区包括任恒滨江园、世贸滨江花园、菊园、汤臣海景、盛大金桑等高档、成熟的住宅小区。在这些小区中居住的外籍人士占 40%，其中欧美籍 15%，港澳台地区之外的亚洲人 12%，港澳台地区的人士占 10%，其他地区的境外人士占 3%。可见，该社区人口的国际化程度较高。从年龄结构看，45 岁以下的占 91.3%。所有人都拥有本科以上学历，其中一半以上有硕士以上学位，且大多数成员为跨国公司高管或技术主管、外企老板、自由职业者、律师、会计、工程师，收入和社会地位较高，属于高收入阶层，成员的家庭结构比较稳定，1/3 的家庭拥有 3~4 人。

在消费结构上，基本生活支出和教育文化医疗娱乐支出各占 11%~30%，社区内的居民整体消费能力较高。在交通工具上，几乎所有的居民都拥有自己的私人轿车，且上班地点离居所较近。不过，大多数居民休闲时间较少，工作繁忙。在周末等休闲时间，他们把主要精力用在个人和家庭内部事务上，较少参与公共事务。如果说有业余爱好，他们也是钟情于健身锻炼和旅游。

3. 社区互动

在滨江社区，社区成员趋于同质，即收入较高，欧美籍较多，年轻人较多，社区成员的生活方式、形式和范围具有阶层同构性。在文化上，该小区更多地表现出异质性，这是由小区内国际化程度较高决定的，因此，滨江社区很难形成较高的认同感，多元化程度较高。在归属感上，超过九成的居民视工作情况而定，这与其跨国公司的雇员身份相符，因此，虽然形成了一定的归属感，但总体程度较低。在对社区的了解形式上，居民更喜欢书面的沟通方式，黑板报、告示栏也比较受欢迎，社区广播等传统的传播渠道和网站影响较弱，社区成员多不知晓。

在社区参与上，他们更关心与自己利益密切相关的事务，因而，与物业公司接触最多；虽然有参与意愿，但由于工作繁忙和语言沟通障碍等，他们对社区参与和公共活动的关注都较少。在日常交往上，近七成的居民和邻居偶尔有交往，日常交往的频度和深度都较低。

4. 社区组织管理

在众多的小区中，只有任恒滨江园设有小区居委会，且居委会中拥有两位外籍人士，而其他的小区均没有居委会，社区组织管理较为松散。在任恒滨江园中，共有居民 1936 户，居住率 86％，40％的居民来自 40 多个国家和地区。居委会成立于 2003 年。首届选举中澳大利亚籍的杰森·波汉先生和新加坡籍的吕丽莲女士当选为居委会委员，成为境外人士的代言人。其组织结构也较有特色，由居民代表选举出来的居委会是议事层，7 名委员不必坐班，但要定期开会，对本社区的大小事务做出决策；街道聘请 5 名社区工作者组成执行层，执行议事层的决策，接受居委会的监督。居委会委员是兼职，不拿工资津贴。波汉负责策划、组织文娱活动，吕丽莲负责联络外籍人士和调节境外人士之间的纠纷。小区居委会下还设有 11 人组成的调解委员会，其中有三名外籍调解，诸如业主与保姆、邻里装修的矛盾等，都因为他们的调解而迎刃而解，因此，他们惊讶于自己的能力。要知道在国外，芝麻大的事情都要经过法院。

由于涉外高档社区没有卫生治安、民政救济等职能，因此，居委会的工作重心在"服务为先、文化传媒"上，如介绍家政服务、定期上门收集废品、帮助外籍人士就医、解决外籍人士孩子入托上学等问题。而夏天一同纳凉、中秋举行晚会、开西式生日派对、中式包饺子大赛等丰富多彩的娱乐活动，也使小区形成了较好的团体氛围，初步营造了有事找居委会的理念。三年之后，第二届居委会换届选举，很多外籍人士积极报名，希望用自己的力量为居民服务。国际化的小区正逐步走向融合。

（魏娜. 社区管理原理与案例. 北京：中国人民大学出版社，2012.）

【复习思考题】

1. 举例说明社区的概念与特征。
2. 确定或划分一个社区，必须要具备哪些要素？
3. 学术界对社区的分类方式都有哪些？具体包括什么类型？
4. 举例说明社区的概念与特征。
5. 阐述社区管理都包括哪些主要内容。

第2章 中国社区建设与管理的实践发展

【关键词】社区发展；社区管理

【案例导读】

中国社区管理发展迅速

自1986年民政部在城市推行社区服务开始，在政府和基层社会双重努力下，我国的社区建设发展迅速。从管理体制上看，单位体制、街居体制逐步让位于社区体制，并积极开展了街道大社区体制探索。从领域上看，社区建设由城市扩展到城乡结合部的郊区再扩展到广大农村，覆盖城乡基层的整体社区建设格局已经形成。从内容上看，社区建设涉及基层社会的方方面面，社区民主政治、社区文化教育、社区经济、社区环境、社区治安综合治理等等。从特征上看，适应于城乡各地实际、因地制宜的社区建设模式丰富多彩，百花齐放。

2.1 社区管理的发展过程

新中国成立以来，我国的社区管理的发展历经了三个阶段：第一个阶段（20世纪50年代），街居制与单位制齐头并进，同步发展。第二个阶段（20世纪60~70年代），单位制进入全盛时期，街居制在城市社区管理中逐渐被边缘化。第三个阶段（20世纪80年代以来），随着市场经济的发展，单位制日渐衰落，街居制问题重重，社区服务与社区建设兴起。

2.1.1 街居制与单位制同步发展

1949年新中国诞生，旧的国家机器终结，其在城市的基层组织——保甲制度也随之被废除。如何通过一定的组织形式，既实现政府对城市尤其是基层的控制与管理，又能把城市居民组织起来，满足其当家做主的需求，就成为一个迫切的问题。在这种背景下，街居制和单位制诞生了，其标志是1954年12月全国人大一届四次会议通过的《城市街道办事处组织条例》和《城市居民委员会组织条例》，这是新中国第一次用法律的形式确定城市街道办事处和居民委员会的性质、地位和作用。这两个条例实施后，各城市依法对混乱的街、居组织进行了整顿。至1956年，全国各地相继完成了街、居两级组织的组建工作。我国城市社区的基本组织——街道办事处和居民委员会从此正式、全面形成，成为我国城市社会管理体制的一个有机组成部分。

与此同时，以根据地时期的供给制为核心的单位制也逐步完善，并从党政军机关扩展到所有国营和集体性质的基层企事业法人，我国进入了单位社会。在单位制下，单位被赋予了特殊的功能与作用。第一，单位是一个政治型组织，承担着对其员工进行教育与有效政治控制的功能。第二，单位是一个资源分配和调控的组织。第三，单位又是一个社会组织，承担着职工的劳动、获取社会资源、医疗、福利、交通以及子女教育等社会职能，是一个"五脏俱全"的小社会。第四，单位也是一个教育组织，承担着一定的意识形态教育功能。这样，我国便进入了街居制与单位制同步发展的时期。

2.1.2　单位制的全面发展与街居制的边缘化

20 世纪 60～70 年代，通过街道社区单位化和单位社区化的双向发展，单位制度得到全面发展，作为城市法定社区的街居组织逐渐沦为城市社会的边缘地带。首先，20 世纪 50 年代末～60 年代初，党和政府曾尝试在城市社区中建立政社合一的人民公社组织，废除街道办事处和居委会，实现社区的单位化。然而，由于协调困难，效果不佳，各地的城市人民公社于 1962 年先后被撤销，街道办事处重新恢复，街道社区的单位化转型半途而废。不过，我国很快又开始了单位社区化进程。所谓"单位社区化"，一是指单位和社区在城市地理空间上的重叠；二是指用单位的多元化功能取代社区功能。因此，随着单位制度的强化，街道和居委会等城市社区组织的作用日益衰落，我国的城市社区管理进入了以单位制管理为主、街居制管理为辅的时代。

2.1.3　单位制的衰落与社区制的兴起

1979 年 7 月 1 日通过的《中华人民共和国地方各级人民代表大会和地方各级人民政府组织法》重新确定了街道办事处的性质。1980 年 1 月 8 日，人大常委会确认《城市街道办事处组织条例》继续有效。在此前后的一段时间里，城市社区组织的作用开始显现出来。然而，随着经济体制改革的深入，我国的社会结构发生了巨大变化，单位制受到了强烈的冲击。一方面是民营企事业蓬勃兴起；另一方面是国营企事业的"非单位化"，单位制逐渐萎缩、衰落。单位制的衰落首先意味着政府通过单位控制社会的基础发生了动摇，因此，如何在市场经济条件下建构政府与基层社会的关系是各级政府迫切需要解决的一大现实问题，单位制向社区制转变就是顺应这一形势的结果。社区取代单位，成为基层城市整合社会秩序、配制各种资源、提供各种服务、开展群众自治的主要载体。社区制逐渐兴起，其标志是街道办事处和居委会在基层城市的作用越来越大。一直到现在，虽然某些单位还在发挥作用，但社区的力量不断壮大，已成为我国城市区域（甚至在农村）的主要管理载体，不可替代。

2.2　社区服务与社区建设的实践

2.2.1　社区服务的历程

20 世纪 80 年代，在借鉴国外社区发展理念的基础上，我国的社区服务与社区建设工作也逐步发展起来。其中，在民政部的积极倡导下，我国的社区服务经历了酝酿产生、普及推广和巩固提高等阶段，取得了显著的效果。

1. 酝酿产生阶段（1983～1987 年）

1984 年，民政部明确了"社会福利社会办"的指导思想。在此基础上，民政部于

1986 年在沙州会议上首次正式提出在城市开展社区服务工作的构想与要求。1987 年，民政部在武汉举办了"第一次全国社区服务工作会议"，会上提出"面向社会，发展社区服务"的总方针，标志着我国社区服务的兴起。

2. 普及推广阶段（1987～1993 年）

1987 年武汉会议召开后，武汉、上海、北京、天津、重庆、常州、益阳等地开始在街办、居委会有计划、有步骤地推行试点工作。试点的主要内容是：（1）建立社区服务的指导、协调机构。（2）制定社区服务发展规划。（3）探索基层社区服务模式。

1989 年，民政部在杭州召开了全国社区服务工作会议，总结推广了全国各地开展社区服务的经验，形成了进一步开展社区服务的新思路。同年 12 月，修改后的《中华人民共和国城市居民委员会组织法》第四条规定："居民委员会应当开展便民利民的社区服务活动"。这进一步推动了社区服务向微型社区的延伸。

3. 巩固提高阶段（1993 年～今）

社区服务在全国推广后，资金短缺与服务亟待扩展的矛盾日益突出。为此，原国家计委、民政部、原体改委、财政部等 14 个部委于 1993 年 8 月联合下发了《关于加快发展社区服务业的意见》，明确了社区服务业的发展目标和基本任务，制定了相关的扶持政策。1995 年，民政部颁布了《全国社区服务示范城区标准》，在全国开展了创建示范城区的活动。1998 年，民政部命名了 46 个"全国社区服务示范城区"。2000 年，民政部颁布《民政部关于在全国推进城市社区建设的意见》，该文件把社区服务作为今后十年城市社区建设的首要任务。2006 年 4 月，《国务院关于加强和改进社区服务工作的意见》发布，进一步明确了新形势社区服务工作的指导思想、基本原则和主要任务，着重强调了政府、社区居委会、民间组织、驻社区单位、企业和居民等各类主体在社区服务中的重要作用。2007 年 5 月，民政部和国家发改委联合制定了《"十一五"社区服务体系发展规划》，部署了"十一五"期间我国社区服务的四项重点任务。这是我国社区服务体系建设领域的第一个国家专项规划，标志着社区服务已成为政府和社会的共识。

2.2.2 社区建设的探索历程

20 世纪 90 年代初，在社区服务广泛开展的基础上，民政部提出了"社区建设"的概念。随后，民政部广泛征求意见，并在天津市河北区和杭州市下城区展开试点工作。1998 年 3 月，"第九届全国人民代表大会第一次会议"通过的国务院机构改革方案中，明确赋予民政部"指导社区服务管理工作，推进社区建设"的职能。为此，民政部在原基层政权建设司的基础上建立基层政权和社区建设司，具体管理和指导全国的社区建设工作。

1999 年 8 月，民政部在全国城市社区建设实验区工作座谈会上提出了社区建设的基本思路和发展方向：（1）建立与社会主义市场经济体制相适应的社区建设管理体制和运行机制。（2）在加强社区功能的基础上建设环境优美、治安良好、生活便利、人际关系和谐的文明社区。（3）扩大基层民主，实现社区的自我管理、自我教育和自我服务。随后，民政部先后在北京、上海、南京、青岛、石家庄、沈阳、天津等 26 个社区开展社区建设的试点工作。

2000 年 11 月 9 日，中共中央办公厅、国务院办公厅转发《民政部关于在全国推进城市社区建设的意见》，明确了社区的含义和推进社区建设的指导思想、基本原则及主要内容，这标志着我国城市社区建设由试点阶段进入全面推广普及阶段。为贯彻意见的精神，民政部于 2001 年 7 月发布《全国城市社区建设示范活动指导纲要》及《全国社区建设示范城基本标准》，社区建设广泛开展起来。

2.3　社区管理创新实践

2.3.1　社区管理体制创新实践

在我国的社区建设实践中，许多城市根据其城市规模、管理体制以及社区建设的实际情况，创造性地探索出了各具特色的社区管理新体制。其中，比较典型的是以上海市卢湾区为代表的政府主导型体制、以武汉市江汉区为代表的综合型体制和以沈阳为代表的自治型体制。

1. 政府主导型管理体制创新

这一模式的特点是：第一，政府组织是社区治理的主体。居委会被纳入政府体系中，其独立性和法律所规定的自治性都受到限制，街道办事处掌控居民委员会选举、经费来源和工作任务划分等社区管理的重大事项。第二，政府承担着对社区治理的无限责任和所有风险。第三，社区治理的方式主要是以行政管理手段为主，政府通过对组织与资源的控制来达到治理的目的。第四，社会组织尤其是具有一定独立性的非政府组织的发展受到了限制，其服务功能得不到有效发挥。第五，社区居民参与社区活动的主动性差、热情不高。

政府主导型的改革以上海市卢湾区五里桥街道为代表。在那里，社区被定位于街道，街道办事处的权力得到加强，"两级政府、三级管理、四级网络"的组织体制和"以块为主、以条为辅、条块结合"的管理机制得以形成，而日常管理是依靠领导系统、执行系统和支持系统实现的。

政府主导型管理体制的产生有其独特的背景：第一，单位制是政府控制社会及其成员的主要形式，单位承担了其社会成员的就业、住房、福利、教育等一切职能，社区只是"补单位之缺、拾单位之遗"。第二，政府与社会的关系表现为强政府、弱社会。第三，城市政府多采用层级管理的方式，对基层社区进行具体和微观的管理。这种体制能够发挥政府组织动员社会资源和社会力量的能力，在短时间内体现社区建设效率，但是这种模式对社区自治能力的提高和社会建设的深入开展是不利的。

2. 综合型管理体制创新——政府推动与社区自治相结合

这一模式的特点是：第一，社区治理的主体由政府组织扩展到社区内的自治组织与非政府组织。第二，社区自治组织在法律规定范围内的权利得到体现，社区自治能力得到加强。第三，社区的资源投入以政府投入为主、社会组织投入为辅，并逐渐增加多渠道的资源投入。第四，建立在半自治半行政基础上的社区委员会是社区组织的主体，它是联结政府与社区的桥梁与纽带，政府组织的权威与社区组织的权威共同发挥作用。第五，社区群众参与社区管理者的选举、社区公共事务的决策以及社区公益活动的热情普遍提高，社区参与的范围更加广泛。

综合型管理体制创新以武汉市江汉区为典型。在江汉区，社区首先按照沈阳的思路被进行了重新划分，并建立了与其类似的组织管理体制。与沈阳不同的是，江汉区吸收了上海模式的精髓,对政府职能进行了重新调整,明确规定社区与区直属部门、街道办事处是指导与协助、服务与监督的关系,而不是领导与被领导的关系,而且分清了三者的职责权限。

3. 自治型管理体制创新

这一模式的特点表现为:第一,社区组织真正成为承担社区公共事务管理与决策的主体。第二,政府与社区共同承担社区资源提供的责任,并逐渐培育吸取社会资源的能力。第三,社区民主政治高度发达。第四,社区治理主体间是一种平等合作的网络型关系。

自治型改革最先由沈阳市提出。在沈阳,社区被定位为"小于街道办事处,大于原来居委会",且其规模根据自然地缘关系、资源状况、人口因素和人们的心理认同感等进行了重新划分,并建立了由决策层、执行层、议事层和领导层构成的新型社区组织体系。最重要的是,沈阳率先提出以服务居民为核心,理顺各部门关系,赋予社区自治权、协管权和监督权,实现了社区的自我治理。

自治型管理体制是我国城市社区建设的终极目标,不过实现这一目标还有许多障碍需要克服。例如,在政府主导的大背景下,如何划分政府行动与社区自治的边界。再如,即使边界清晰了,如何在日常运作中真正做到不越界。这些都是考验政府管理智慧的难题。

2.3.2 社区管理与服务方式创新实践

除了体制机制创新,在长期的实践中,我国还形成了一系列有特色的社区管理与服务方式的创新。

1. 政府自身的调适行为

面对社区的蓬勃发展,政府自身也在努力进行调适,以适应这一形势。政府自身的实践主要包括:设置社区公共服务工作站或社区服务中心;推行为民服务代理模式。

(1)设立社区公共服务工作站(中心)

社区公共服务工作站(中心)的设立源于居委会干部的数量十分有限,而社区要处理的事务却越来越多。目前,各地设置社区公共服务工作站(中心)的做法不尽相同,但根据社区公共服务工作站(中心)与社区居委会、街道办事处以及政府职能部门的不同关系,可以归纳成以下5种模式:

1)分设模式。这种模式以深圳为代表。2005年2月,深圳市下发的《深圳市社区建设工作试行办法》规定,在社区设立社区公共服务工作站。新设的社区公共服务工作站完全独立于社区居委会,二者分别负担不同职能。社区公共服务工作站是区政府社区建设委员会通过街道办事处设在社区的工作机构,是政府在社区的服务平台;社区居委会则是由居民依法选举产生,实行民主选举、民主决策、民主管理和民主监督的社区居民自治组织。目前深圳已全部建立了社区公共服务工作站。上海、北京市朝阳区也模仿这一做法,在社区设置社区协管办公室。

2)下属模式。这种模式以北京市西城区为代表。2003年初,北京市西城区《关于在全区范围内推进社区居委会管理体制改革试点工作指导意见》西政办〔2003〕4号明确在社区推行"两会一站"(社区成员代表大会、社区居委会和社区公共服务工作站)管理体制和运行模式。该模式的特点是社区公共服务工作站是社区居委会的工作机构,两者是领导和被领导的关系。大连、广州、宁波、南京、常州和青岛等地的部分城区的社区公共服务工作站也采用这种模式。

3）条属模式。这种模式以社区警务站、社区卫生站最为典型。这种社区公共服务工作站实质是职能部门在社区的外派办事机构，其工作人员由职能部门派出，并由派出单位考核、管理，工作站经费由派出机关供给。社区居委会和工作站相互协助、配合，社区公共服务工作站接受社区居委会的指导和监督。除了社区警务站、社区卫生站外，近年来，劳动保障工作站、外来人口管理部门、工会、青联、妇联等部门也纷纷在社区设置工作站，提供相应的服务。

4）专干模式。这种模式的特点是由基层人民政府或街道办事处出钱聘用社区专职工作人员，并与经居民选举产生的社区居委会成员一起办公，有的地方的社区专干是在社区居委会的领导下从事某一专项工作。如2003年宁波市海曙区出台的《海曙区社区专职工作者管理办法（试行）》规定，社区居委会从本社区居民中差额直选产生；社区居委会下设办公室，工作人员由社区专职工作者组成；社区专职工作者由社区居委会聘用，政府承担人力成本，主要承担居委会交办的自治性工作以及政府下达的相关的公共管理和服务工作。目前，聘用社区专干的方法已经被各地普遍采用。

5）"三位一体"模式。这种模式就是使社区公共服务工作站与社区党组织、社区居委会形成"三位一体"的社区管理格局。其最大的特点是吸取了上述4种模式的长处，避免了其弊端。主要特点是：交叉任职、分工负责、条块结合、合署办公。杭州是这一模式的首创者。

（2）推行为民服务代理模式

为民服务代理是政府自我调适的另一种尝试。最早推行这种方式的是浙江省玉环县。目前，许多社区都实行了这一制度。所谓为民服务代理，即在每个社区设立专职代理员，由专职代理员以全权代理、陪同办理或代言的方式向个人或单位提供各类公共服务。代理员主要由各级政府的党员干部组成。为了保证代理服务的效果，各地采用了以下三大措施：第一，设置了代理服务中心、代理服务站和代理点，形成了层级节制的代理网络。第二，明确代理事务的处理流程，即申请受理、分类承办、及时回复。第三，建立问责机制，主要措施有：①划分服务单元，明确职责范围。②优化代理服务流程。③建立登记备案制、首问负责制、服务承诺制、服务跟踪制和失责追究制。为民服务代理是克服官僚主义弊病，为社区居民提供灵活的、个性化的、成本更低质量更高的公共产品和服务的一种有效方式，有助于构建无缝隙的社区公共服务平台，提升社区服务品质，值得基层社区普及推广。

2. 制度安排与具体供给方式创新

除了上述政府组织自身的改革外，我国的社区服务在制度安排与具体供给方式上还采取了下列创新举措：

（1）政府与民间组织合作生产

上海罗山会馆的实践是这方面的典型。在社区建设中，将国家投资的公共设施委托给民间社团经营，以满足社区居民公共的需求，是上海市浦东新区社会发展局思考的重点问题。1996年，社会发展局与上海基督教青年会（简称"青年会"）签署协议，将罗山会馆正式委托给青年会运营和管理，开创了"政府主导、各方协作、市民参与、社区管理"的模式。罗山会馆的特色在于"社团托管、契约生产；分类管理；志愿参与"，它开创了民间组织与政府合作提供社区公共服务的先例，成为社区服务供给中不可回避的典型实践。

（2）特许经营与公私伙伴关系

这种模式的特点是：城市社区建设重视市场的力量，采用市场化运作手段，实现社区管理的企业化和公共服务的社会化；将企业效益与社区服务融为一体，思想道德建设与为群众办实事融为一体，社区党建与群众自治融为一体，物质文明建设与精神文明建设融为一体；在此过程中，政府的作用主要是宏观规划和指导，社区建设的主要实施者是企业主导，而作为服务的享受者，群众发挥监督作用。武汉市百步亭社区即是这一模式的典型。

（3）社区居民自发提供

这种方式一般发生在那些辖区内既没有大型企业，也没有闲置的土地用于商业开发，而居民中特殊群体和民政服务对象比例又比较高的社区中。为了解决社区服务的融资难题，一般由基层政府倡导组织成立慈善会，赋予独立法人地位，负责募集社会资金，组织社区互助，为辖区内的贫困人口和全体居民提供相关服务。自发提供不仅解决了社区服务资金短缺的问题，提高了辖区居民的生活质量，还有效利用了社会闲散资金，弘扬了慈善意识，促进了邻里互动，培育了自助组织的环境氛围，效果甚佳。

（4）政府购买服务

这一模式是指由基层政府向符合条件的非营利组织或企业购买特定的服务，后者负责向特定的群体提供规定的服务。其特点可概括为：政府倡导，与相关方签订协议，明确所购买的服务的种类、数量、提供方式、时间安排、品质要求等；符合资质者提供具体的服务；居民享用服务，监督服务提供者和政府的行为；社会参与。宁波市海曙区政府购买居家养老服务即是这一模式的典型。

（5）志愿者与志愿服务

志愿服务是一种发自内心、心甘情愿的付出，目的是实现个人的内在价值，其动机是利他主义、社会参与、需求满足和自我提升。中华民族很早以来就有民间邻里互助的传统，随着城市化的发展，现代都市间人际关系日益疏离和冷漠，因而"大公无私"式的志愿服务更加难能可贵。目前，社会救助、慈善活动、就业、治安管理、文教卫生、环境保护、突发事件、心理咨询、老年人服务、未成年人服务、残疾人服务、流动人口服务与优抚对象管理等是我国社区志愿服务的重要领域。总体上看，我国的志愿服务活动有以下特点：组织性比较强；志愿服务纳入社会服务的系统内，并与政府有关服务组织挂钩；民间自发的志愿服务逐步增多，并日益发挥重要的作用；志愿人员以青年为主。

（6）技术支持与信息化管理

社会管理网格化是这一创新的典型做法。所谓网格化，即以"责任制"为依托，按照完整、便利、均衡和差异性的原则，综合考虑"人、地、物、事、组织"等因素，将社区划分成若干小网格，每个网格配备管理员、网格民警、网格助理员等管理力量，由其为格内居民提供"精细化"服务的一种社会管理方式。网格管理以先进的信息技术和覆盖全面的监管网络为基础。借此，管理者可以清楚全面地了解社情民意，达到维护治安秩序、排查化解矛盾、提供流动人口服务等目的。不过，在社区人口异质性强、社区服务纷繁复杂的现状下，这一技术创新措施的积极作用要更大一些。目前，网格化管理被很多地方采用，尤其是在城乡结合部和环境比较复杂的社区，这一技术手段的应用更为广泛。

【特色案例】

案例一：沈阳市社区管理的自治探索

沈阳市辖 9 区（其中有 5 个中心城区，4 个城乡两种职能区）、3 县、1 市，共有 112 个街道办事处、141 个乡镇。全市总人口 720 万，其中城市人口 500 万。随着经济社会的发展，沈阳市旧的社区管理体制存在着许多弊端，如职能单一，对社区内涉及居民切身利益的许多问题无力协调解决；规模过小，服务功能不完善；干部年龄老化，不适应新形势下社区工作的需要；缺乏凝聚力和吸引力，居民对社区没有认同感和归属感等。在此背景下，沈阳市在 1997 年开始将社区建设工作提上重要议事日程，通过大力加强居委会建设夯实城市工作的基础。1998 年下半年起，在和平、沈河两区试点的基础上，沈阳全面展开了新社区改革。1999 年，沈阳大力推进社区建设，全市由原来 2753 个居委会重新划分为 1277 个社区，适合沈阳市实际情况的基层社会管理体制——沈阳模式初步形成。

沈阳模式的指导思想是：（1）遵循"社区是我家、建设靠大家"的基本社区理念。（2）充分考虑国情和市情，借鉴国内外经验。（3）坚持"小政府、大社会、大服务"的发展方向，建立自上而下政府指导与自下而上大众参与相结合的运行机制，以实现政府的宏观协调与社会发展之间的良性互动。以上述思想为指导，沈阳市重新调整了社区规模，理顺了条块关系，构建起新的社区管理组织体系和运行机制，形成了颇具特色的沈阳模式。

1. 明确社区定位

沈阳将社区定位在"小于街道办事处，大于原来居委会"的层面。由于原有居委会规模过小，资源匮乏，若将社区定位在居委会，则不利于社区功能发挥；街道办事处是政府的派出机关，若在街道层面上组建社区，则又影响社区的自治性质。因此，将社区确定在街道与居委会之间的层面上，既可克服这两方面弊端，又有利于社区资源的利用与功能的发挥。

2. 合理划分社区

沈阳市以自然地缘关系、资源状况、人口因素和人们的心理认同感为基础，按照"有利于居民安居乐业，有利于社区民主自治，有利于社区资源共享，有利于社区科学管理，有利于社区功能发挥"的原则，将社区分为 4 种类型：一是按照居民居住地和单位自然地域划分的"板块型社区"，有 976 个。二是以封闭型的居民小区为单位的"小区型社区"，有 99 个。三是以职工家属聚居区为主体的"单位型社区"，有 170 个。四是根据区的不同功能特点，以高科技开发区、金融商贸开发区、文化街、商业区等划分的"功能型社区"，有 32 个。调整后的社区平均规模为 1246 户，社区内的资源得到了有效配置。

3. 建立新型的社区组织体系

这个组织体系由决策层、执行层、议事层和领导层构成。"决策层"为社区成员代表大会，由社区居民和社区单位代表组成，定期讨论决定社区重大事项。"执行层"为社区管理委员会，它与规模调整后的居委会实行一套班子、两块牌子，由招聘人员、户籍民警、物业管理公司负责人组成，对社区成员代表大会负责并报告工作，职能是教育、服务、管理和监督。"议事层"为社区协商议事委员会，由社区内人大代表、政协委员、知名人士、居民代表、单位代表等组成，在社区成员代表大会闭会期间行使社区事务的协商、议事职能，有权对社区管理委员会的工作进行监督。"领导层"为社区党组织，即根据党章规定，设立社区党委、总支和支部，充分发挥党建组织的领导和党员的先锋作用，加强社区党建工作。

4. 坚持民主自治

首先，建立健全组织体系，规范民主自治的载体。其次，明确社区职权。社区具有自治权（社区干部选免权、社区事务决策权、日常工作管理权、财务自治权、不合理摊派拒绝权等）、协管权（协助管理部分行政事务）和监督权（监督政府部门的执法行为、服务情况等）。再次，明确社区职能，社区拥有管理职能、教育职能、服务职能和监督职能。最后，理顺党组织、政府部门、街道办事处、社区、居民之间的关系，改善外部环境，为社区民主自治建立制度和政策保障。

5. 立足服务居民

沈阳市社区建设的最大特色在于坚持民主自治。因此，服务居民是其改革过程中的基本立足点。总体上看，沈阳市各级社区服务居民的主要做法有：通过"低保"扩面，为社区贫困群体提供救助服务；通过健全区、街、社区三级服务体系，发展社区中介组织，为下岗职工、老人、青少年、残疾人等提供服务，通过建立社区警务室，设置人民调解员，维护社区治安；通过开展文化、教育、体育、科普、法制等活动，丰富社区文化生活；通过开展环境卫生服务，提升社区人居环境。

沈阳市作为老牌重工业城市在经济体制转轨中，把社区作为改革后的"生存空间"，实现社区自治建设的重大突破，是其制度变迁的重要动力。沈阳模式体现了"社区自治、议行分离"原则，符合现代社会民主政治的发展方向。

案例二：武汉市江汉区的社区创新改革

1999 年 10 月，针对居委会职能错位、城市管理体制滞后于经济社会发展，难以适应经济发达、民主进步的要求这一弊端，武汉市江汉区正式启动社区建设。2000 年 9 月，这一实践被命名为江汉模式，即以社区为平台，通过制度变迁，在每一个社区范围内，建立一种政府行政调控与社区自治机制相结合、政府行政功能与社区自治功能互补的社区治理模式。经过 12 年的发展完善，主要进行了以下改革：

1. 规模调整

与沈阳模式一样，江汉区首先将社区定位为"小于街道办事处、大于原来居委会"。以此为指导，按 1000～1500 户的规模标准将辖区内的旧社区调整为 112 个新社区。

2. 架构重组

仿效沈阳模式，江汉区对原有的社区管理架构进行了调整。改革后的社区管理机构包括：领导层——社区党组织；决策层——社区成员代表大会；执行层——社区居委会；议事监督层——社区协商议事会。在机构的产生上，江汉区按照公开公平公正的原则，通过民主选举，产生组建上述机构。尤为重要的是，通过面向社会公开招聘以及笔试、面试、预选、正式选举等程序，社区居委会成员崭新上岗。

3. 制度创新

第一，成立社区自治组织。为了实现社区自治，江汉区成立了社区成员代表大会作为社区的权力机构，同时成立社区协商议事会和居委会，作为社区成员代表大会闭会期间的常设机构和常设执行机构。为了保证居民自治的顺利实现，江汉区推行了以转变、转移、剥离政府职能为内容的改革。社区自治的内容包括：议事会的民主协商、居民小组自治、外来人口管理中的自治、居民公决、居民论坛、社区中介组织参与管理、费随事转的财力保障机制。

第二，转变政府职能。社区自治的关键在于政府职能转变，江汉区深刻认识到了这一点，因此，进行了政府改革和自我创新。改革的原则是：面向社区、重心下移；事权下移、责权利配套；以人为本、资源整合；扩大民主、依法自治。为了减少改革阻力，江汉区采取了"外出学习、深入调查、掌握信息、会议协商、取得共识、制定政策与方案、逐步推进"的改革策略。改革的内容是：首先，理顺关系。理顺社区、街办、区直部门的关系，社区与区直部门、街办是指导与协助、服务与监督的关系，而不是领导与被领导的关系。其次，界定职责。将辖区内的公共职能进行划分，明确各自的行动边界。划分后的公共职能包括以下三个部分：街办、区直部门单独负责的，社区单独负责的，区直部门负责、社区协助的。这样避免了权责交叉、相互推诿等弊端，有利于各司其职、权责对等，保证了社区公共服务职能的顺利进行。最后，划分权限。通过对各项职权进行重新界定，尤其是明确区直部门、街办、社区的管理权限，规范其运作，使得社区拥有"社区工作者选免权、内部事务决定权、财务自主权、民主管理监督权和不合理摊派拒绝权"，有效保证了社区公共服务、民主自治作用的发挥。

第三，政府与社区互动运行。为了实现政府与社区的融合，不至于出现各自为政，江汉区创新政府管理，实行了如下措施：改造外部环境，制定相关法律、政策，借助新闻媒体和社会舆论，为社区治理创建适宜的外部环境，减少改革阻力；实行"五个到社区"：人员配置到社区、工作重心到社区、服务承诺到社区、考评监督到社区、工作经费到社区。其特点是任务、人员、经费、目标管理落实，实现了双重领导和双重监督；通过双向服务承诺制、双向公示制、多形式的功能互补机制、多层次的民主评议和考核机制，实现政府与社区互动；建立社区评议街道和政府职能部门的考核监督机制；发展居民参与网络，对政府部门、街办和社区的工作进行监督。

江汉模式实施后，取得了显著成效，主要表现在：居民生活环境大大改善，居民生活设施、社区安全防护、社区办公设施等公益性基础设施从无到有、从小到大，改善较为明显；社区主体组织完善优化，居民自治组织逐步健全；社区就业、保险、医疗卫生、养老助残、社会救助等公共服务覆盖面扩大，功能增强；基层社区管理趋于有序，居民自治生动多样，居民对政府的满意度和认同度稳步提高。

江汉模式是以明确提出转变政府职能，提升社区自治功能，建立新型的政府调控机制与社区自治机制相结合，政府管理功能与社区自治功能互补的城市基层管理体制作为内容的社区管理模式。在制度上，它主要体现在完成了社区调整划分，社区组织体系得以重构；社区主体组织日趋健全，民间组织逐步发育；社区基础设施逐步完善，空间趋于合理；社区服务范围得到拓展，社区服务方式更加多样，社区工作者队伍不断壮大，工资待遇不断提高；政府与社区关系逐步理顺，合作共生的机制逐渐形成。这使得江汉模式具有以下特点：社区建设从转变政府职能入手；理论先行，理论与实践相结合；目标在于创建政府依法行政、社区依法自治相结合的社区治理模式，因而具有较大的借鉴意义。

（魏娜. 社区管理原理与案例. 北京：中国人民大学出版社，2012.）

【复习思考题】

1. 简述社区管理的发展历程。
2. 举例说明社区管理创新实践的具体应用。
3. 举例说明社区管理与服务方式创新实践的具体应用。

第3章 国外社区管理的实践与经验

【关键词】 自治模式；政府主导型模式；合作型模式

【案例导读】

日本的"社区建设委员会"

日本国民生活评议会下设的社区问题委员会，于1971～1973年先后在东京、大阪、名古屋三大地区推出84个样板地区，地方政府也设立相应的机构，如高知县高知市政府设立了"社区建设委员会"，下设"自治活动课"作为政府和市民对话的窗口。市内有一地区居民希望建造没有车辆行驶的安全步行地带，于是自发组织对居民进行问卷调查，经过数十次调查和讨论拟定了改建人行道和修订交通规则的提案。此提案经自治活动课递交市政府，获准后由市政府提供建筑材料和人工，着手修建道路；经政府与交通部门交涉后，还调整了交通规则。

3.1 国外城市社区管理概述

建设和发展城市社区，已经成为当前社会建设和社会公共管理的一项重大课题。这时，学习和借鉴国外在社区建设、社会管理方面的经验，对于正处于起步阶段的我国社区建设具有重要的现实意义。因此，在本书对国外的城市社区发展与社会管理进行简单的介绍。

3.1.1 国外社区的主要功能

国外许多国家与地区，尤其是发达国家的社区建设已经有一百多年的历史。比如，美国、德国、日本等，都是社区发展比较快，在社区建设、社区管理方面已经形成了系统的理论和方法，积累了大量丰富的实践经验。

西方国家在早期主要是通过"睦邻运动"和"社区福利中心运动"进行社区建设。通过"睦邻运动"和"社区福利中心运动"培养社区成员的自治和互助精神，创造更好的社区生活条件，调整城市基层的社会关系，缓解社会矛盾。最初的社区管理与社区建设活动与基督教会的参与分不开。

在国外，社区的功能主要表现在社区服务、社区文化建设和社区安全防卫三个方面。

1. 社区服务功能

在西方国家追求社会公平、公正和使所有的人都得到合理的安置是一个重要的社会目标。社区服务是国外城市社区的主要功能之一。这种功能主要是为老年人、残疾人、无家可归者、妇女儿童和失业者提供保护和支持，促进社会公平。许多发达国家，尤其是以德国、挪威、瑞典、丹麦等西北欧为代表的福利国家，他们都称自己的社会为福利社会。而福利社会的一项重要标准就是使每一个人都能得到社会的关注。他们认为，在一个高福利的社会，如果还有人吃不饱，穿不暖、享受不到社会的财富，就是这个社会的耻辱。福利社会目标的实现，一方面需要社会政策为保证，同时也需要社区发挥它的作用。因此，这些国家的城市社区就承担了十分重要的服务任务。

社区服务工作是西方许多国家的重要工作。这种工作可以由社会工作者、社区工作者来承担，也可以由义工（义务的社会工作者和教会团体的志愿者）来承担。主要的服务对象就是本社区内老人、儿童、残疾人和失业者。社区服务具有十分丰富的内容，包括在日常生活中为这些需要帮助的弱者提供物质上的帮助，也包括为他们提供精神上的帮助。

以德国为例，社区服务就包含为刚到某社区居住的外国人提供各种信息服务。他们从市政府的登记部门了解到谁是刚刚来到这座城市的外国人，会主动来问候新来者在哪些方面需要帮助。在德国的许多城市都有专门为外国难民、无家可归者和流浪者提供居住场所的组织机构。在英国也有许多为弱者提供各种救助服务活动的组织机构。这些工作都是社区服务工作的部分。他们的服务工作是有组织的系统服务，是组织性与自发性相结合的服务。一般来说，组织的建立是自发的，但是一个组织一旦建立，它所提供的服务就是系统的和自觉的。在英国伦敦、伯明翰等城市社区都有许多自发的义工组织，他们定期到医院、学校为残疾人、病人提供服务。每一位前来参加服务的人都是自愿、自觉的，而这个组织的运作是系统的。

2. 社区安全防卫功能

在西方国家，犯罪的预防工作既是政府的工作，也是社区的工作。一般来说这一项活动的开展都是由政府提倡，由社区、学校、家庭广泛地参与来完成的。近十年来，由于社会的发展变化，许多新的社会问题在西方的青少年身上有所表现，比如排外问题、新纳粹问题、吸毒问题和少年的性犯罪问题等。这些问题的解决需要家庭、社区和学校之间的联合。

国外社区安全防卫功能主要通过两方面得以发挥作用：一是社区在犯罪的预防，青少年的培养教育方面发挥着十分重要的作用，社区的安全防卫功能中最重要的内容就是保护下一代的安全，使他们远离各种犯罪行为，防止下一代沾染上不良的行为习惯。二是维护社区的治安秩序，确保社区居民的平安生活。在社区的安全防卫功能中，第二项功能的发挥与第一项功能的发挥有密切联系。社区组织居民维护社区的治安状况，教育居民学会识别和防止各种犯罪行为的产生，通过社区教育，提高社区居民的防范意识和防范技巧，增强他们的责任感，使他们与各种犯罪行为进行抗争。

在西方国家，近几年来针对幼童的性犯罪活动有所上升，社区治安预防就把这一犯罪的预防作为十分重要的内容。为了预防这种性犯罪行为的发生，社区警察、社区工作者和其他专家共同努力对孩子们进行必要的教育。以德国为例，从幼儿阶段开始，社区警察、家庭教育专家、性教育专家和咨询人员就与幼儿园和学校建立了广泛的联系，他们定期去幼儿园和学校为孩子们讲解如何避免受到陌生人的伤害，讲解怎么防止受到诱骗，讲解基本的性生理知识。同时，幼儿园与学校也召开家长会，请专家对家长进行犯罪预防的教育咨询活动。

在西方国家，无论是在预防社会暴力犯罪、性犯罪还是在预防新的种族歧视的发生等方面，社区都承担着一定的责任。社区内的机构、学校和社区居民会联合起来，共同为维护社区的秩序、促进社区的安全而积极努力。

　　3. 社区文化建设功能

　　社区文化建设是西方社区的另一项重要功能。所谓文化建设就是利用社区内的设施开展文化、教育、科普、体育、娱乐等活动，增进社区居民之间的相互了解，使社区关系融合，促进社区的发展。

　　社区的文化建设活动是社区的主要活动之一。一个社区发展的好坏，关键就在于社区居民之间的关系是否良好，社区内部的风气是否良好。而要使社区居民之间有良好的关系，社区的风气积极向上，就要依靠社区的文化建设与各种文化活动来实现。因此，社区的文化建设活动是社区教育和社会教育的重要组成部分。在西方国家，尤其是社区发展水平较高与市民社会比较成熟的国家，在社区的文化建设方面都具有良好的组织性并富有成效。

　　社区文化建设主要表现在社区居民共同努力为社区环境的改善和社区文化设施的改善提供帮助，也包括社区辖区内部的组织、单位、机构开放自己的文化设施为社区居民所用。

　　社区所在地的学校与社区居民之间建立的广泛联系是西方国家社区文化建设功能得到发挥的十分重要的方式，也是行之有效的方式。学校与社区的有机结合、相互支持，共同努力，促进了社区文化事业的发展，也促进了学校教育事业的发展。这种结合体现为社区为学校提供物质的、信息的支持，为学校的发展提供良好的社会氛围，而学校作为社区的一部分，尽自己的能力为社区的发展、为社区风气的改善提供相应的支持。在德国，许多地方就形成了社区与学校的良性循环，社区尽最大努力为学校的发展提供物质和人力方面的支持，学校对社区和社会开放，使社区居民参与到学校的教育与管理中来，同时，学校也为社区的文化建设提供力所能及的帮助，从而创造了学校与社会相互联合的双赢局面。

　　这种社区居民之间，社区居民与社区所在地的单位、学校之间的积极互动关系在西方许多国家的社区生活中都有十分明显的表现。按照西方许多国家青少年保护法的规定，每个社区都必须建立供儿童游戏的场所——孩子游乐场。孩子游乐场一般都在社区的居住地附近，它的周围是草坪，场里有滑梯、秋千、跷跷板、沙坑等各种供儿童玩耍的设施。它的目的就在于满足儿童游戏和活动的需要，为儿童身体发育创造良好的条件，使所有儿童的游戏和活动不会因为家庭居住空间的狭小、家庭活动场所的缺乏而受到限制。玩乐场内禁止遛狗，并且定期有人打扫和消毒，玩乐场的沙子每年更换一次。这就最大限度的保障了孩子们游戏、户外活动和与人交往的需要，对于儿童的身体发育和社会性的发展具有促进作用。

　　另外，西方许多国家的城市图书馆、博物馆和公共设施等文化事业单位都为青少年免费或半价开放，这种优惠政策不但有利于社区居民的文化建设，同时也使这些设施最大限度地发挥其社会教育功能。

　　以德国为例，德国每座城市都有许多公共图书馆、博物馆等文化事业单位，坐落在不同的社区。这些文化事业单位对未成年人免费开放，提供各种免费服务。城市的其他公共收费场所也都对青少年儿童实行半价或免费制度。比如，动物园、海洋馆、游泳池、铁路交通、公路旅游等都对 18 岁以下的青少年半价开放，这种方式减轻了少年儿童和他们家庭的负担，也使社会资源得到了很好的利用，十分有利于青少年的教育和成长。

在西方，各种社团和各种协会也是社区文化建设的积极参与者。在西方国家的社区有各种各样的社区组织和协会。这些组织和协会经常组织举办各种活动。有的协会、社团免费招收青少年作为他们的成员，对他们进行培养，组织他们参加各种比赛。不管是研究性社团，还是社区业余活动中心，或者体育和游戏类的协会和社团，在社区文化建设方面都发挥了积极作用。

3.1.2 国外城市社区管理的基本模式

社区功能的发挥是社区居民和社区内的团体、机构和组织共同作用的结果。为了促进社区的发展，使社区的功能最大限度的得到发挥，不同的国家在社区发展、社区建设方面采用了不同的管理模式。一般来说国外的社区管理模式分为三大类：社区高度自治模式、政府主导型模式和合作型模式。不管哪一种模式，并没有改变社区建设的参与主体。社区建设与管理的参与者主要是政府、社区自治组织、社区非营利组织、社区企业和社区居民这几个方面。不同的管理模式决定了这几个方面的主体的地位、权利与义务的差异。

1. 自治型社区模式

自治模式的主要特点是政府行为与社区行为相对分离，政府的主要职能是通过制定各种法律法规协调社区利益主体之间关系，并为社区成员的民主参与提供制度保障。社区内的具体事务则完全实行自主自治，依靠社区居民选举产生的社区自治组织来行使社区管理职能。

这种模式的优势在于能最大程度的调动和发挥社区居民与社区组织团体的积极性，形成良好的社区自我管理的文化氛围，使社区居民真正成为社区的主人，避免了政府对社区事务的过分干预，避免在社区与公共事务领域形成政府管不好、管不了还要管的状况。它的缺点是政府在社区内的力量弱小，在许多法制思想与法律观念不良的社区导致法律得不到执行，社区管理措施得不到落实。

采用这种社区管理与运作模式的主要国家有美国与德国。美国与德国都是法制思想、法制观念良好的国家，社区居民参与社区组织和活动的积极性都很高。这种模式在这两个国家都得到了成功的实施。以美国为例，政府不参与社区的具体事务，政府制定了完备的社区法律，依靠这些法律指导与规范社区居民的行为，而法律的执行是依靠广大社区居民的共同努力与相互监督。

美国的社区服务则由分布全国的140万个非政府组织（NGO）具体承担，政府根据服务成本和效果予以不同幅度的资助。社区企业为居民提供私人化的市场服务和公益性的福利服务。德国的社区自治管理也表现在社区生活的方方面面。对德国与美国社区管理方面的特点与模式在下面将作进一步的介绍。

2. 政府主导型模式

以政府为主导的社区管理与运行模式强调政府对社区的管理。政府不仅制定法律以调节与管理社区事务，并且政府成立专门的社区管理机构对社区工作进行具体的指导与管理。这种模式的优势在于政府积极参与社区的管理事务，政府不但对社区的行为进行规范，并且投入人力、物力、财力参与社区的建设工作。这种管理模式使社区工作的规范性得到加强，使社区建设的资金得到保证，有利于社区在短期内得到较快的发展。它的缺点是社区居民对社区工作与社区事务的参与程度会受到影响，不利于发挥社区居民的积极性。一般在新兴社区和法制观念不强的社区实行这种管理模式会收到良好的效果。

新加坡实施的社区管理与运作模式是政府主导型模式。新加坡政府的国家住宅发展局负责对社区工作的指导和管理。新加坡的国家住宅发展局的主要职能有以下几个方面：第一、负责社区公共服务设施的规划和建造。第二、对社区领袖和社区委员会的领导人进行培训。第三、发起社区活动，倡导特定的社会价值观，对社区居民进行教育。第四、对社区建设和活动予以财政支持，负责社区建设的预算与拨款事项。从新加坡国家住宅规划局的职能范围可以看出，政府对社区的管理涵盖了社区生活的方方面面，不但包括社区硬件设施的建设，社区组织者、管理者的培训，同时包括社区居民的教育和社区建设经费的支持。在这种模式下，政府职能部门的工作方法和责任心对社区发展与社区建设具有十分重要的影响，要使这种模式得到很好的运行，就要求政府职能部门切实履行自己的职责。

3. 合作型模式

这种社区管理与运行模式的主要特点是政府与社区相结合，共同管理与支持社区的建设工作，促进社区的发展。在这种模式中，政府与社区的职能有一定的区别。政府的主要职能是规划、指导和经费支持，社区组织和机构具体负责社区事务，保证社区的正常运转。这种社区管理与运作模式的优点在于政府和社区组织共同负责社区事务，采取共同行动促进社区的发展，政府和社区组织的关系是一种既相互联合，又各有侧重的关系，它既有利于调动社区组织和社区居民的积极性，又有利于政府对社区工作的指导与规划。这种社区管理与运作模式的缺点在于如果处理不好政府部门与社区组织的关系，容易产生职能不务、相互推诿的现象。这种模式在社会文化氛围良好、政府职能部门愿意负责和社区组织具有良好的运作经验的国家会发挥积极作用。

日本与北欧的许多国家，比如，丹麦、瑞典、挪威等，是实施这种社区管理与运作模式的典范。在日本，市政府设立的社会部全面负责社区工作，它的主要职能就是对社区工作进行规划，指导基层社区政府和社区的工作，并且对社区建设提供经费上的支持，而社区建设与社区发展的具体工作由基层区政府设立地域发展中心具体实施。

无论是哪一种社区管理和运作模式，其实质都离不开政府的参与和社区组织、机构和居民的参与。因此，社区发展与社区建设需要政府的指导与支持，需要社区组织的积极运作和广大社区居民的积极参与。一般来说社区建设的主要经费都是来自于政府的资助，同时，也来自于社区成员个人、企业和社区组织的捐款。这种经费来源上的特点进一步说明了社区的发展与建设需要政府、社区居民和社区组织机构的共同参与。

3.1.3　国外社区建设与管理的主要特点

社区建设和管理对经济社会协调发展具有不可替代的重要作用。国外社区建设与社区管理方面已经积累了许多经验，呈现出许多明显的特点。综合世界各国社区管理与社区发展、社区建设方面的经验，我们可以看出，在许多社区发展与社区建设水平较高的国家，其社区管理方面主要呈现出的特点是：政府负责立法、制定发展规划和有关政策，并以直接投资或筹资等方式支持公共服务设施建设，直接提供或购买基本公共服务，推动社区发展。非营利组织包括社区组织，则通过实施各种类型的社区项目，为社区发展提供社会救助、卫生、教育、照顾、文化等多样性的服务。企业一方面为社区发展提供资金支持；另一方面特别是中小企业则主要发挥着解决社区就业和提高社区居民收入的作用，前提是政府对参与社区服务的企业提供优惠政策，包括税收优惠。社区自治组织和非营利组织依据政府的有关法律和法规，参与并直接推动社区建设。这种政府、非营利组织和社区自治组织和社区居民共同参与社区建设、社区管理的方式是发达国家社区工作取得良好效果的保证。

3.2 美国城市社区管理

美国是接受社区理论比较早的国家，其在社区工作理论与社区工作方法方面对世界社会工作和社区工作的发展做出了许多贡献。

3.2.1 美国人的社区生活与社区管理的一般特点

社区在美国人的日常生活中占有十分重要的地位。美国人对社区生活的要求与投入的程度比较高。这种现象的出现与美国人的社会生活观念有关，也与社区在美国人生活中的作用有关。美国是一个崇尚个人主义、崇尚自由的国家，同时，他们也是一个注重道德和崇尚消费的国家，这两种价值取向在美国的社区生活中都有所体现。

1. 广泛意义上的高度自治管理

社区是美国三权分立的社会管理体制下的最小基层管理单位。一般来说管理社区事务的是社区委员会。社区委员会是一个高度自治的社区管理机构，这个机构负责社区日常的事务管理，一般来说社务委员会有一个常设的办事机构，有委员会的召集人和组织者。而在社区的决策层次上来说，社区内的每一个居民都是社区委员会的成员，他们对社区内的所有决定都有投票权，社区重大的决策都是由社区全体成员投票决定，实行少数服从多数的决议原则。社区居民在社区决议的形成和社区决策方面，投票权是平等的，每一位社区成员（或每一个家庭）都拥有自己的投票权。社区委员会的管理者与组织者不需要对上级的行政部门负责，但他们一定要对社区居民负责。这种高度自治的社区管理模式与美国人的崇尚自由、民主的社会价值取向密切相关。

一个社区成员要想在国家的管理事务中，发挥更大的作用，比如参与各种竞选活动，他就必须先要积极参与社区内的各种活动。如果他不积极参加社区内的各种活动，就得不到社区居民的认可，也就没有被提名的机会，所以对于美国的许多大人物来说，是否能得到本社区居民的认可和得到社区居民提名参与选举，直接关系到他是否有机会走向更广阔的政治舞台。

2. 社区的经济、设施的管理

社区是居民生活的实际区域，它既是一个行政区域，同时，也是一个经济区域。社区环境的好坏、社区影响力的大小和吸引力的大小，与社区的文化品位有关，也与社区的经济发展有关。经济发展水平较高的社区，在社区设施和社区文化建设、社区发展上，就可以投入更多的资金。在美国社区都有自己的活动场所和文化娱乐设施，比如，电影院、图书馆、公共活动室等，也都有自己的商业设施、运动休闲场所、教育与社区服务设施。在社区发展与建设方面如何进行规划，上面提到的各种设施如何布局，这些设施的管理维护等，都是社区管理部门考虑的问题。

美国社区的管理不仅是行政上的管理，同时，也是经济上的管理。社区管理是城市管理的重要组成部分。没有社区就没有城市，没有对社区的管理与经营就不可能有良好的城市管理，社区发展与社区管理是促进城市发展与城市管理的基础。

社区管理包含社区的经济管理。社区的经济管理遵循广泛的自治原则，讲求民主和社区成员的广泛参与。社区设施的规划与建设布局，社区经济管理模式的选择都必须得到社区委员会的表决通过。而且社区居民对社区的经费开支等也都享有知情权与监督权。

3. 法律是调节社区居民关系的重要手段

有人的地方就会产生矛盾与冲突。社区是居民聚集的地方，是人与人接触和交流最为密切的地方，是与人们的日常生活关系最为密切的地方。社区内部居民之间的矛盾、冲突和摩擦不可避免。而居民之间的矛盾处理得好坏直接关系到社区的发展。在我国处理居民之间关系的工作主要由居委会干部来做，但是在美国不存在我们社区的居委会干部。美国对社区居民关系进行调解主要靠法律。美国是一个各种法律制度健全的国家，在社会生活的方方面面都有详细和完善的法律法规，有关社区生活的法律就十分丰富和繁多。这些法律的存在就为社区居民自我行为的约束提出了参照。可见，美国的社区管理是一种法制化的管理，这种法制化的管理不仅表现在社区自治和社区民主管理得到法律的保护，同时，也表现在社区居民关系的调节方面。

4. 呈现出既统一又多元的特点

美国是一个多元文化的国家，在这个国家里，不同的民族可以建立自己群族的社区，也可以与其他群族的成员居住在同一个社区。这种不同群族组成的社区就呈现出社区文化需求与风俗习惯的多样性的特点，对社区发展与社区管理提出了要求。由此，在美国社区管理上就呈现出既统一化又多元化的特点。

美国社区管理的统一是社区管理理念的统一，所有的社区都遵循民主、自制的管理原则，但是在这一大原则的基础上，具体的社区管理方法和社区文化建设特点又呈现出多元化与个性化的特点。美国的每一个社区不仅在街道布局上有别于其他社区，在文化上也独树一帜。不同的社区都有自己社区独特的文化，这些独特的社区文化是社区居民在长期生活过程中创造形成的。它包括民俗文化、接待文化、慈善文化、住宅文化等等。这种社区的文化特质是增加社区凝聚力的黏合剂，是产生社区认同感、归属感的调和剂。

3.2.2　非政府机构与组织的广泛参与

美国是一个法律体系完善，经济高度发达的国家。在美国经济发展水平不断提高的同时，社会文化与社会政治形态也得到了发展。现代美国社会已经是一个成熟的市民社会。而市民社会最显著的特点就是市民参与社会事务与公共管理的积极性得到了充分的发展，市民对社会事务的参与感十分强烈。这种社会文化特征对美国的社区管理也产生了很大影响。正是在这种社会文化价值取向的作用下，非政府机构与组织的广泛参与就成了美国社区管理的主要模式。

1. 美国社区管理中的角色

美国是一个实行分权制的联邦国家，在国家事务与社会事务的管理方面，政府与社会遵循既有分工又有合作，责任明确的管理原则。在社区事务中，政府与非政府组织和机构也遵循着这样的原则。社区具体事务和社区建设多有非政府的机构和组织以及社会服务性的企业来承担。

所谓非政府组织（NGO）是国际上对那些不隶属于政府的机构和组织一般称呼，这些机构和组织也被称为第三部门、独立部门、非营利部门，它是非政府亦非企业的机构和组织的总称。这些机构最主要的特点就是：正规性、非政府性、非营利性、非政治性、公益性和自愿参与性。

在美国社区管理工作中，参与管理的主要有政府、非政府组织以及营利企业3大部分。这三者在社区管理中的作用和地位不同，其中非政府组织是美国广泛参与的社区管理模式得以运行的支柱力量，营利性企业是社区建设的参与者，政府是在营利部门和非政府组织之间，站在更高层次上通过政策调节、法律制定和财政支持来实施宏观调控的社区管理者。

2. 美国社区非政府组织的发展

美国社区非政府组织是美国社区实行居民自治和民主共管的主要载体，致力于表达居民的意愿和对社区居民开展服务。社区非政府组织的发展有一个不断壮大的过程。从20世纪30年代罗斯福新政以来，公共机构一直是全美社区服务的主导力量。20世纪60年代以后，随着美国政府财政方面的紧缩，美国联邦政府开始重视非政府组织在社区发展中的作用。特别是20世纪90年代以来的克林顿政府把社区建设和非政府组织广泛参与作为实现"复兴美国"、"再创政府"的重要手段。克林顿政府提出"授权区和事业社区"的法案获得了国会通过并得到了实施。这个法案以重新界定政府和社区的关系为突破口，实现政治、经济、社会福利一体化的发展目标。这个法案的主要目的就是精简政府机构，把本应由各级政府机构负责的社区服务、培训或有关社区发展项目的决策、计划、融资等公共服务转交非政府组织承担。在这个法案实施之后，美国的非政府组织与机构得到了更大的发展，它们在社区生活、社区管理、社区建设中的作用也得到了进一步的提高与加强。

近10年来，随着社会的发展和社区居民需求的变化，非政府组织所提供的服务内容呈现出丰富多样的特点，这就避免了仅靠政府专职行使社区服务带来的成本增大、效率不高和服务机制难以适应社会需求变化的弊端，也符合美国多元文化的社会特征。

3. 非政府组织的类型与运作特点

（1）美国社区非政府组织的类型

参与美国社区管理的非政府组织有各种类型，它们承担着不同的任务，发挥着不同的社区管理与服务功能。美国非政府组织的类型十分繁多，有保护动物的环保组织；有救济世界贫困的慈善组织；有关注世界各国发展状况的研究组织和关注人权的社会组织等。而参与社区管理与社区工作的非政府组织有三类：

第一类是传统的社区管理和社区服务组织。这些组织是传统意义上的慈善组织和社会救助组织，它们主要是为那些需要救济与关怀的弱势群体服务。在社会工作发展的初期，美国的社区睦邻组织就属于这一类社区组织。现在，在美国社区里仍然活跃着这样的专门为弱者服务的组织。它们多由宗教人士组织和领导。这些组织的经济来源主要依靠社会捐赠，一般来说政府对这种组织在财政上的支持较少。在这些慈善组织发起和领导下，美国建立了许多无家可归者社区，专门收留无家可归者和流浪者，同时，也建立了许多专门对妇女、儿童提供帮助的组织。这种机构与组织所从事的工作就是传统意义上的社会工作，也可以把这种组织称为社会慈善组织。

第二类是在 20 世纪 70 年代后开始建立、现在还在不断发展壮大的、能得到政府支持和培训的组织。现在广泛参与社区服务、社区公共事业管理的组织，就是这种组织。这种组织一般都是由社会活动家和社会专业人士倡导建立，为社区的发展和社会事业的发展提供咨询、服务和广泛参与社区公共事业管理。这种组织一般都能从政府的财政方面得到资助和支持。这类组织是广泛参与社区服务和社区管理的组织，可以称之为公民参与管理的组织。

第三类组织是一些新型的、旨在满足特殊的、非主流的社区需要的组织。这些组织的创立者充满了理想主义色彩，它们的主要动机是出于强烈的人道主义精神，旨在帮助他人，尤其是那些受到社会歧视的人。这些组织希望打破社会条件的限制，使这些人的人格得到尊重，潜能得到发挥。由于这些组织是为有特殊需要的人群服务的组织，因此，很难得到政府的经济支持、不容易募集到资金，运作起来比较困难。

（2）非政府组织的运作特点

首先，在社区里的各个非政府组织之间没有隶属关系，而是各自依照法律、代表不同群体的利益独立开展各种活动。美国是一个法制健全的国家，任何一个非政府组织的成立都必须符合有关法规的要求。这个组织一经成立就有了独立的法人资格，就有权利在不违反法律的条件下独立开展各种活动。在社区的各种非政府组织之间，在非政府组织与当地的政府之间没有法律上的隶属关系，各种非政府组织都是独立运作的。不同的非政府组织为了解决同一个问题可以建立合作关系，也可能产生矛盾与冲突。它们之间的合作或者矛盾冲突都由它们自己协商解决，而其他机构和部门没有权力强行干涉。

其次，非政府组织是由社区居民自发成立、高度自治的组织。非政府组织的运作是自我管理模式的运作。在非政府组织成立时，要经过严格的申请与审批程序，由发起者向政府提出书面申请，经州政府批准，并到当地税务局备案。这种组织一经成立就具备了独立的法人资格，实行完全的自我管理与自治。

第三，不同的非政府组织有不同的组织机构，也就有不同的管理和运作模式。从组织结构上来看，非政府组织的构成分为两种类型：一种是一般团体组织；另一种是非营利性的民生服务组织。一般团体组织构成较为简单，由会员选出会长、副会长、委员即可运作。比如像我们说的社区委员会就属于一般团体组织，社区的所有成员都是这个组织的成员，由他们选举社区委员会的主任和组织者，这些组织者为社区居民提供各种服务。如各种体育协会和以兴趣为标志的协会都属于这种组织。而非营利服务组织构成相对复杂，一般分为董事会、执行总裁、职员和义工四个层次。非营利性的服务组织是一个相对独立的经济实体，它给社区居民提供各种实际上的生活服务。这些组织中许多成员是组织中的工作人员，他们也要取得一定的劳动报酬，而义工是自愿工作人员，不取报酬。

第四，各种非政府组织在社区管理与自身运作过程中，积极寻求政府机构和其他社会力量的支持，也与其他社区组织进行联合，为社区居民提供多样化的服务。非政府组织在社区的主要职责是为居民提供各种服务。为了使服务质量得到居民的认可，各种非政府组织始终坚持创新和不断开拓的思想，不断寻找和发现新的社会需求。在开展新的服务项目时，它们除了自己积极投入资金外，还向社会募集，特别是向政府争取活动项目经费，希望得到政府的资助。在争取经费过程中，以项目的形式申报，如果得到了批准，就要与政府签订合约，保证专款专用。如果项目得到批准和实施，那么对项目的具体管理由非政府组织自行负责，政府不承担长期责任。如果某一项目是长期项目，政府除了在项目的启动阶段给予一定的财政支持之外，还在后续运作过程中给予一定的优惠政策。而服务项目所取得的利润必须用于本组织和社区发展的再投入，为公众服务，而不能作为非政府组织自己的收入花费掉。

4. 非政府组织在社区管理中的作用

非政府组织的积极参与是美国社区管理的主要特点。由于非政府组织的广泛参与和积极运作，使美国的社区得到了很好的发展。非政府组织在社区发展和社区管理方面发挥的作用是巨大的，它们的作用主要表现在以下方面：

第一，为社区居民提供多样化、全方位的服务，使社区服务功能不断得到提升和完善，使社区服务体系得以建立。在美国社区内非政府组织提供的各种服务日益完善，几乎包括了社区生活的方方面面。面向老年人的服务、面向幼儿的服务、为残疾人提供的服务、救济贫穷者的服务等都已经纳入到社区服务的范围。这种全方位的服务体系的建立，使社区的服务功能得到了很好的体现。养老问题一直是逐渐进入老龄社会的世界各国普遍关心和亟待解决的问题，美国社区服务就把老年人的服务作为一个服务重点。目前在美国社区里，面对老年人的服务和老年人自我服务的组织与设施比较健全。

第二，非政府组织帮助政府摆脱了对社会服务项目想管又管不了和管不好的困境，现在美国的各级政府主要通过向非政府组织购买服务为居民提供社会化的服务，使美国"小政府，大社会"的管理格局得到不少就业机会。全方位多层次的社区服务能够缓解一系列社会矛盾，起到缓冲作用，可以减少社区居民与政府之间的矛盾，为维护社会稳定做出贡献。志愿者服务，即吸收和组织志愿者开展各种活动。非政府组织组织开展的志愿者活动，为人与人的相互帮助提供了机会，为社会道德水平的提高创造了条件。非政府组织不但能增加社会效益，并且对危机事件和重大事件处理也起到了预防、控制、救助作用。

3.3 德国城市社区管理

德国社区建设历史悠久，经验丰富，其实行社区高度自治的做法，在德国走上经济高度发达、政治基本稳定、社会较为和谐的良性发展道路中起到了不可低估的作用。德国社区发展与管理的经验最根本的就是高度自治和广泛参与。

3.3.1 德国社区所涵盖的范围

德国社区的概念具有宽泛的含义，依照现代德国社会对社区的理解，社区主要包括下列几种：

1. 小城镇与城市的区域

这是德国社区最重要的、有形的标志。在德国许多城市都可以划分为不同的范围和区域，而不同的范围与区域内部的成员具有基本相同或者相近的文化特征和职业特征，他们居住在一起，形成了一个个社区。比如，在德国有大约400万的土耳其人，而以柏林为例，土耳其人都居住在科洛伊兹贝尔格这个地区，这就形成了以土耳其文化为特征的社区。在德国有许多按照民族、文化特征和职业特征为标志的社区，也有许多以地方为标志的社区。以美茵兹为例，以美茵兹火车站为分界线就形成了中心城区与火车站以南的社区。中心城区和火车站以南的社区就具有各自的文化特征和生活形态。

2. 以民族和宗教为标志的社区

这是德国社区的又一个重要形式。德国有许多外来移民，以土耳其人、希腊人、前南斯拉夫人为多。不同民族的人具有不同的宗教信仰，许多社区就是以民族和宗教为标志建立起来的，而这些人可能并不居住在同一个地区，但是他们也组成了一个社区。在德国有许多教堂，而一个教堂就是一个教会团体，一个教会团体就是一个社区组织，加入到这个团体中来的人就组成了一个社区。在德国，教会往往成了社区中心，教会组织在社区管理方面发挥着重要作用。

3. 各种协会和团体为标志的社区

这是德国社区的另一种形式。各种社会服务机构和社会团体在德国的社会生活中发挥着重要作用。与这些团体和服务机构相联系的人群就组成了他们的社区。这种社区既有地域特征，又符合共同的价值取向和广泛联系的特点。它们主要是具有明确目标的社区组织。比如，以共同的体育爱好形成的体育协会，以共同职业为基础形成的行业协会，以年龄与性别为标志形成的联合会。这些联合型的团体和协会在德国具有普遍性。不同的人群加入到不同的行业协会、兴趣爱好协会，组成了自己的人际交往圈子，建立了自己的联合体。在德国几乎每一个城市都有男性与女性同性恋者协会，通过协会使同性恋者建立联系，这就形成了同性恋者的社区。

以上几个方面的社区是最为广泛的社区。从这几个方面的介绍就可以看出，德国社会对社区的理解与我国有很大的差别。在德语中，社区的含义就是共同体的意思，只要人们以某一方面的特征结合起来，形成了一个共同体，那么就构成了一个社区。在这种含义下，社区组织所包含的范围就更加广阔，所有的与基层市民生活有关的社会组织、社会团体和基层政府机构与组织都可以称之为社区组织。而这些组织都广泛的参与市民的生活，他们都承担着社区管理的责任。

3.3.2　高度的社区自治

在德国的历史上，有两次主要的战败经历。第二次世界大战之后，日耳曼民族对自己的民族历史进行了深切的反思。德国的政治学家、社会学家和其他社会科学家在对德国文化进行深切反省的基础上，接受了联军政府在德国实行联邦制的政治模式。这种民主管理的观念也在社区管理上得到了充分的表现，民主管理与高度自治成为德国社区管理的最大亮点。

1. 德国高度自治性的社区管理是法律赋予社区的权利与责任

德国社区实行自我管理与自治是德国法律赋予社区的权利，也是德国维护国家民主制度的基础。在德国人看来，社区自治对社区的发展与社会的发展都具有十分重要的意义。首先，他们认为社区是一个社会的基础，社区自治与社区的自我管理是德国民主制度的基石，也是德国民主制度的实践者。如果仅在口头上或者政府部门的文件中讲求民主，而缺乏基层的自治与自我管理，那么这个民主就是缺乏社会基础的民主。而社区自治与社区的自我管理的过程就是社区自我发现与自我成长的过程，是市民广泛参与社区生活的过程，也是市民理解基本法赋予自己的权利的过程。因此，社区自我管理与社区自治的管理模式，不但可以进一步教育市民，增强市民的民主意识，同时，也可以大大提高市民参与社区建设与社会事务的积极性。

无论是社区组织、各种协会还是教会团体，它们都在社会管理中发挥着一定的作用。这些组织团体对社区实行的管理本身就是社会管理的一部分，是官方政府机构管理的补充，只有在这些组织、机构与团体实行了自我管理与自治的基础上，社会政府机构的民主管理才能发挥作用。同时，也只有这些机构与自治团体实行自我管理，才能促进这些机构与组织、团体的发展，也才能在社会生活中发挥政府所发挥不了的作用。

对德国人来说，社区的高度自治和自我管理不但对国家民主制度的建立和保证具有十分重要的意义，也对社会的民主实践和社会成员民主意识的培养具有很重要的意义；除此之外，社区的自我管理与高度自治，也有利于发挥基层组织和管理机构的作用，使许多社会问题和各种居民间的矛盾在基层得到解决，从而有利于减少国家与社会管理的成本。

2. 社区自我管理的机构与主要内容

德国的社区组织机构分为不同的类型，以宗教信仰为特征的社区组织是教会团体。教会作为社区的中心，开展各种有益于市民道德成长的活动，也广泛地参与各种以培养青少年道德品质，促进青少年人格发展的各种活动，参与各种社会慈善活动。教会虽然在社会生活和社区稳定方面发挥着积极作用，但是教会作为社区居民自愿参与的松散组织，它在市民日常生活中发挥的作用更多的是精神方面的。而各种体育协会和以兴趣爱好为标志的兴趣性社区对社区的日常生活的影响也不具有广泛性。对社区居民日常生活产生广泛影响的社区组织是那些负有管理与服务职能的基层组织：比如，各地区的基层政府和各种为社区居民提供服务的社区服务机构。

社区政府机构与社区服务机构的运作与管理都遵循自我管理与高度自治的原则。这种自治与自我管理表现在人事任命和人员调整方面的自我管理、经费使用方面的自我管理。一般来说在德国任何一个社区——既包括各种协会，又包括基层的政府组织和为社区居民提供服务的社区机构，它们都实行集体领导与民主管理模式。在这些机构有日常管理者和工作人员，这些具体的管理者与工作人员是机构的理事会和参议会所任命和聘请的，他们负责完成机构的日常工作任务。而机构理事会和参议会是由机构成员选举产生和协商聘请的。理事会的成员与参议会的成员大多数是兼职人员，是某一方面的专家或者热心于公众事业的人，他们不拿任何报酬，也不参与日常的社区管理，只是负责对社区项目的审核，对社区日常管理工作的检查、评估。德国这种理事会、参议会作为最高管理机构，并不参与具体工作的社区自治管理模式，已经有60多年的历史，它已经深深的影响到德国社会生活的方方面面。

除了人事任命和人事调整方面的自我管理与自治之外，另一项十分重要的自治就是活动方式与活动内容的自我管理与自治。在德国，任何一个基层组织都有自己的权利设置活动项目和活动内容，它不是一个执行上一级政府决定的工具，而是一个充满了自我行动能力的实体；它不需要对上一级政府负责任，而只需要对自己的社区居民负责；它的宗旨是服务于社区、服务于居民。这种自治也是法律赋予社区的权利与责任。因此，社区是超越党派、不受任何政治利益团体影响的机构。

社区自治第三方面的内容是社区经费的自治和自我管理。这种自我管理与自治实质上是社区的经费该如何花，并不受任何组织与机构的限制，它只需要符合国家的法律要求和对社区居民负责，经受社区参议会与咨询委员会的监督与检查。德国社区机构的经费来源有 3 个方面：第一，政府的拨款，就是联邦与州政府对社区基层政府财政支持。第二，社区税收。第三，社区为提供公共服务收取的相应成本费用。以上 3 个渠道大约各占社区经费来源的 1/3。联邦政府与州政府的财政拨款采取 2 种方式：一种方式是日常的管理费用，这是每年都具有的费用；另一种是项目费用。如果一个社区要进行一项社区设施的改造或者要兴建一个新的社区设施，而又款项不够，就需要向联邦政府或州政府提出申请，由这两级政府对项目进行必要的评估，按照评估的情况予以必要的支持。

3.4　日本的社区管理

日本是一个亚洲国家，又是一个经济高度发达的国家。它在文化、价值观念方面深受我国文化的影响，但日本又是一个在社会制度和管理体制上受西方影响较大的国家。日本的这种文化特征，对日本社区管理方式的选择和管理模式也产生了一定的影响。日本的社区管理模式是混合型的模式：即政府与社区的相互合作，共同管理社区事务，促进社区发展。下面我们就从日本的行政区划和不同的部门在社区建设、社区管理中的作用等方面，对日本的社区管理进行说明。

3.4.1　日本的行政区划与基层社区

1. 日本的行政层次

日本的行政区划分为国家、都道府县、市町村 3 个行政层次。国家政府层次是最高的行政层次，在国家这一层次之下设置都道府县和市町村两个层次的行政组织。目前，日本属于都道府县这个层次的行政单位有 47 个。这一级的行政组织就相当于我们国家的省级单位。其中"都"指东京都，"道"指北海道，"府"指京都府、大阪府，"县"指余下的43 个县。它们之间目前在法律地位、政治体制、行政权限上没有多大区别，其名称上的差别主要是由于历史原因形成的。

在日本，市与我国的提法一样是指城市，是地方这一层组织的简称，在"市"这一类中也分成几个小类。"町"则相当于我国的"镇"。"村"的字义虽与我国差不多，但从体制、法律地位上看则与我国的"村"不同。日本的村与市、町和特别区一样同属"基础地方公共团体"，即每个村都是一个地方政府，其负责人和工作人员也都是地方公务员。而且，市、町、村和特别区四者之间地位相互平等，没有隶属和领导或"指导"关系。但如就规模来看则相差悬殊，如有的市人口达几百万（如大阪市、横滨市），有的村则只有区区几百人。

按照日本《地方自治法》的规定，人口在 5 万人以上并且市区户数和工商业人口均占60％以上的地区可以设"市"。实际上，战后以来，日本政府为了推动町村合并，曾两次规定了 3 万人以上者也可设市的"特例"。这种享有自治权利和对居民实施管理，由居民选举议会的城市就是普通市。

政令指定市顾名思义就是由国家行政部门指定的、性质类似于我国的"计划单列市"的城市。政令指定的市得以设立是日本在战后为了解决大城市的问题而提出的。但是，当时由于遭到所在的府县的反对，设置指定市的具体法规没能通过。为此，日本政府于 1956年修改了《地方自治法》，将设立特别市改为设立指定都市，这样就出现了指定市。指定都市的条件是：凡是人口超过 50 万以上，比较发达并由内阁通过政令指定的城市。国家给予其一部分相当于都、道、府、县的职权，与一般市相比，享受城市规划、预防传染病、举办各类福利事业等 17 项特别权限。这样，指定都市的许多事项可以不受都道府县的监督，直接由主管大臣指导，在许多方面类似于我国的计划单列市。

核心市在日语里称作"中核市"。1994 年，日本修改了《地方自治法》，决定设立核心市。该法规定设立核心市的条件是：人口 30 万以上；面积 100km² 以上；在本地区具有核心城市机能；如人口在 50 万以下，则昼夜间人口比率须在 100％以上。核心市的职能权限小于政令指定市，即可行使原由府县执掌的 60 项权限，如设立保健所、居民建房审批、城市规划、限制屋外广告，等等。

特例市是根据 1999 年修改的《地方自治法》开始设立的，设立条件为人口 20 万人以上，其职能权限介于核心市与普通市之间，即比普通市多了批准开发项目、指定限制噪声区域和监管停车场的权限。

在日本，设置市的条件有下列 4 项：第一，人口在 5 万以上。第二，中心市区的居住户数占全市总户数的 60％以上。第三，从事城市性业务的人口占总人口的 60％以上。第四，按照都道府县条例的规定，具备都市的一切必要设施，如高等学校、图书馆以及环境卫生、社会服务设施状况等。为了推动町村的合并，日本曾两度降低市标准，规定在特定时期内，人口在 3 万以上的町村也可设市，因此，现有的市中有一些不足 5 万人。设市由有关町村提出申请，经都道府县议会通过，同自治大臣协商同意后设立。

町的设置条件由都道府县自行规定。町的数量很多，其性质相当于我国的镇。町的设置标准由各都道府县自行规定。一般以人口 5000 人以上、工商业人口占 60％以上为标准。村的设置不受条件限制，但现有的村也多不是原始的自然村落，而是行政村。

2. 日本各级行政单位的公共管理职能

在日本都道府县和市町村都叫地方公共团体，实行地方自治，即按照居民意愿，根据民主原则，行使地方的政治和行政管理权力。

市町村是与居民关系最密切的基层地方公共团体，都道府县是包括市町村的广域地方公共团体。从理论上讲，市町村与都道府县只有执行事务范围的不同，并无上下级之区别。但现阶段，日本的地方自治是不完全的，国家通过各种途径，除法律规定者外，主要通过财政手段，对市町村进行干预。所以，都道府县事实上是市町村的上级机关。

日本把市町村作为一级行政单位和基层行政组织，始于 1888 年明治维新之后。当时的明治政府实行町村制，将旧时各自独立、实行村落自治的自然村加以合并，建立地域范围更加广阔的行政町村。在战后的 1953～1956 年间，又进行了一次大合并，产生了不少新的市，市町村的区域也进一步扩大。

日本的村有浓郁的农村和农业特点，相当于我国的乡；町比村具有更多的城市特点，相当于我国的镇；市下不设区，也不设综合性的派出机构，只根据单项工作的需要，设立若干个事务所、窗口等。

此外，日本还从自治政策的观点出发，为了特定目的设立了一些不同于都道府县和市町村的特别地方公共团体。特别地方公共团体分为特别区、地方公共团体组合、财产区和地方开发事业团等 4 种类型。

（1）特别区。特别区只在东京都下设立，它是独立的地方自治体，权限相当于市，但一部分权力（如税收）受到都的限制。东京都下共设立了 23 个特别区，全国也只有这 23 个特别区，和市町村一样，是全国的基层行政区域。

（2）地方公共团体组合。地方公共团体组合是为了共同处理地方公共团体的事务而设立的特别团体。地方公共团体组合，由若干个地方公共团体（即都道府县和市町村）根据有关公共团体的协议，签订协约，分别报送自治大臣或都道府县知事审批设立。组合县有独立的法人资格，设管理者和议会，管理者和议会是加入该组合的各地方公共团体的代表。地方公共团体的组合根据处理事务的多少，可分为 3 种类型：一种是为诸如消防、义务教育、垃圾处理等单一事务而组织的一部事务组合。另一种是为共同进行公所事务而组织的公所事务组合。第三种是共同进行所有事务的全部事务组合。

（3）财产区。财产区是市町村以及特别区的一部分，它是准许进行管理和处理财产或公共设施的特别地方公共团体。财产区分为两种类型：一是现在的市町村制实施之前的旧町村时代所有的财产，经过明治时代合并町村之际，转变为财产区；另一种是由于町村的合并，在这些市町村中具有一部分财产或公共设施时，为管理、处理这些财产而设置的财产区。财产区是市町村合并以后的产物，其范围与初合并的原市町村的范围相一致。

（4）地方开发事业团。地方开发事业团是为一定地域的综合开发而设立的特别地方公共团体。它的权力只限于建设和处理公共设施，没有保养和管理公共设施的权限。为了提高工作效率，地方开发事业团只设理事会，不设管理者和议会机构。特别地方公共团体，除特别区的地方公共团体的组合，经自治大臣或都道府县知事批准，可以算作一级行政区域以外，其他两种都不能算作一级行政区域。

3.4.2　以东京都为例的模式

日本东京称"都"，是日本唯一的一个称作都的行政单位，它和都道府县属于平级行政组织。在京都下面设区、市、町、村等政府机构，这些机构从理论上讲并没有行政级别的差异，也没有隶属关系，只有管辖范围和事务的区别。这几个行政机关在日本分别称为区役所、市役所、町役所和村役所，它们都是为东京居民办事的场所，因此，它们是直接接触居民，对居民社区进行管理的组织。

1. 京都的区、市、町、村各行政部门的工作

日本京都的区、市、町、村等单位是直接与居民打交道的行政单位，它们工作的范围十分广阔，包括了城市居民生活的方方面面。这些机构不是简单的发号施令的机构，而是实实在在为居民办事的机构，凡是居民生活中所遇到的事情，都在它们的职责范围之内。列入各役所范围之内的事务包括为居民办理纳税、养老金、医保、结婚、离婚、户籍、法人执照；处理社区内的环境保护、治安防范、土地使用、园林绿化等方面问题；对关系国计民生的第三产业的发展进行规划，并有权监督、调控物价，稳定居民生活；对管辖区居民进行各种宣传教育引导，特别是交通安全教育常抓不懈；解决辖区内各级各类学校出现的问题，确保教学的正常运转与教学质量的提高；为居民提供网络服务，定期或不定期免费发放各类刊物或资料。

日本京都的这几级行政管理机构的办事效率都较高，这首先得益于管辖的地域与人口范围设置合理。东京基层政府平均管辖人口 25 万。其中，中心城区平均管辖人口为 36.5 万人，平均面积 16km²。管辖人口密度与世界多数发达国家大城市的水平大体相当。中心

城区的人口密度比其他发达国家的大城市要小。社区之所以管理高效有序，是靠全面的自主性保证的。社区的事情不论大小都是社区自己决定的。因为，每一个小一点的机构主要的职责就是负责自己所管辖区的居民的工作，它们与大一级的机构之间并没有隶属关系，也就是说，一个管辖人口不到 1000 人的村级机构，并不隶属于管理人口在 20 万人以上的区级机构，所谓上级，只是指管辖事务范围与管辖人口范围大的机构，而在行政管辖权力方面与小地方的管理机关是并列的，无权干预社区事务。这就为提高办事效率清除了许多障碍和推诿现象。

2. 日本社区管理的特点

（1）开放式办公

所谓"开放"式办公的开放是办公场所的开放和办公室的开放。首先，所有的管理机构都没有门卫、无围墙、无登记手续、自由出入，这就为老百姓进入办事提供了方便。第二，办公室无屏障。办公室集中在一起，同在一个大门之中，形成联合办公和共同办公的格局，为了办一件事，不用到处寻找。共同办公的厅很大，可同时容纳数十人办公。一个课（科、室）一个"窗口"。这种办公方式，不仅拉近了居民与役所的距离，而且使办公公开化。此外，完不成的任务禁止带回家去办公，有利于防腐倡廉。

（2）全天候、不关门的办公

在日本各个役所都没有关门的日子，仿照圣经上上帝创世说的方法，把一周的七天日程安排了 7 个方面工作：周一市政建设、周二建筑、周三交通事故、周四法律、周五老人、周六工人、周日人权。每周如此循环。居民有了生活方面问题，按性质对照一周七日安排，对号入座，非常方便。

（3）实行社区官员责任制

为了使自己办理的事务能够顺利完成，各役所该事务的官员必须深入社区了解情况。他们一般采用召开恳谈会、调查会等形式了解社区居民的情况，对于各种座谈会、调研会，居民可自由参加会议，在会上交换意见或进行民意测验。

为了取得第一手资料，官员直接深入到居民中，进行观察和调研，通过眼见、耳听、心明、手动，掌握各种情况。此外，设有"移动区长办公室"、"移动市长办公室"、"移动町长办公室"，与居民广泛接触。为避免遗漏，役所备有区、市、町、村长的明信片，邮资由役所支付，免费供居民随时索取，有什么要求、意见、情况通过明信片发出，不仅行政公开化，连要求、意见都透明。区、市、村定期向居民发放刊物，近似我国许多大型超市的广告行为，分为日、周、月不同类型。刊物上有居民收入情况、物价指数、人口问题、就业问题、社会福利、交通事故、治安情况及农、林、牧、副、渔等市场和劳务等方面统计数字，应有尽有很周详。区、市、县官员经常在电视中与居民见面，以普通居民身份与居民会谈。居民会见官员可直接到办公室，没有秘书、警卫等阻拦询问，使人感到更平易近人，更亲切。

（4）照章办事，依法办事，不徇私情

日本自称为法治国家，社区管理也体现了这一原则。在解决社区问题时，日本一切按章办事，依法行政，法规、条例与规定是约束居民行为的主要手段。正常情况下，居民能自觉遵守，法外不能"施恩"，这与日本人较高文化水准及民族文化理念相关。

在日本与社区相关的法规、条例、规定很多，对各种问题的解决方式也十分具体，几乎所有的有关社区问题的处理方式都有法可依。对于各种违法行为，也都有相应的处罚规定。比如，汽车必须使用无铅汽油，严禁乱放废弃物，单位常务副职以下的上班族严禁乘坐小汽车，果蔬店不准出售变味、变色食品等都在法律上有所规定。

（5）社区管理中的民主与平等

日本是一个注重法律和讲求民主的国家，虽然日本民主与平等观念与西方相比，还有一定的区别，但是这种思想与行为却在社区管理上有所表现。在日本任何居民都有直接向区长、市长、町长、村长反映问题的权利。这些带长的管理者，也都必须倾听社区居民的声音，为社区居民排忧解难。在社区，不仅周一到周五有值班的区长、市长、町长、村长亲自为居民解决各种困难问题，而且各个管理层领导的移动电话、住宅电话都公开告诉居民，为居民随时向他们反映问题提供方便。社区官员能解决的问题，一般都立即解决；不能解决的问题，立即转交有关部门，责令解决。一般社区不设置监察机构，社区问题由社区官员民主协商，沟通解决。居住社区内的居民，无论是国会议员、企业家、歌星名流，都是普通居民，都必须遵守社区规章制度，无一例外。这种民主、平等的社区关系与官民关系值得我们借鉴。

日本的社区管理，既带有民主自治的性质，又具有东方文化注重行政管理的特征，这种管理模式对我国目前社区管理与社区工作的发展具有重要的借鉴意义。

【特色案例】

案例一：加拿大温哥华的社区治理模式

温哥华位于加拿大不列颠哥伦比亚省南端，是加拿大仅次于多伦多、蒙特利尔的第三大城市，面积 2930km²，2001 年人口约为 54.6 万。加拿大的社区治理一般涉及 4 个机构：社区中心、邻舍中心、社区中心委员会（简称社区委员会）、邻舍中心董事会。

温哥华市政府投资运营的社区中心，是由温哥华公园及康乐局（简称公园局）与当地社区委员会共同管理的。一般情况下，公园局负责运营，社区委员会负责监督。温哥华公园局是温哥华市为数不多的几个民选机构之一，主要承担着制定长远规划和具体政策，指导各类组织开展活动并提供服务，改善社区环境，听取居民心声等职责。温哥华市公园局理事会委员每三年选举一次，公园局理事会的主席和副主席由理事会选举产生，任期一年。公园局理事会一般每两个星期举行一次会议，而其下属的两个专业委员会——规划及环境委员会、服务和预算委员会一般一个月举行一次会议，以讨论、审查和制定发展报告和规划项目。社区中心的执行总裁和工作人员则是公园局理事会代表政府聘用的。社区中心的运作经费主要来自温哥华市政府，以服务收费、租赁收入及其他所得作为补充。据了解，政府对社区中心运作的财政预算也是波动的。

社区中心提供的服务项目或服务设施主要有：文化教育、休闲娱乐、艺术指导、适应计划、育儿服务、咨询服务、康乐服务、青年服务、专业培训（课程包括健美操、舞蹈、游泳、溜冰、球类、文化、语言、儿童保健、老人照料、艺术工艺等）等服务，以及相应的服务设施。邻舍中心提供的服务项目或服务设施主要有：老人日照及特价午餐服务、学前教育及儿童托管服务、移民政策与社区融入服务、老人与儿童代际沟通活动、私密空间和公共空间聊天室等。和社区中心一样，智障人士服务、安老养老服务等专业性、福利性的社区服务一般由专业性的民间机构提供。

温哥华的社区中心具有以下主要特点：第一，在运作方式上，采取政府主导、民间合作、专业执行的模式，即政府在社区中心的发展上起主导作用，社区委员会与政府一起合作监管社区中心的运作，专业化的机构或社工负责提供服务。第二，在资金来源上．政府投资为主，服务收费、社会捐赠和自主筹资等为辅。第三，在职责功能上，主要面向社区居民提供文化、娱乐、体育等发展性服务，专业性和福利性的社区服务（如智障人士服务、安老养老服务等）一般不在服务之列。第四，在管理方式上，以温哥华公园局和当地社区委员会共同管理为主。

温哥华的邻舍中心具有以下主要特点：在运作方式上，采取民间主导、政府辅助、专业执行的模式，即民间成立的邻舍中心董事会主导邻舍中心发展，政府采用项目申报的形式对邻舍中心进行资助，专业化的机构或社工具体提供服务。在资金来源上，大致由以下多元主体承担：一是政府通过接受项目申报的形式视情况决定资助份额（多的可以达到70％）。二是针对创新性项目的中央公益金资助（10％～15％）。三是社会捐赠（10％～15％）。四是服务收费（约10％）以及自主募集等。在职责功能上，主要提供托儿、日照、救助等福利性服务。在管理方式上一般由邻舍中心成立的邻舍中心董事会自主管理，没有政府机构参与运作和具体监管。

社区委员会是由一些关心社区发展、热心公益事业、希望满足自身需求的社区居民自发成立的群众性自治组织，加入其中的居民则为社区委员会会员。社区委员会设理事会，理事会成员由社区委员会会员选举产生，通常任期一年，理事会一般由理事长、副理事长、财务主管（司库）、秘书和执行理事组成。社区委员会的一个很重要的职责就是监管社区中心的运作，它们有权建议社区中心开展什么服务项目，有权否决社区中心的经费使用，有权审查社区中心的经费开支（如，社区中心的支出只有通过社区委员会的司库签字才能生效）。另外，社区委员会也可以申请自己的慈善账号，可以公开向社会募集资金，所得资金可以投入到社区中心的一些社区服务项目。除此之外，社区委员会还经常召开各种会议讨论与社区发展相关的重大问题，参与评议政府工作及对城市发展规划提出建议，组织会员或居民参加各种社区活动，开展社区听证会，反映居民需求，美化社区环境，提升人文素养，营造和谐氛围。

在加拿大，社区是指历史地演化形成的地域性社群共同体，政治性架构、法律性架构和行政性区划也都是在社区基础上发展起来的，因此，具有较强的自发性和自主性。同时，加拿大政府也很注重发挥市场在社区服务提供中的作用，加拿大的社区治理模式体现了这些特点：

第一，社区管理的民间性。加拿大社区管理的一个突出特点是它的民间性。社区委员会和邻舍中心董事会都是活跃在社区中进行管理和服务的组织，并且它们都是由关心社区发展、热心公益事业、希望满足自身需求的社区居民自发组成的，都具有较强的民间性，并不隶属于上层的政府机构，它们更加关注服务而非管理。

第二，服务提供的市场化。在社区服务的提供方式上，加拿大政府主要采取资助社区中心和邻舍中心的建设和发展的形式。这实际上是优化了公共服务供给方式，降低了行政成本，提高了服务效率。以邻舍中心为例，其服务质量好坏直接关系到其再次向政府申报项目获得资助的多少，而其服务质量好坏则直接由实际的效益和居民的评价来决定。

第三，民间组织的独立性。在加拿大社区，社区委员会和邻舍中心董事会是两个具有监督职能的民间组织。社区委员会有权监管社区中心运作、有权决定社区中心的资金如何使用。社区中心管钱，社区委员会管账，社区中心的支出只有通过社区委员会的司库签字才能生效。邻舍中心董事会则负责监督邻舍中心的运作。二者不受政府直接干预，保持独立性，以谋求社区发展为目标，接受居民监督。

案例二：英国的社区照顾

人口老龄化已是全球普遍存在的现象，如何让老年人安享天年、老有所养，已成为各国普遍关心和努力探索的问题。20 世纪 80 年代，英国 65 岁以上的老年人口就已经占全国总人口的 15％，远远超过了国际公认的 7％的老龄化标准，是世界上老年人口比例最高的国家之一。作为较早进入"银发"时代的国家，英国对老年人采取的社区照顾模式对逐渐步入老龄化的中国有相当大的借鉴意义。

一般来说，社区照顾包含"社区内照顾"和"由社区照顾"两个概念。"社区内照顾"是指有需要及依赖外来照顾的人们，在社区内的小型服务单位或住所中获得受薪的专业工作人员照顾；而"由社区照顾"则指由家人、朋友、邻居及区内志愿人士提供照顾。因此，社区服务既包括由政府、社区甚至市场化的企业等各种非营利和营利的社会服务机构提供的专业服务，也包括由社区内的居民提供的非正式服务。

伴随着现代化的发展，英国家庭的养老功能已明显衰退，法律不再规定子女必须赡养父母，而老年人也普遍认为子女有自己的生活，父母不应该影响他们。因此，英国人与子女共同生活的比率很低，将近 80％的老年人不与子女同住。在这种情况下，独居的老人可以使用不同程度的社区照顾服务来满足生活需求。社区照顾的主要内容包括：

（1）生活照料（饮食起居的照顾、打扫卫生、代为购物等）。生活照料又分为：居家服务、家庭照顾、老年人公寓、托老所 4 种形式。

1）居家服务，是为居住在自己家中、有部分生活能力但又不能完全自理的老年人提供的一种服务。具体包括：上门送饭、做饭、打扫居室衣物、洗澡、理发、购物、陪同上医院等项目。从事居家服务的工作人员有志愿服务者，也有政府雇员，这些服务或免费或收费低。一般收费由地方政府决定，在老年人能够承担的范围之内，不足部分由政府支付。

2）家庭照顾，是为生活不能自理、卧病在床的老年人，在家接受亲属全方位照顾的形式。政府发给老年人与住院同样的津贴，这样使家庭在照顾老年人时有了一定的经济保证。现在英国不少老年人就生活在亲人的照顾与关怀之中。

3）老年人公寓，是对社区内有生活自理能力但身边无人照顾的老年夫妇或单身老年人提供的一种照顾方式。老年人公寓由二居室组成，生活设施齐全。公寓内还设有"生命线"，一旦老年人感到不适，只要拉动生命线就可获得救助。老年人可以在公寓内过着自在的生活。老年人公寓收费低，但数量有限。

4）托老所，包括暂托所和老年人院。因家人临时外出或度假，无人照料的老年人便可送到暂托所，由工作人员代为照顾，时间可以是几小时或几天，最长一般为两周，不超过一个月。而对那些生活不能自理又无人照顾的老年人则送入老年人院。当然，现在的老年人院是分散在各个社区中的小型院舍，这样，老年人可以不必离开他们所熟悉的生活环境。

（2）物质支援，提供食物、安装设施、减免税收等。如，地方政府或志愿者组织用专车供应热饭。每年约有 3000 万份直接送到老年人的家中，2000 万份送至各托老所和老年人俱乐部中。为帮助老年人在家独立生活，地方政府负责为他们安装楼梯、浴室、厕所等处的扶手，设置无台阶通道和电器、暖气设备等设施，改建厨房和房门等。政府对超过 65 岁以上的纳税人给予适当的纳税补贴，住房税也相应减少。在英国 66 岁以上的老年人可以享受国内旅游车船票减免的权利，电灯、电视、电话费和冬季取暖费也有优惠的待遇。

（3）心理支持，治病、护理、传授养生之道等。如，保健医生上门为老年人看病，免处方费；保健访问者上门为老年人传授养生之道，如保暖、防止瘫痪、营养及帮助老年人预防疾病等。每年约有 60 万名老年人接受此类访问。还有家庭护士上门为老年人护理、换药、洗澡等。

（4）整体关怀，改善生活环境、发动周围资源予以支持等。如，由英国政府出资兴办具有综合服务功能的社区活动中心，为老年人提供一个娱乐、社交的场所。行动不便的老年人则由中心定期派专车接送。同时，为帮助老年人摆脱孤独，促进心智健康，适当增加老年人的收入，社区为老年人提供力所能及的钟点场所——老年人工作室，每日 2 小时左右。另外，也有一些志愿工作可供老年人参与。目前英国约有 20％的老年人参加了各类志愿者组织。英国各个社区经常举办各种联谊会，提出带老年人到乡间去郊游的口号，人们自愿组织起来和孤独老人交朋友，利用休息日和他们谈心，用自己的车带他们去郊游，或请到家中来喝茶，为老年人的生活增添乐趣。

从运行模式来看，英国社区照顾的主要特点是依托社区，官办民助或民办官助。不管是哪种方式，政府在其中发挥着主导作用。与此同时，非政府/非营利组织发挥着骨干作用。此外，英国作为高度发达的市场经济国家，还有大量的以营利为目的的商业性老人服务机构，弥补社区照顾的不足。

从人员构成上看，英国社区照顾的服务体系主要由经理人、主要工作人员和照顾人员组成。经理人为某一社区照顾的总负责人，主要掌管资金的分配、人员的聘用及工作监督。主要工作人员负责照顾社区内一定数量的老年人，为他们发放养老金，了解老年人的需要及解决一些重要问题。照顾人员是受雇直接从事老年人生活服务的人，多为老年人的亲人和邻居，政府给予他们一定的服务补贴。

从内容和模式上看，英国的社区照顾主要有以下特点：第一，政策引导。英国政府既制定社区照顾这一社会福利政策，又定立具体的措施，以使社区能切实地承担起这一职能。第二，政府出资。英国的社区照顾在财政出资上完全体现了以政府为主的特点，很多服务设施都是由政府资助的，社区、家庭和个人的支出不多。第三，依靠社区。英国的社区照顾主要是立足社区、依靠社区，以社区为依托，各种服务设施都建立在社区中，且社区照顾的方式尽量与老年人的生活相融洽，体系完整。各种社区照顾机构既有政府出资社区举办的非营利性的机构，也有私营的、商业性的服务机构。提供服务的人员既有政府官员，又有民间的专业工作人员和志愿服务人员，形成了多主体、多层次的服务体系以满足不同情况的老年人的需求。

中国正处于人口高速老龄化阶段，从 2010～2040 年，老年人口比重平均每 10 年将提高 3.99 个百分点。中国的养老问题特别是老年人照顾问题将面临极为严峻的挑战。英国在解决老年人照顾问题时发展出的社区照顾模式，为中国提供了很好的借鉴。它避免了过去大型照顾机构冷漠、程式化的专业照顾带来的负面效应，通过发展非正式的照顾，弥补或矫正正式照顾的缺陷与偏差，在合理分配资源或重新分配资源的基础上，依靠社区自身的力量，发挥社区网络的作用，以民主和参与的精神发展社区照顾事业，使受照顾者的权利和尊严得到体现，需要得到满足，价值和人格得到尊重。因此，探索符合中国国情的社区照顾模式对解决现阶段我国的养老问题具有重要意义。同时，社区养老服务需要大量的专业社会工作者，目前在民政系统的社会福利领域内从事社会管理和公共服务工作的有 40 万名工作者，都面临着技术培训和专业化水平的问题。因此要加快建设专业化技术化的工作人员队伍，提高社区服务人员的专业化水平。

社区照顾模式促进了服务资源的有效整合，"社区内照顾"体现了服务策略的改变，即通过服务的非院舍化及支援性服务的加强，使被照顾者留在自己熟悉的社区中生活。"由社区照顾"则突出了服务资源的综合运用，即发动被照顾者的亲朋好友及邻居等提供协助照顾。社区照顾注重利用社区中存在的非正式的自然关系网络，使其和正式网络相结合，向服务对象提供帮助，从而建立一个关怀性社区。从更大范围来看，社区照顾的开展不能只局限于社区内部的服务资源，而应同时加强与民政部门、卫生部门的沟通协作，在社区层面搞好与民政福利服务资源和国有卫生保健服务资源的整合。例如，充分发挥市级、区级养老机构与综合性医院对社区居家照顾、日间托管照顾、社区机构照顾的指导和辐射作用，促进社区生活服务中心、社区医疗服务中心、养老院与托老所之间的密切合作，促进上门护理服务与设置家庭病床服务的紧密结合，全方位地做好在家老人和老人院老人的照顾工作，使有限的照顾资源发挥最大的社会效益。

（魏娜．社区管理原理与案例．北京：中国人民大学出版社，2012.）

【复习思考题】
　　1. 国外社区的主要功能有哪些？
　　2. 举例说明国外社区管理的基本模式有哪些？
　　3. 美国城市社区管理的主要特点是什么？
　　4. 德国城市社区管理的主要特点是什么？
　　5. 日本城市社区管理的主要特点是什么？

第4章 社区的组织

【关键词】 社区党组织；社区自治；社区中介组织

【案例导读】

无锡成立首个社区流动人口自治组织

2004 年 5 月 21 日上午，在无锡市广瑞路街道广瑞一村社区门口，挂起了一块"新市民亲情理事会"的牌子，广瑞一村 1300 多名外来流动人员终于有了属于自己的组织。广瑞路街道是崇安区流动人员居住较多的地区，外来人员子女入学、社会医疗保障等问题常常没有着落。此次广瑞一村社区在无锡首先成立"新市民亲情理事会"这一自治组织，主要是为社区内流动人口提供各类服务，维护他们的合法权益，引导他们积极投身地区建设。据介绍，理事会中除了负责人由外来人口担任以外，还特别邀请了司法、工商、学校、卫生、教育等专业人士加入。理事会下设维权、服务、互助、维安 4 个工作组，有100 多名人员参与各项工作，帮助流动人口解决子女入托入学、找工作、寻求社会保障等困难。

广瑞路街道负责人表示，"理事会"使流动人口能够通过组织形式，表达其利益、诉求和情况；同时也提供一个"社区交流"平台。社区将通过志愿者组织和志愿者活动等形式，加强流动人口与社区居民的沟通与交流，促进相互理解与融合，真正实现流动人员与社区居民共处、共享、共荣和共同发展。

（扬子晚报网．[2004-05-24]．http：//yzwb.jschina.com.cn/）

（1）"理事会"使流动人口能够通过组织形式，表达其利益、诉求和情况；同时也提供一个"社区交流"平台。社区将通过志愿者组织和志愿者活动等形式，加强流动人口与社区居民的沟通与交流，促进相互理解与融合，真正实现流动人员与社区居民共处、共享、共荣和共同发展。

（2）这种自治组织满足了社区中以前被忽视的弱势群体的客观需求，解决了社区中出现的新问题，体现了以人为本的精神，为建立和谐社会打下了基础。

4.1 社区组织概述

社区组织是依托社区而形成的各种社会组织。它包括 3 种类型：一是以社区为管理对象的组织，如社区党组织、街区行政组织以及政府下派在社区承担相关管理职能的组织。二是社区居民组成的自我管理的群众性、自治性组织，如居民委员会、业主委员会等。三是在社区内活动，并参与和承担某种社区管理事务的组织，如社区中介组织、非政府非营利组织、物业管理公司。

4.1.1 社区与社会的区别和联系

1. 社区是社会的组成部分

社区是由居住在某一地方的人们所构成的社会生活共同体，其表现形态或者是一个村庄、集镇，由集镇连同周围的村落、农家构成的"集镇区"；或者是一座城市，乃至城市中的一个街区等。社区人口是社会总人口的一部分，其地域和各种设施是社会生活条件的一部分，管理机构属于整个社会管理系统的一部分，因而社区是社会的组成部分。也就是说，整个社会是由若干不同类型的社区所构成的。我们不赞同那种把一个国家乃至全球视为一个社区的说法，这种说法，容易混淆社区与社会的关系，使社区的概念失去了自身特有的含义。另外，从国内外社会学界对社区研究的实例来看，也很少有人把一个规模很大的国家当作是一个社区，而大都是把一个村庄、集镇、集镇区或一个城市乃至城市中的一个街区当作是一个现实的社区。因此，我们认为社区是社会的组成部分。

2. 社区是社会的缩影和社会实体

与社会某一部门、某一行业不同，社区所反映的并非社会的一个侧面，而是一个相对完整的社会结构体系。因为，社区是由一定的人口、地域、生产和生活服务设施、管理机构和文化现象以及人们的思想意识等因素所构成的，具备社会的主要因素。不仅如此，一个社区还包含着人们的多种社会关系、多种社会群体和社会组织、多种社会活动，是一个"小社会"。所以，社会中普遍存在的一些现象都可能在社区内反映出来，犹如社会的缩影，使人们透过社区观察到千变万化的社会现象。但是，社区并不能全部反映社会的内涵和性质。

4.1.2 社区与社会组织的区别与联系

1. 社区与社会组织的内涵不同

社会群体（社会基本群体）仅仅是构成社区的一些最基本单位，其规模和功能不及社区。为了完成某一特定的社会目标、执行某一特定的社会职能而形成的比较复杂的社会群体，一般也只能满足人们的某种或某几种需要，而不能像社区那样可以满足人们生存与发展的多种需要。一般也只是围绕实现组织的特定目标形成人们之间的特定关系，例如，领导与被领导之间的关系，同事之间的关系等，而不像社区那样包含成员之间更加多方面的社会关系。一般也只有某一种或某几种专业性功能，而不像社区那样具有多重社会功能。

2. 社会组织既不脱离社区又超越社区

任何社会群体和社会组织都是存在于社区之中的，都要以社区作为自己存在的条件。因此，任何一个社区都包含着社会群体和社会组织，如家庭、邻里、政党组织、政权组织、教育组织、企业组织等。不仅如此，这些群体和组织还是社区构成要素的重要组成部分。某些群体和社会组织，尤其是大型社会组织又不局限于某一特定的社区之内，如有些跨国公司，在世界许多城市社区都有自己的分支机构；有些政党组织（诸如中国共产党组织）的分支机构几乎遍布所有的社区。

3. 社区与街道办事处

街道办事处是不设区的市或市辖区政府的派出机关，是社区建设的主要依托。我国城市社区建设主要是依托街道、居委会开展起来的。街道办事处之所以成了社区建设的主要依托之一，根源于以下几方面原因：

（1）街道办事处的组织优势和特点，决定了它是社区建设的主要依托。街道办事处不是一级政府，也不是社会团体，而是市或市辖区政府的派出机关。这个特点决定了街道办事处具有管理整个辖区的法定资格。它可以根据法律、法规和上级政府赋予的权力推动本社区的经济、社会发展，它在本街道辖区范围内肩负着上级政府赋予的指导、协调、组织、管理社区建设的重任。作为直接面对居民群众的基层单位，党和国家的方针、政策，地方政府的决定、政令，最终要靠街道办事处去贯彻落实；城市的市容卫生、环境保护、社区服务和社会治安综合治理等，也要靠街道办事处组织实施。从而决定了街道办事处势必成为社区建设的主要依托。再从街道办事处的组织优势来看，它具有完备的组织结构和干部队伍，相当的经济实力，严格的工作程序，这些都是其他基层社会团体所不具备的。从而意味着街道办事处有条件成为社区建设的主要依托。

（2）街道办事处的工作任务和社区建设内容的一致性，决定了它是社区建设的主要依托。透过各地街道工作的实践，现阶段的街道办事处至少负担着以下 9 方面任务：发展、管理街道经济的任务；城市管理的任务（本辖区的市容管理、环境卫生管理、市政设施和园林绿化管理、环境保护）；民政工作，包括：优抚救济、拥军优属、社会福利；开展社区服务；人口管理的任务（计划生育管理、劳动人口就业管理、暂住人口管理）；社会治安综合治理的任务；社会主义精神文明建设的任务（开展社区文化、教育、科技、体育、卫生保健，以及培养"四有"新人的工作）；行政管理的任务以及办理区政府交办的有关事项；指导居民委员会工作，反映居民的意见和要求。这些工作任务几乎涉及了社区建设的方方面面。因此，把街道办事处作为社区建设的主要依托，符合其工作任务的要求。

4. 社区与居民委员会

居民委员会是一种基层群众性自治组织，是我国城市基层政权的重要基础。它是随着新中国的诞生而产生的。我国城市社区建设和居民委员会的内在联系，一方面使居民委员会成了社区建设的主要依托和主体组织之一；另一方面又有力推动着居民委员会的发展。这主要表现为：

（1）居民委员会是城市社区建设的最基础的操作单位

居民委员会辖区共同体，它是以居民委员会的建立为前提的。在居民委员会尚未建立的居民区，或许也客观上存在着"社区"，但那种"社区"既没有法定的辖区范围，又没有法定的综合性社区管理机构，很难成为社区建设工作中最基础的操作单位。只有当居民小区建立了居民委员会（家属委员会）以后，才能形成有法定辖区面积、法定人口规模、法定性社区管理机构的社区，也只有这样的社区才适宜成为社区建设的最基础的操作单位。从这个意义上说，建立、健全居民委员会（家属委员会）组织，是得以开展社区建设工作的最基本前提。

（2）居民委员会是涵盖面最广，最具有群众性的社区组织

在社区范围内，不管是企事业单位，还是群众性社团（如工会、共青团、妇联等），其成员只涉及一部分居民，而居民委员会则包括了辖区内所有的住户和居民。这个优势使其有资格动员和组织辖区内所有居民群众参与社区建设。

（3）居民委员会的主要职能与社区建设工作具有高度的一致性

它作为居民自我管理、自我教育、自我服务的基层群众性自治组织，本身就担负着开

展便民利民的社区服务、维护居民的合法权益、开展社区精神文明建设、办理辖区居民的公共事务和公益事业、调解民间纠纷、协助维护社会治安等多项社区建设任务。因此可以说，组织开展社区建设活动是居民委员会义不容辞的职责。

（4）《中华人民共和国城市居民委员会组织法》

对居民委员会与基层人民政府或者它的派出机关以及与辖区企事业单位的关系的规定，使居民委员会有资格借助政府的权威开展工作，有资格在一定程度上协调社区建设事宜。所有这些都决定了居民委员会具有组织、协调、管理本社区建设工作的作用。

4.2　社区党政组织

社区党组织是指按照《中国共产党章程》规定：在社区中成立的，以社区内全体党员为组织对象的中国共产党的基层组织。社区党组织是社区组织的领导核心，在街道党组织的领导下开展工作。中国共产党第十六次全国代表大会通过的新《中国共产党章程》第二十九条要求：凡是有正式党员三人以上的街道社区，都应当成立党的基层组织。社区党组织在社区建设中的领导地位是由中国共产党的政治优势和崇高威望所决定的。

4.2.1　社区党组织的发展

所谓社区党组织包括市辖区委、街道党委（党工委）和居民区党支部。尤其是指街道党委（党工委）和居民区党支部。它们是随着城区政权和街道办事处的发展而发展起来的。20 世纪 50 年代末～60 年代前期，城市街道办事处为了适应形势发展和工作需要，逐步扩大了组织机构，增加了工作人员，先后把街道党支部扩建为街道党委（党工委），并相继建立了街道机关党支部、居民区党支部以及下属企事业单位党支部，形成了我国城市基层社区党组织体系。"文化大革命"前期，街道党组织一度陷入瘫痪状态。1973 年后，伴随着市、区党委会的相继恢复，城市街道组织也得到了恢复，并在组织机构上与街道革命委员会有了初步划分，许多街道党委设立了组织、宣传、秘书等专职人员。中共十一届三中全会以来，我国城市基层社区党建工作步入了开拓创新和健康发展的新时期。许多城市制定、下发了一系列关于社区党建工作的文件、条例。1996 年中共中央组织部下发了《关于加强街道党的建设工作的意见》，要求各级党委充分认识加强街道党的建设的重要性和紧迫性，采取有力措施，尽快改变街道党建工作相对薄弱的状况；要求从新形势下城市工作的特点和实际出发，围绕搞好城市管理、社区服务、保持社会稳定和发展街道经济，以加强领导班子，提高干部素质为重点，切实搞好街道党的思想、政治、组织、作风建设，增强党组织的凝聚力和战斗力；要求各级地方党委高度重视街道党的建设，尽快建立一级抓一级的街道党建工作责任制；明确规定街道党委是街道各种组织和各项工作的领导核心，居民区党支部是居民区各种组织和各项工作的领导核心；明确了街道党委和居民区党支部的主要职责。并对加强街道党委领导班子建设和居民区党支部建设提出了一些具体要求等。党的"十五大"通过的《中国共产党章程》再次强调街道党委会领导本地区的工作，支持和保证行政组织、经济组织和群众自治组织充分行使职权。按照上述要求，全国各地正在推进城市基层社区党建这个新的伟大工程。

社区党组织的主要工作应是通过充分发挥和整合社区政治资源，加强对社区各项工作的领导，提高社区党组织的凝聚力、影响力和号召力，发挥其政治保证作用。然而在实际工作中，社区党组织的作用发挥尚存不尽如人意的地方，在某种程度上存在被淡化、弱化和虚化的现象，表现为以下两个方面。

1. "边缘化"

随着社区的不断建设与发展，社区工作的范围、内容、任务不断扩大和增多，政府职能向社会延伸，社区的党务工作者成了行政党务并举的重要管理者，既要面临社区党建工作覆盖面不断扩大的压力——吸纳下岗失业、提前退休、流动的党员转入社区，接受离退休党员甚至包括在职党员的管理任务，还要不断接受政府职能部门给社区下达的各种任务、指标。既要做好一些长期性的工作，又要完成日常性事务，还要配合相关部门开展一系列临时性工作。社区党务工作者经常淹没于社区居委会的日常事务中，党建工作被不知不觉地"边缘化"了。多数社区已有几十项之多的服务进入到其中，给社区增加了大量的工作量。在此情况下，党建工作只能限于维持日常的党员组织生活和完成上级党工委分配的工作，组织建设工作流于形式的现象较为普遍，社区党组织"宏观决策、凝聚民心"的领导作用难以真正实现。而社区党组织的上级党组织——街道工委，大量时间也被各种繁杂行政事务所占据，同样缺乏对社区党建针对性的、有效的指导，难于形成有效的管控。

2. 尚不能完全化"被动"为"主动"

社区党组织缺乏党员广泛参与的激励机制，党建工作显得较为勉强和被动。社区党建工作的非系统化和非制度化极易造成零碎而松散、短效而脆弱的局面。许多社区活动的指导思想较之与数年前的模式并没有更多的符合时代特性新意，活动方式在很大程度上仍然局限于走访、讨论、慰问等陈旧的、公式化的形式，难以吸引广大党员参与。党建工作的载体建设也不够理想，如，党员志愿者的志愿化程度不高，专业化、网络化建设薄弱等。

4.2.2 社区党组织的地位

社区党组织在社区建设中的领导地位是由中国共产党的政治优势和崇高威望所决定的。中国共产党是工人阶级的先锋队，是全国各族人民利益的忠实代表，是领导我们事业的核心力量。在中国，从来没有任何一个政治组织像中国共产党这样集中了那么多先进分子，组织得那么严密和广泛，在人民群众中享有那么高的威望，具有那么强的号召力和战斗力。

中共中央组织部 1996 年 9 月 3 日印发的《关于加强街道党的建设工作的意见》等重要文件中，社区党组织被定位为"居民区各种组织和各项工作的领导核心"。1999 年 9 月，江泽民同志在视察上海市徐汇区康健街道康乐小区时指出："社区党建联系着千家万户，大有可为。"日前，我国各大中城市正在根据自身情况，积极探索适合本地社区党建工作的新途径。

根据新时期、新形势的特点和要求，社区党建工作应以加强城市党的基层组织建设为重点，巩固和完善基层领导班子，提高党员干部素质，充分发挥党组织在社区工作中的核心作用，切实搞好党的思想作风建设和基础建设，扩大党在社区工作的影响力与覆盖面，做到有群众的地方就要有党的工作；有党员的地方就要有党的组织；有党组织的地方就要有健全的党的生活，增强社区党的工作的渗透力和社区党组织的凝聚力、战斗力，把广大人民群众紧密团结在党组织的周围，推进城市社会主义经济、政治、文化、社会四个文明的建设。

2006 年，在天津召开的全国街道社区党的建设工作座谈会上，中共中央政治局委员、书记处书记、中组部部长贺国强在讲话中强调，街道、社区党建工作认真贯彻"十六大"和十六届四中全会精神，紧紧围绕城市改革发展稳定的大局，紧密结合城市社区建设的实际，以保持党同人民群众的血肉联系为核心，以服务群众为重点，构建城市社区党建工作新格局，提高街道、社区党组织的创造力、凝聚力和战斗力，扩大党在城市工作的覆盖面，为创建管理有序、服务完善、环境优美、文明祥和的新型社区，促进城市现代化建设提供坚强的组织保证。

党的十六届四中全会专题研究了加强党的执政能力建设的重大问题，这是关系中国特色社会主义事业兴衰成败、关系中华民族前途命运、关系党的生死存亡和国家长治久安的重大战略课题。在全面建设小康社会，加快推进社会主义现代化的新的发展阶段，街道、社区建设在城市工作中的地位越来越重要。进一步加强街道、社区党建工作，对于贯彻落实四中全会《中共中央关于加强党的执政能力建设的决定》精神，对于加快城镇化进程，实现人的全面发展，对于构建社会主义和谐社会，对于巩固党的执政基础，提高党的执政能力，推进党的建设新的伟大工程，都具有重要意义。

随着街道、社区党组织工作重要性的日益显现，坚持以人为本，做好服务社区群众的工作，为社区群众创造一个舒适、便利的生活和工作环境，成为社区党建的根本出发点和落脚点。

4.2.3　社区党组织的作用

社区党组织作为新形势下党的基层组织，全部工作和战斗力的基础。社区党组织的作用主要体现以下几个方面。

1. 政策宣传

宣传和执行党的路线、方针、政策，宣传和执行党中央、上级组织和本组织的决议，充分发挥党员的先锋模范作用，团结、组织党内外的干部和群众，努力完成该基层组织所担负的任务。支持和保证行政组织、群众自治组织依照法律和各自章程充分行使职权，协调好辖区内各方面的关系。

2. 理论学习

组织党员认真学习马列主义、毛泽东思想、邓小平理论和"三个代表"重要思想，学习党的路线、方针、政策及决议，学习党的基本知识及创新理论，学习科学、文化知识。社区党组织应号召党员在工作中以科学发展观为统领，将创新理论活学活用，动员社区党员充分发挥先锋模范作用，营造和谐社区，保证社区事务顺利推进。

3. 监督教育

坚持党管干部原则，按照干部管理权限，对党员进行教育，做好本街道干部的教育、培养、考核、选拔和监督管理工作。提高党员素质，增强党性，严格党的组织生活，广泛开展批评和自我批评，维护和执行党的纪律，监督党员切实履行义务，同时保障党员的权利使之不受侵犯。监督党员干部和其他工作人员严格遵守国法政纪，不得以任何名义侵占国家、集体和群众的利益。同时教育党员和群众自觉抵制不良倾向，坚决同各种违法犯罪行为作斗争。

4. 联系群众

经常了解社区群众对党员、社区党组织的工作的批评和意见，维护群众的正当权力和利益，采用群众易于接受的方式做好群众的思想政治工作。充分发挥党员和群众的积极性和创造性，发现、培养和推荐他们中间的优秀人才，鼓励和支持他们在新的形势下更好地发挥聪明才智，为社会作贡献。

5. 发展培养

加强党组织自身建设，充分发挥街道党委的领导核心作用，党支部的战斗堡垒作用和党员的先锋模范作用。对要求入党的积极分子进行教育和培养，做好发展党员工作，重视在社区工作的实践中吸纳培养符合入党条件的人员，特别是在有志向的青年人中发展党员。

6. 领导街道的思想工作和精神文明建设

社区党建管理除了在发挥其工作职责中的必须承担的某些管理职能外，主要是对党组织和党员的管理。由于社区党建工作具有明显的区域性特征，每个区域都有自己的党建承担、背景和资源，从而形成了不同的管理模式。如，目前已经形成的"动力牵引"、"模块拼装"等比较成熟的管理模式。

4.2.4 社区党组织的职责

根据中国共产党的性质与党在新时期新形势下优化社区资源的需要，从大的方面说，社区党建的功能可以归纳为社区的利益整合、政治社会化、社区居民行为导向 3 个方面。

1. 社区的利益整合

社区是各种利益的交汇点。协调不同利益群体之间冲突，有效地进行利益整合是社区党组织的一项重要功能。所谓整合，就是指通过一定的方式和手段，在求同存异的前提下共同构成一个有机的、完整的体系。利益整合是社会整合的重要内容。必须充分调整政治的、经济的、文化的、社会的各种手段，使来自不同阶层、不同的利益诉求得到合理的表达，不同的利益矛盾也得以合理的协调，进而树立全社会对中国共产党政治体系的价值认同。社区党组织是执政党的基层组成部分，对于社区各种利益、资源的整合调配起着重要作用。如何使各种社会利益冲突免于激化，同时，力求使改革的成本最小化，社会承受的能力最大化，是中国共产党领导全体成员进行社会建设必须认真加以对待的问题。政府政策的及时出台，参与渠道的畅通为各种复杂的利益冲突起到很好的"减压阀"作用，而社区党组织利用党所具有的政治资源，在社区利益冲突时能发挥其重要的作用，并能有效弥补行政组织、公共政策在利益整合中的不足和发现问题的时间滞后效应，进而有效地发挥党组织的渗透力、战斗力，提高公信力。

2. 政治社会化

政治社会化，就是指通过社会中政治知识的传播，使这种政治文化及体制获得全社会认同的过程。任何有政治影响力的社会都必须成功地向其社会成员灌输适合维持其制度的思想，并以此维持社会的安定有序。也可以说，政治社会化是社区党组织所应具有的功能之一。

不同的国家，其政治社会化的渠道与方式是不同的，在中国，社区党组织是政治社会化的最有效的传播工具。社区党建就是有效地采取各种措施强化政治社会化功能，通过一系列行之有效的思想政治工作、政治信息传播，并通过各种实际的为民解困服务活动，起到增强认同、鼓舞斗志、化解矛盾的政治效应，通过对广大人民群众根本利益的深切关注，使中国共产党的政治主张、价值观念得到最广泛的认同。

（1）行为导向

随着社会的转型、资源市场配置的确立，社会个人从以前的单位约束中解脱出来。较之计划经济时期，人的行为自由性也得到前所未有的释放。与此同时，社区对于发展着的个人来说不仅多了归属感，更具有日益重要的思想行为引导地位。社会结构的变迁，已引起居民思想行为的重大变化。政治信念的动摇、公共道德的缺失、核心价值体系的迷失、"黄、赌、毒"以及各种现代性"社会病"的出现，已日益引起全社会的广泛关注。加强社区成员的行为规范，对其进行社会主义荣辱观的教育、引导，是中国共产党的义务，而距离群众最近的、最有力的机构就是社区党组织，在加强社区党组织自身成员的教育的同时，社区党组织应行之有效地担负起对社区党员和群众的舆论行为导向作用。随着作为人的社会成员的角色的转变，社区党组织在人的行为导向方面具有其他组织不可替代的作用。因此，加强社区党组织对于社区人的行为的正确引导，成了社区党建所必须具备的功能。那么，社区党组织的具体职责有哪些呢？

（2）社区党组织的具体职责

1）宣传和执行党的路线、方针、政策和国家的法律法规，宣传和执行党中央、上级党组织的决议，团结、组织党内外的干部和群众，完成社区各项任务。

2）讨论决定社区建设、管理中的重要问题。

3）领导社区居委会和共青团、妇联等群众组织，支持和保证其依照法律和各自的章程开展工作。

4）做好居民群众的思想政治工作，搞好社区精神文明建设，维护社会稳定。

5）组织、协调辖区单位党组织和党员参加社区建设。

6）加强党组织自身建设，对党员进行教育、管理和监督，做好发展新党员工作。

7）做好社区干部和社区志愿者的管理工作。

8）密切联系群众，服务群众，维护群众的正当权益和利益。

4.2.5　加强社区党建工作的主要途径

加强社区党建，努力促成党建工作新格局，应以科学发展观为指导，用发展的眼光研究基层党建工作面临的新情况，以改革创新的精神对基层党建工作加以统筹安排。在新时期社区党建工作的格局中，思路创新是灵魂，载体更新是途径，管理机制和管理网络创新是保障。社区建立起适应新情况的党建工作新格局，就能开创社区党建工作的新局面，从而使社区在党的领导下，有力地推进各项相关事务的发展。把社区党建和社区建设相互贯通起来，形成良性的"社区建设—社区党建—社区建设"的良性循环圈。这同时也是构建和谐社区的必然要求。

1. 要找出社区党建工作的新思路

党的"十六大"报告中指出："党的建设必须按照党的政治路线来进行，围绕党的中心任务来展开，朝着党的建设总目标来加强，不断提高党的创造力、凝聚力和战斗力。"按照这一总方针，社区党建工作的基本思路应该是：全面贯彻"三个代表"要求，全面落实科学发展观，坚持以人为本，突出社会关爱和利益协调功能，以社会性、区域性、群众性工作为切入点，加强党的思想、组织、作风、制度建设，把党的组织建设成为充满生机与活力、能够应对各种困难与挑战的坚强战斗堡垒。

2. 要创造社区党建工作的新办法新机制

江泽民同志曾经指出，由于历史条件、社会环境和党肩负的任务的变化，党的建设的方式方法应加以改变和改进，光靠过去的老经验、老办法不够，必须有新的创造（《论党的建设》）。社区党建可以根据实际情况采取一些新的办法。如：理论传播与实践疏导相结合；保持共产党员的先进性与关注人的全面发展相结合；把增强党性修养与解决社区党员的实际问题结合起来；把言教与身教和人格魅力相结合，等等。在社区党建机制方面，要建立起对社区党员动态管理、跟踪管理的机制，不断完善原有的经验和办法，创造出新的经验和办法，使社区党建工作常抓常新。

3. 要建立社区党建工作新网络

社区党建工作新的网络主要包括这样一些内容：组织网络；监督网络；服务网络；信息网络。

（1）组织网络，各方协调的工作机制需要组织的网络系统作保证。组织网络既是社区内的党员活动的组织载体，也是对其进行管理的网络。在纵向上体现为街道工委—社区党支部—居民小区（楼门）党小组的组织系统。

（2）监督网络，就是要形成教育和监督的合力，使党员能处处受到教育，时时接受监督。建立起党内和党外结合，自上而下和自下而上结合的教育网络和监督网络。特别要接受来自各民主党派、无党派人士及群众的教育和监督。

（3）服务网络，社区党的组织和党员，应该诚心诚意地做社区广大群众的服务者。服务网络的建立，就是把社区党的建设工作和党的群众工作直接结合了起来，把党员受教育和居民得实惠直接结合了起来。关系到社区居民切身利益的一些实际问题，都要分解、落实到党员特别是干部身上，做到事事有人管，人人有事管。

（4）信息网络，当今世界是信息化的世界。而当前社区党员的特点就是时间、地点难以达到统一。社区党组织可以在街道工委的帮助下，建立起属于社区党组织自己的网站，利用电子信息平台，有效地管理党组织与社区党员的日常事务，更好地为中国特色的社会主义建设做贡献。

4. 加强对社区党员的教育管理

要把社区中从单位游离出来的党员重新组织到社区党组织中，同时，社区党组织要与社区中各类新经济组织、新社会组织建立联系。对社区内党员实行分类管理，将离退休党员、服务机构党员、民营企业党员、无业或失业的党员（包括尚未分配工作的退转军人、毕业学生党员）、下岗职工党员、外来打工者党员，按其居住地、工作性质等编入相应的党总支或党支部。

5. 进一步改进社区党组织的领导

从适应社区管理体制改革的需要出发，社区党组织的领导方法应从以下3个方面做出相应的转变。

（1）在领导方式上的转变。要由纵向的行政管理模式向协调、指导服务的方式转变。要以服务社区、服务群众为第一目标，寓管理于服务之中，通过为社区群众办好事、办实事树立党组织的威信，防止和克服社区党的工作机关化、行政化倾向。

（2）在活动方式上的转变。要由过去的以条为主、条块分割向条块结合的网络化方向转变。要充分利用社区党组织熟悉社情民意、善于组织协调的优势和一切可利用的资源，为社区单位和居民群众服务。

（3）要进一步理顺党组织与基层组织、居民组织的关系。在社区管理过程中，要充分发挥社区党组织的领导核心作用，支持和保障基层自治组织依法开展自制活动，逐步向社会主义市场经济条件下以社区自治为主转变，实现社区群众自我管理、自我教育、自我服务。

4.3　社区自治组织

社区是生活在一定地域上的人们所组成的生活共同体，这个共同体在社区组织体系中的表现形式，就是社区自治组织。因此，社区自治组织是社区组织体系中最为重要的组织之一，社区自治组织的建设是社区建设的重点工作之一。自社区建设开始以来，社区自治组织的建设一直贯穿其中，但直到现在，社区自治组织框架的构建仍然处于探索当中。

社区自治组织体系架构，当前存在的以下主要形式。

以沈阳市为代表的自治组织体系架构。这个架构的主体组织由决策、议事协商、执行3部分组成，除主体组织外，还有社区中介组织。决策层，即社区成员代表大会，由居民代表和驻社区单位代表组成，讨论决定社区的重要事项。议事协商层，即社区协商议事委员会，由社区内的人大代表、政协委员、知名人士、居民代表、单位代表组成，行使对社区事务的建议权和监督权。执行层，即社区居民委员会，其成员向社会公开招聘，经选举产生，行使对社区事务的管理权。

以上海为代表的自治组织体系架构。其具体做法是：在居委会内部实行议行分设，在社区居委会内设议事层与执行层。居委会议事层由委员组成，委员由全体居民直接选举产生，实行兼职制。居委会执行层由主任和居委会下设的专门工作委员会成员组成，是专职干部，行使社区日常工作的执行权，是职业社区工作者。以北京市西城区和天津市红桥区为代表的社区自治组织体系架构。这个架构与上海的做法有相似的地方，即将社区居委会分为决策层和执行层。决策层由民主选举产生，执行层由决策层的居委会主任聘任。执行层由社会工作者办公室承担，执行层的任务是完成居委会的各项任务和工作，决策层的居委会是属于义务的。

以上做法，都是议行分设原则的不同表现形式，对这些表现形式，目前人们的评价尚未形成统一意见。一个成熟的社区自治组织体系架构的形成，还需要继续一段时日。

4.3.1　自治和社区自治的概念和意义

社区能不能实现自治，社区是否有能力自治，这是现代城市新型社区建设和发展的重要标准。然而，社区自治的理念目前尚未被全社会所接受，社区自治的意义尚未得到全社会的重视，社区自治的要素、职能等还不清晰。因此，有必要对此进行一个完整的解释与界定。

1. 社区自治的含义

按照目前学术界、理论界通行的解释，所谓自治，是指"民族、团体、地区等除了受所隶属的国家、政府或上级单位的领导外，还对自己的事务行使一定的权利"。这一自治的概念，包含两层意义：其一，自治的主体是民族、团体、地区等特定的对象。例如，我国现行的民族自治区、特别行政区、农村的村民委员会、城市的居民委员会等。其二，自治的主体在接受所隶属的国家、政府、上级单位领导或指导下，享有一定的管理自己事物的能力。

由自治含义引申，社区自治是指社区居民行使对社区权力机构的民主选举和对社区公共事务的民主决策、民主管理、民主监督，从而达到自我管理、自我教育、自我服务的理想状态。我们今天所建立的社区，属于自治对象中团体的范畴。社区居委会是自治主体之一，应当享有一定的自治权利，其主要根据有两个：一是我们所建立的社区居委会，是在借鉴国外社区发展理论和实践的基础上，适应中国社会转轨时期加强基层民主政治建设和社会管理的需要，在对居委会组织规模进行调整，按照宪法和居委会组织法的原则规定改革组成的新型基层群众自治组织。其自治的性质和自我教育、自我管理、自我服务的职能仍然没有改变，它具有法定自治组织的性质，属于法定的自治主体组织的范畴。二是社区既然是法定的自治组织，其自治的内涵则应当是在国家法律的规范之内，在党的领导下、在政府指导下，在广大人民群众的参与下，享有一定的民主自治的权利。

2. 社区自治的意义

社区自治并不意味着政府对社区撒手不管，社区自治虽然体现为自我管理、自我服务、自我发展，但政府对社区仍然负有"掌舵"的功能，即支持、指导和协助社区建设的责任，承担社区公共产品生产的一部分费用。政府应该把社区自治和社区公共服务的支出纳入国家财政预算，以专项财政支出来支持社区自治发展。政府应履行社区建设的"掌舵"功能，社区则应逐渐实践社区建设的"划桨"功能。社区自治并不是对政府的排斥，两者之间应是新型合作关系而非对立关系。新型合作关系就是在"行政归行政，自治归自治"的前提下，分工协作，相互配合，相互支持，共同实现"良治"。即使在社区自治下，政府依然要履行社区建设的"掌舵"功能，主要包括：指导社区工作、拨款支持社区自治、培育社会自治组织。

(1) 社区居民自治是一种管理成本较低的体制创新

行政导向的社区建设有其合理性，这就是可以利用国家既有的强大行政组织（包括党政组织）资源迅速构造一个新型的社会。但是，这一模式需要的条件和付出的成本较高。一方面，政府要实行有成效的社会整合，必须控制充足的经济和社会资源，从而通过资源分配将社会吸附在政府组织体系内；另一方面，基层政府力量的扩张，通过强有力的基层政府整合社会，而这需要较高的政府管理成本。

在我国的大多数城市，特别是中小城市，基层政府所控制的资源很少，难以支付扩张基层政府所需要的管理成本。而且，随着市场的完善，大量的经济资源通过市场的方式加以配置，政府审批等权限进一步减少，政府管理与经济运行适当分离，行政导向的社区建设所需要的强大财力难以为继。而自治导向的社区建设主要依靠社区自身的资源进行社会整合。对于中国来说，城市社区普遍具有财力资源不足，人力资源富余的特点。通过社区居民自治，可以开发充足的人力资源，为社区建设提供可持续的源泉。自治导向的社区建设开始的发展程度可能不高，但由于实行居民自治而不是强化政府，因此，用于管理的成本也较低，所以更具有普遍价值。更重要的是，自治导向的社区建设将政府管理与社会管理分开，由社区组织承接政府和市场都难以承接的社会事务，是市场经济体制下城市管理体制的创新。它可以促使结构合理分化，政府专事公共管理，市场专事营利，社区专事非政府非营利性社会事务，从而更加促进社会的和谐程度与和谐水平。

（2）社区居民自治是社区建设的内在要求

任何一种体制只有当它能够不断满足社会成员的需要才是有活力的。经济改革使中国很快得以摆脱短缺经济困境，物质生活水平大为提高。但是，特别是随着物质生活水平的提高，人们的社会安全、精神文化、社会交往、生态环境、社会参与等方面的需要急剧扩张。而在这方面，市场的反应往往是"盲点"。因此，经济改革后社区建设的宗旨就是要以人为本、服务居民，即通过开发和动员社区资源，将社区建设成为安全、文明、和谐的家园，以满足社会成员不断增长和日益丰富的生活需要。那么，谁能够最及时、准确地反映和表达社会需求呢？是直接生活在社会之中并能满足社会成员需求负有责任的社区居民自治组织。社区成员通过自治组织进行自我管理、自我教育和自我服务，满足政府和市场难以满足的社会需要，参与解决社区发展问题，创造自己的幸福生活。一些地方在社区建设中提出的"社区是我家，建设靠大家"、"大家的事大家办，大家的事大家管"的口号。凡是与社区成员有关事务的决定，社区成员都有权参与，这种社区建设是"内源性发展"。

（3）社区居民自治有利于扩大政治基础，加强基层民主建设

民主是社会主义现代化建设的目标之一。建设高度的社会主义民主不仅需要经济社会发展等外在条件，也需要公民有效行使民主权利的内在条件。通过社区建设中的社区居民自治，使公民在民主选举、民主决策、民主管理和民主监督的实践中培育公共意识、参与意识、合作精神和契约观念，可以为社会主义民主提供坚实的主体基础。另外，透过"民评官"等方式，使政府工作直接接受公民的监督，政府管理得以根本改善。

4.3.2　社区自治的组织体系与形态

1. 社区自治的组织体系

在党和政府的领导下，在法律规范下，在广大人民群众的参与下，社区享有一定的民主自治的权利。社区自治组织主要指居民代表委员会等社区内居民的群众性自治组织，也是社区管理者的基本单元，包括：志愿者协会组织、文化体育类社团等机构。

社区自治应建立社区居委会议事层与执行层分离的工作体制。居委会议事层由委员组成，委员由全体居民直接选举产生，实行兼职制。居委会执行层由主任和居委会下设的工作委员会成员组成，是专职干部，行使社区日常工作的执行权，是职业社区工作者。在此基础上建立新的社区自治组织体系。

社区自治组织体系的主要内容：

（1）建立决策层，即成立社区成员代表大会。社区成员代表大会由社区居民和社区单的代表组成，讨论决定社区的重要事项。

（2）建立执行层，即社区居民委员会。社区居民委员会成员向社会公开招聘，经选举生，行使对社区事务的管理权。

（3）建立议事层，即社区协商议事委员会。协商议事委员会成员由社区内的人大代表、政协委员、知名人士、居民代表、单位代表组成，行使对社区事务的建议权和监督权。

（4）建立领导层，即社区党组织。可以将社区委员会作为工作层，其成员作为职业社区工作者，由社区成员代表大会行使议事和决策权力。健全社区组织，整合社区资源，发展社区事业，强化社区功能，大力加强社区建设实现党领导下的依法自治，真正做到自我教育、自我管理和自我服务，努力建设管理有序、服务完善、生活便利、环境优美、治安良好、人际关系和谐的新型社区，是社区建设的重要目标。

2. 社区自治的形态

《城市居民委员会组织法》规定：居民委员会是居民自我管理、自我教育、自我服务的基层群众性自治组织。其自治权主要体现在以下几方面。

（1）财产自治

居民委员会对自己的财产拥有所有权，任何单位和部门都不得侵犯。《城市居民委员会组织法》第四条规定："居民委员会管理本居民委员会的财产，任何部门和单位不得侵犯居民委员会的财产所有权。"依据《城市居民委员会组织法》第四条、第十六条、第十七条之规定，居民委员会的财产来源主要有3方面：一是政府拨付，用于行政开支。二是向本居住区居民和单位筹集，用于公益事业。三是明确居民委员会可以开展便民、利民的社区服务活动，兴办有关的服务事业。

（2）选举自治

《城市居民委员会组织法》第八条规定："居民委员会主任、副主任和委员，由本居住地区全体有选举权的居民或者由每户派代表选举产生；根据居民意见，也可以由每个居民小组选举代表二至三人选举产生。"第十条规定："居民会议有权撤换和补选居民委员会成员。"选举自治包括以下内容：第一，由居民或居民代表参加的居民大会是自治机构的最高权力机构，由它产生并有权罢免居民委员会主任、副主任和委员，其他机构没有这个权力。第二，选举是自治机构产生管理人员的法定途径。选举要符合法定的程序。只要是在本社区（不以户口作为判断的标准）居住两年以上，年满18周岁的居民，均具备选举人和被选举人资格。推举候选人的方式：1）占本居住区总人口的一定比例的居民代表的推荐，或规定一定的人数，如50人的签名推荐即有效。2）考虑到目前我国社区建设的具体情况，居民区的单位也有推荐权。3）对选举出的居民委员会主任、副主任和委员进行监督和罢免的权力归居民代表大会，其他任何组织和个人都无权行使这一权力。居民委员会主任、副主任和委员要定期向居民代表大会汇报工作，也可以由居民直接进行监督，如由50位以上居民联名就可以对其进行撤换。

（3）组织与管理自治

居民委员会的组织机构，应当根据居民委员会的职能与任务来确定，而不能成为与政府机构一一对应的"小政府机构"。如，北京市的有些居民委员会的机构就与街道办事处有对应的关系，街道办事处有十几个科室，而在居民委员会中也有八九个委员会，且是对应关系。例如：街道办事处的司法科对应居民委员会的人民调解委员会；街道办事处的民政科对应居民委员会的社会福利委员会；街道办事处的城管科对应居民委员会的公共卫生委员会；街道办事处的计划生育委员会对应居民委员会的计划生育委员会。居民委员会与街道办事处不仅组织机构对应，而且任务也对应。

居民委员会对本居住区内的公共事务进行管理。这种管理与政府的行政管理是不同的。首先，这不是一种强制性管理，不具备政府管理的权威性。因此，居民委员会对居民和社会单位不能强制要求其完成什么任务，或强制征集财物。其次，方式不同，居民委员会的管理方式主要是协商、说服、调解、教育等。最后，评价的标准不同，居民委员会的管理是由居民来评价，而不是由街道办事处来评价，更不能把街道的任务指标，下达给居民委员会，并作为考核与评价居民委员会的标准。

（4）教育自治

《城市居民委员会组织法》第三条第一款、第五款规定：居民委员会要教育居民遵守宪法、法律、法规和国家各项方针政策，教育居民履行依法应尽的义务，爱护公共财产，教育居民互相帮助，互相尊重，倡导良好的道德风貌等。这是居民自我教育的很好的途径，如，居民委员会通过宣传"全民道德公约"，有利于社区形成良好的道德风尚，从而也有利于整个社会道德风尚的提高。

（5）服务自治

首先，居民委员会可以根据本社区居民的愿望和要求，以及社区的实际情况开展各种形式的服务居民的活动。开展服务活动首先要了解居民的需要。其次，举办大型的服务活动要经过居民代表大会或居民代表协商委员会的同意。再次，社区服务的目的是满足社区居民的精神和物质需要，而不是搞什么"政绩工程"。如，现在有些城市大搞并不实用的社区服务中心，有些经济条件还很差的地方城市，花上千万建社区服务中心，结果由于每项服务都要收费，普通居民根本无法承受。

4.3.3 社区自治的特征与规范

1. 社区自治的特征

（1）民主选举程序。按我国法律规定，凡具备选举资格的社区居民，按照一人一票、不计名、保密、差额的前提下，以公平、公正、公开为准则选举社区自治组织成员的一种政治行为。

（2）民主决策事务。社区内的一般事务，由党支部与居民委员会办理。凡与居民利益相关的重大事务，须由社区居委会根据一定的程序进行有代表性的公开讨论或民主协商，并将形成后的决议交付执行层执行。

（3）民主监督管理。社区居委会负责执行社区成员代表大会层面的决议，根据决议的精神对社区进行具体的管理。与社区相关的办公经费和社区服务的收入由居委会管理支配，由社区成员代表大会进行监督。对于有损于社区整体利益或权利的工作方法，或是不称职的居委会成员，社区成员代表大会有权提出核查、修正、撤换、罢免的决议。

2. 社区自治的规范

（1）在党组织领导下的依法自治

民主法治是社会主义和谐社会的基本特征之一，同时，也是我国的治国方略之一。社区自治的前提就是依法自治，依法自治是社区的地位、利益受法律保护的必要条件。依法自治主要表现在两个层面上。

1）社区必须在国家法律法规许可的范围内开展自治活动。

2）社区相关的自治章程、程序等必须体现《中华人民共和国宪法》和法律的意志。中国共产党是我国社会主义建设事业的领导核心，是全国各族人民利益的代表。中国特色的社区建设有别于其他国家，党组织在社区建设中的地位是政治领导，而不是包揽一切地参与具体事务。

（2）政府指导下与社会广泛参与的自治

国家通过各级政府对社会组织进行行政领导和指导。依据居委会组织法，政府赋予居委会协助其做好社会治安、卫生优抚、计划生育等职能。政府在管理居民事务时需要有力的帮手，社区在执行各种事务时也需要政府的指导，与相关部门的合作，仍离不开政府的协调。上面讲过，一切工作必须依法办事。社区工作如果失去了政府的指导，就会失去规范。有一种观点认为社区建设是政府职能的延伸，社区仍需政府"手把手"的领导。其实，这仍然是"社区政府化"的陈旧观念的体现。只有在政府的指导、协调下自觉行为的自治，才是走出真正自治的第一步。政府的指导应更加侧重于规划方面的指导和管理能力方面的指导。这样才能宏观指导社区建设的中长期目标，有效引导社区公益项目的推进，规范社区的行为，使社区在成长的过程中有章可循，从而以平稳较快的速度进入管理规范化的轨道。

社区建设是社会建设的有机组成部分。在社区的建设的过程中，应体现大社会的观念和"在共建中共享，在共享中共建"的良性循环原则。只有全社会参与和监督社区建设，才能真正激发社区成员的内在动力，同时也是"以人为本"的体现。鼓励社区成员各尽所能，广泛采取财力、物力、智力多种资源共享的形式，努力促进社区成员爱干事、干成事，在过程中充分展示才华，实现自身价值，为社区多作贡献。

（3）创造条件、坚持循序渐进、推进各方互动

要从组织、制度、设施等方面创造条件，实现规范化管理。在组织建设上，根据社区建设的需要，组建社区民主议事委员会，共商社区建设大计，做好社区事务协调工作。在制度上，建立和完善民主议事、民主监督等制度。在设施建设上，加大资金投入，为社区居委会创造必要的基础条件。由于我国正处于社会主义初级阶段，要不断满足人们日益增长的物质和文化的需求，还会受到各种条件的制约。因此，社区实现自治不可能进行跨越式发展，一步到位，还要循序渐进，逐步展开。此外，社区成员的自觉参与程度还有待进一步提高，社区自治能力还有待于进一步增强，这些内在和外在的因素都决定了社区自治要稳步推进，必须由表及里、由点到面、由浅入深地扎实展开，切不可操之过急。社区居民自治是一个整体推进，需要各方面共同参与的系统工程。一方面它需要社区内部人员不懈地努力工作，为社区自治打好自身基础；另一方面还需要地方政府等上级部门和社会各界都来关心、支持社区自制建设，为社区实现自治创造良好的外在环境和条件，齐心协力、有条不紊地推进这项系统工程顺利进行。

4.4 社区中介组织

4.4.1 社区中介组织的含义

随着社区的发展，随着中介组织在社区发展过程中的作用日渐提升，社区中介组织这个词的使用也越来越频繁。社区中介组织是指：在社区范围内，以社区居民为成员，受政府职能部门或群众自发组织委托，按照法律、法规和章程的规定，以满足社区居民的不同需求为目的，由居民自主成立或参加，发挥服务、沟通和监督作用的社会服务机构。如，

志愿者组织、业主委员会、老年协会、妇女协会、读书会、秧歌队、摄影协会、书法协会、钓鱼协会等。

社区中介组织包括两个部分：一是以社区居民为成员，以社区地域为活动范围，以满足社区居民不同需求为目的，由居民自主成立或参加的介于政府和居民个体之间的组合。二是所有面向社区服务的中介组织。所以，社区中介组织除了具有中介组织的基本特征外，还具有其独特特征：一些由社区内居民自己成立的中介组织，但不具有法人地位。《社会团体登记管理条例》第三条规定，机关、团体、企业、事业单位内部经本单位批准成立，在本单位内部活动的团体，不属于该条例登记的范围。居委会虽然没有明确的法人类属，但它是法定组织，《宪法》和《居委会组织法》对其均有明确的条文规定。参照此规定，经居委会同意，在社区范围内活动的社区中介组织应属不登记范围，其本身不具法人地位。

包括各种社会团体、民办非企业单位和群众为满足生活文化需求而建立的各类民间服务组织。如，业主委员会、社区志愿者组织、老年人协会、读书协会、书法协会、摄影协会、足球协会等。通俗地讲，社会中介组织是介于政府与社会、政府与企业之间的一种社会组织。如果说政府的管理构成"宏观管理层"，企业、社会局部的活动构成"微观管理层"，那么中介组织就是在两个层面之间形成的"中间协调层"。它既不是政府的附属物，也不是企业的代言人，但又不可能完全离开政府的方针政策而独立行动，也不可能同企业一样具有以赢利为目的的企业行为；它不是政府与企业之间、政府与社会之间的一个行政管理层次，但又为企业提供各种政府行政机关难以做到的服务；它不是政府的派出机构，而是联系政府与企业、政府与社会之间的桥梁和纽带。完全可以这样认识：中介组织不是行政机关、不是企业，也不是事业单位，但行政机关、企业、社区都离不开社会中介组织。

社区中介组织是社区组织体系的重要组成部分，是社区组织建设的重要内容。目前，对社会中介组织研究较多，而对社区中介组织的研究可以说刚刚开始。

根据我国《宪法》和《地方各级人大地方人民政府组织法》规定，我国城市的基层政权是市辖区和不设区的市，街道办事处是政府的派出机构，居民委员会是城市基层群众性自治组织。这就是说，社区居民委员会是非政府组织，类属于民间组织、也是社区民间组织。民间服务组织的概念比社区中介组织的概念要宽泛，不能准确表述社区中介组织的性状。民间是相对政府而言，凡非政府的服务组织均可视为民间服务组织，这种组织既可以是社区范围内的，也可以是社区范围外的。再者，社区中介组织中有些是从事服务的，也有些是自娱自乐性质的，统称为服务组织也不准确。群众团体与社会团体是同一类组织的不同称呼，根据《社会团体登记管理条例》第三条规定，社会团体能否成立，只有申请团体的申请是不够的，还应当经其业务主管单位审查同意。而社区中介组织成立无须经过任何外部组织或单位审查同意，只要居民有这个需要，国家法律、法规和政策没有禁止的，就可以成立。第三部门泛指除了政府、市场以外的所有组织机构，社区中介组织自然应当囊括其中，但社区中介组织只是第三部门的一个局部，用第三部门来指代社区中介组织，使之宽泛，不能准确描述社区中介组织的性状。

4.4.2　社区中介组织的基本功能

社区中介组织的基本功能，是指从其自身的性质来说社区中介组织应该具有的功能。社区中介组织类型各异、性质不同，其基本功能也有所差别。概括而言，社区中介组织具有如下基本功能：

1. 提供公共产品和公共服务

这种服务功能主要表现在弥补市场失灵和政府失灵方面。实践证明，在满足人们的社会交往需求、对公共物品的多元性需求和信息不对称私人物品的需求上，存在着政府和市场双双失灵的情况。同时，在转型中的中国，在社会保障、社会救济等领域，还存在着因政府能力缺陷导致的公共服务供给不足。这些需求都可以通过发展社区中介组织来满足。政府号召、社区中介组织推动，群众广泛参与的经常性的社区慈善救助，已经成为中国式的社区互助模式。

2. 整合社区资源协调社区关系

青岛市市南公益协会调查发现，该地区公益事业有如下特征：一是公益资源雄厚，但比较分散，没有形成发展和投资的渠道。二是公益队伍庞大，但自成体系，不成规模。三是公益服务供需旺盛，但缺少有效对接，无法满足供需要求。通过成立公益协会，建立了公益性民间组织网络机构，满足了居民群众发展公益事业的强烈愿望，使想献爱心的人士通过协会了解居民群众需要，使居民需求通过协会得到满足。在当前的城市社区中，通过对社会资源的整合，社区中介组织满足社区居民多方面、多层次的社会参与和交往需求，促进了社区的自我管理和自我服务。在此基础上，社区内部建立了多元的交往机制和沟通渠道，有利于协调社区内部治理主体和居民之间的关系。

3. 培养公民精神，建设"参与社会"

美国政治学者亨廷顿认为，政治现代化的一个重要标志就是大众广泛而有理性地参与政治。在"群众社会"中，政治参与是无结构的、无常规的、漫无目的和杂乱无章的，它缺乏能够把群众的政治愿望和政治活动与他们的领袖们的目标和决定联系起来的组织结构，因而，必然会影响社会的稳定；而在参与社会中，参与是通过合法渠道加以组织和安排的，能够保证社会的稳定。社区中介组织是社区自治组织，它的存在实际上是政府与社会之间的沟通中介，有助于建设"参与社会"，保持现代化进程中的社会稳定。

4.4.3　社区中介组织的分类

根据特点，社区中介组织大致可以分为以下三类：

一是活动类。这类组织的特点是以消闲或文化娱乐为主。如养花协会、钓鱼协会、摄影协会、读书会、秧歌队等。

二是权益类。这类组织的目的在于合法权益的表达和维护。如业主委员会是就居民物业方面的利益与物业公司打交道；老年人协会代表老年人利益，维护老年人的利益；妇女协会代表妇女同志的利益，维护妇女的利益；残疾人协会代表残疾人利益，维护残疾人的利益；外来务工者协会代表务工者的权益，维护外来务工者的利益。

三是服务类。这类组织的功能是为社区居民提供服务。如社区志愿者组织、社区互助组。

有人将社区服务中心（站）也视为社区中介组织，严格地讲，社区服务中心（站）不是组织，而是机构，它是为社区居民提供服务的机构。组织是使分散的人按某种目的或需要形成的集体，而机构则是为了实现某种功能形成的工作单位。社区中介组织是部分社区居民形成的群体，其成员是社区居民。社区服务中心（站）的成员是工作人员，这些工作人员不一定由社区居民来充任。社区中介组织成员的多少没有名额的限制，完全视社区居民是否愿意参加而定。而社区服务中心（站）则根据服务效益原则来配置人员，决定工作人员的数量。

4.4.4　社区中介组织的特征

社区中介组织既有一般中介组织的共性，又具有自己的特点。

（1）非法定性。社区不是政府行政系统的组成部分，除遵守国家法律、政府的行政法规外，组织内部的人员安排、业务活动等方面不受制于政府。《社会团体登记管理条例》第三条规定："机关、团体、企业、事业单位内部经本单位批准成立，在本单位内部活动的团体，不属于该条例登记的范围。"居委会虽然没有明确的法人类属，但它是法定组织，宪法和居委会组织法对其均有明确的条文规定。参照此规定，经居委会同意，在社区范围内活动的社区中介组织应属不登记范围，其本身不具法人地位。

（2）社区性。社区组织的成员是居住在本社区的居民，组织的活动范围只限于本社区。除社区之间交流、举办比赛等活动之外，一般都在本社区范围内活动。社区中介组织是土生土长的，是根植于本社区的，这一点与许多社会中介组织进入社区开展工作和活动不同。

（3）独立性。社区中介组织依据法律法规和本组织的规定独立自主地开展工作，在内部管理和对外工作中自治自主。组织成员自己管理自己，组织的领导人由组织自己产生，不是由其他组织指派，活动内容和活动方式由组织成员自己决定。

（4）非营利性（公益性）。社区中介组织不以营利为目的，其收入的盈余往往用于组织的发展和社区的各项服务事业。在有条件的社区，中介组织可从社区居委会获得一些活动资金。在条件较差的地方，则需要通过收费，但这些收费只是用于本组织活动经费，而不是用来营利。如社区的秧歌队，扭秧歌时需要购买录音机播放音乐，录音机和录音带可由参加扭秧歌的人攒钱购买。收的钱只是用于购买录音机和录音带，余款需交还给成员，或是统一保管以备再用，不得用于营利赚钱。

（5）自愿性。加入社区中介组织不用通过介绍人，不用经过组织审批，其加入资格就是本社区居民，加入条件就是本人兴趣。组织成员具有较大的自由度，加入组织的资格和参加组织活动，不像一般社会中介组织那样严格。如读书会、秧歌队活动时，其成员可根据自身的具体情况自己决定参加与否，有兴趣则参加，否则不参加；有时间则参加，否则不参加。完全由自己决定，不用和谁请假。社区中介组织在开展工作的过程中，以服务居民的需求和利益为宗旨，成员完全根据自己的意愿参加，可以自由地加入和退出。一个居民是否要成为某中介组织的成员，完全出于自愿。成员是否参加组织的活动，也是根据自愿的原则。

（6）公正性。从服务行为上看，中介组织具有公正性。社会中介组织在为社会提供公益性服务或有偿性服务时，都是在特定的"规则"下进行运作的，真正体现公正、公平、公开及客观的办事原则。同时，它的服务接受服务客体及有关部门的监督。

4.4.5　发展社区中介组织的意义

1. 发展社区中介组织是社区居民自我管理、自我教育、自我服务的需要

随着单位面积居住人口的增长和住宅密度的加大，在新的情况下，以前由几名居委会

工作人员"走东家串西家"的工作方式显然已经难以应付日益繁重的管理任务。因此，仅由居委会来组织居民实现自我管理、自我教育和自我服务的方式遇到了极大的挑战，而社区中介组织是适应现代城市居民生活水平、生活质量和生活方式的变化而形成的，因而，它比居委会更灵活，更便于居民自我管理、自我教育和自我服务，可以较好地解决社区工作量大而居委会人手少的矛盾。

2. 发展社区中介组织是促进社区居民全面发展的需要

(1) 社区中介组织的发展有利于社区居民之间的交往和沟通。社区中的老年人协会、书法协会、读书协会、足球协会等组织之所以能成立，就是因为参加的居民有共同需求、共同语言和共同基础。

(2) 社区中介组织的发展有利于社区居民维护自身的合法权益。例如，当业主的权益受到物业公司侵害时，由业主个人与物业公司进行交涉，其力量对比显然是不对称的，因而需要成立业主委员会这样的组织来维护业主的合法权益。

(3) 社区中介组织的发展有利于提高社区居民的文明程度。如开展助老、助残、助困的慈善性服务活动，协助维护社区治安、维护社区环境卫生、在社区文化教育机构从事义务工作等。成立社区志愿者组织，可以更有效率地开展公益性活动，而且有助于扩大志愿者的影响，使更多的社区居民加入到志愿者队伍中，从而提高社区居民的整体文明程度。

3. 发展社区中介组织是扩大城市基层民主的需要

推进城市社区建设的一个重要目标，就是要促进社区居民广泛参与社区自治，扩大城市基层民主。参与是民主的前提，没有居民的广泛参与，不可能有社区民主的发展。社区居民参与社区公共事务的广泛程度以及参与的有序程度，是衡量社区民主化水平的重要标志。培育和发展社区中介组织，提高社区居民的组织化程度，既可以吸引社区居民广泛参与社区公共事务，又有助于提高社区居民有序参与的水平。

4.4.6 社区中介组织的培育与管理

1. 社区中介组织与社会中介组织的关系与区别

社区中介组织与社会中介组织的关系类似于社区与社会的关系。

从社会角色定位看，社区中介组织与社会中介组织都是有别于政府和市场的第三部门，同属于非政府非营利性组织，但二者在层次上是不同的。社区中介组织为我国所特有，它的存在与社区居委会有密切关系。由于社区居委会既非政府也非企业，而是处于政府与居民之间，因此，应归类于社区中介组织。然而它又不是一般意义上的社会中介组织。它的特殊性表现在以下几个方面。

(1) 地域性。一般的社会中介组织都具有很强的单一性。如，工会维护和代表的是工人群众的利益；农民不属于工会代表和维护的对象；共青团维护和代表的是青少年的利益；；妇女联合会代表和维护的是妇女的利益；残疾人联合会代表和维护的是残疾人的利益。而社区居民委员会则具有地域性、综合性。它所代表和维护的群体不分职业、性别、年龄、身体功能，只要住在社区，就是群体的当然成员。

(2) 法律地位突出。《宪法》对居委会有专门规定，且有专门的居委会组织法，而其他社会中介组织，则无此突出的法律地位。除工会有工会法外，其他各个组织还未见有专门的法律。

（3）功能具有两重性。居委会是自治性组织，同时还具有协助政府或其派出机构职责。正是由于居委会具有上述特性，才使社区中介组织有培育和发展的必要。二者的区别主要体现在：一是活动范围不同。社会中介组织的活动范围比社区中介组织活动范围宽大，前者的活动范围可以是城区、城市乃至全国，它可以包括社区，而又不限于社区，而社区中介组织的范围只限于社区。可见，社区中介组织的活动范围小于社会中介组织。二是专业水平不同。社会中介组织大多由专业人士组成。如，研究类的各种学会、协会，市场类的项目代理机构、资产评估机构，公益类的慈善组织、环境保护组织等。这些组织都是由专家、学者或者由经过专门训练的人士组成。而社区中介组织则不同，其个别或部分成员虽然有可能是专业人士，但能否成为社区中介组织的一员与此无关，这一点不是必要条件。三是法人地位不同。社会中介组织有法人地位，是其合法存在的前提，而参照《社会团体登记管理条例》规定，社区中介组织可以不用登记，不是法人。

（4）组织成立的目的或动机不同。自发型社区中介组织成立的目的主要是有利于活动，有利于社区居民表达自己的利益、维护自己的合法权益、为居民提供志愿服务等。这些组织不存在生存压力或压力很小。而社会中介组织，是人们就业、谋求个人发展的一个重要领域，虽不以营利为目的，但有较大的生存压力。有人将在社区内活动的工会、共青团、妇联、残联、计划生育协会和关心下一代工作委员会等组织也视为社区中介组织，本文观点与此不同。这些组织是社会中介组织延伸到社区的分支机构，它们是自上而下组成的，它们与居民因需要自下而上组建的社区中介组织不同，因而这些组织不应当列入社区中介组织的范畴。

2. 培育社区中介组织的必要性

培育社区中介组织的必要性，主要体现在以下几个方面。

（1）新形势下有效组织居民自我管理、自我教育、自我服务的需要。《宪法》和法律规定，居民委员会是城市基层群众自我管理、自我教育、自我服务的自治组织。这就是说，组织居民进行自我管理、自我教育、自我服务是居委会的法定职能。在新的情况下，尽管居委会工作人员的整体素质较以前有很大程度的提高，但由于户数的增多，以前由5～9 个居委会工作人员"走东家串西家"，到现如今，叩开 1500～3000 户居民家门的工作方式显然不能再继续沿用，逐家逐户地打电话也不可行。社区中介组织因居民具有共同的需求而形成，因而它比居委会更灵活，比居民小组更有效，便于居民自我管理、自我教育和自我服务，可以解决社区工作量大、要求高而居委会人手少的尖锐矛盾。

（2）促进社区居民全面发展的需要。促进人的全面发展，是社区建设的重要目标之一，培育社区中介组织有利于促进社区居民的全面发展。

首先，有利于社区居民彼此交往和沟通。人是社会人，社区是人的社区，人际之间的交往和沟通是人们生存和发展的需要。近十几年来，我国城市住宅经历了由平房向楼房的变化。在新的环境里，社区居民彼此交往和沟通不是一下子在整个社区展开的，而是先从自己周围或熟悉的人或有共同需求的人开始的，然后再逐渐扩大范围。老年人协会、妇女协会、残疾人协会之所以能成立，是因为它们有共同语言、共同需求和共同基础。将具有共同特点或需求的人组织起来，建立相应的组织，开展不同形式和丰富多彩的活动，为社区居民交往和沟通创造或提供渠道，促进社区居民彼此之间相识、相知和互相帮助，使社区成为社区居民生活真正的共同体，而不只是因为简单地共居一地形成的形式上的共同体，从而有助于克服现代住宅形成的自然障碍，在社区居民之间构筑交往和沟通的桥梁，满足居民交往和沟通的需求，促进社区居民的全面发展。

其次，有利于社区居民表达和维护自身合法权益。在社区里，不同的群体有不同的利益。业主、老年人、妇女、儿童、残疾人、失业人员、外来务工人员、非公经济组织人员都各有不同利益。虽然每个人都有表达和维护自身合法权益的自由与权利，但个体与组织机构相比较，一般是个体弱于组织，二者不相对称。个体发表的意见即使是正确的或代表的是群体的共同意见，但由于没有组织起来，没有通过组织的形式来表达，常有可能被认为是个别人的意见，甚至被认为是"事儿多的人"、"刺儿头的人"的意见，因而很难受到重视。作为主体组织的居委会，由于人力、精力、时间所限，尚不可能达到可以照顾到众多居民中每一个体的利益。例如，当居民个人在物业方面的权益受到侵害时，由个人与物业公司交涉，其力量对比是很不均衡的，需要成立业主委员会这样的组织来维护每个业主的权益。社区居民表达自身权益、维护自身合法权益的过程，也是锻炼自己、提高自己、完善自己、发展自己的过程。

第三，有利于社区居民提高文明水准。社区中有这样一个群体，其成员具有较高的思想境界，愿意经常为别人（主要是困难群体）无偿地做些事情，他（她）们这样做的目的不为别的，而是体现自身的价值，使社区充满爱，这些人就是志愿者。志愿者的多寡是衡量社区居民整体文明水准的重要指标之一，志愿者占社区居民的比例越大，则说明社区居民的整体文明水准越高。建立社区志愿者组织，不仅可以使组织更有效地发挥作用，而且有助于志愿者之间的交流，有助于扩大志愿者的影响：使更多的社区居民加入到志愿者队伍中来，从而提高社区居民的整体文明水准。社区居民整体文明水准的提高，也是社区居民的自身得到发展的体现。

（3）促进社区居民有序参与、扩大社区基层民主的需要。党的十六大报告指出：发展社会主义民主政治，建设社会主义政治文明，是全面建设小康社会的重要目标。共产党执政就是领导和支持人民当家做主，最广泛地动员和组织人民群众依法管理国家和社会事务，管理经济和文化事业，维护和实现人民群众的根本利益。健全民主制度，丰富民主形式，扩大公民有序的政治参与，保证人民依法实行民主选举、民主决策、民主管理和民主监督，享有广泛的自由，尊重和保障人权。扩大基层民主，是发展社会主义民主的基础性工作。完善城市居民自治。推进城市社区建设的一个目标，就是要促进社区居民的广泛参与、扩大社区基层民主。参与是民主的前提，没有居民的广泛参与，就不可能有社区民主的发展。社区居民参与社区公共事务的广泛程度以及参与的有序程度，是衡量民主化水平的重要标志之一。社区居民参与公共事务的积极性越高涨，参与的有序程度越高，说明民主化水平越高。培育社区中介组织，提高社区居民的组织化程度，既可以吸引社区居民广泛参与，也有助于提高社区居民有序参与的水平，从而提高社区的民主化水平。在社区中介组织充分发育的情况下，并不是将作为主体组织的居委会束之高阁。居委会承担着社区中介组织不能做的事情。例如，解决各个社区中介组织自身难以解决的矛盾、难以调解的关系，为难以管理的事务提供支持和帮助，还有召集社区成员（代表）大会就涉及全体社区居民利益的事情进行决策，向政府反映居民的需求，管理和监督社区内各个中介组织，为社区中介组织活动创造条件等。

3. 社区中介组织的管理

关于社区中介组织的管理，青岛市、北京市东城区、宁波市海曙区等已出台了暂行办法，在此方面做了一些有益探索，其较为一致的内容包括由居委会备案、监督、管理和指导。但从总体来看，成熟的管理体系和办法尚未形成，有待实践地进一步发展和认真总结。随着"一手抓推进，一手抓研究"方针的贯彻，对社区中介组织的研究必将不断深入和全面，社区中介组织也必将在社区建设中发挥其应有的作用。社区服务是社区建设的重要组成部分。推进社区建设的重要目的之一，就是为了向社区居民提供更加完善的社区服务。因此，社区服务的水平，从一个侧面反映并检验着社区建设的优劣。

4.5 其他社区组织

4.5.1 物业管理公司

1. 物业管理的含义

"物业"一词，源自我国的香港地区以及东南亚国家，从当前的语境看，居民住宅小区和办公经营场所均可称之为物业。物业公司是我国改革开放后由国外及我国香港地区等地引进的一种对物业实行有偿服务和管理的做法。这种做法在发达国家较为普遍。随着市场经济和城市化的发展，我国房地产行政主管部门积极推行这种管理方式，物业公司越来越普遍。一般而言，凡是有房产，有物业的地方，就有物业管理公司，一个社区可以没有宾馆饭店，但一般不可能没有物业公司，因而它是驻社区的主要单位之一。

在以旧平房为主的社区，大多还没有实行物业管理，没有物业管理企业，因而不存在物业管理企业与社区居委会的关系问题。在一些新住宅小区，社区居委会尚未建立起来，只有物业管理企业，因而也不存在物业管理企业与居委会的关系问题。随着城建改造工作的进行，旧平房变为楼房，伴随房屋的出售、产权人的增加和产权结构的多元化，实行物业管理是大势所趋。

物业管理是以人（自然人和法人）为具体服务对象，以物（建筑楼宇、设备设施）为管理对象，通过有偿劳务来获取经济效益，同时实现自身发展的经济行为，是一种以合同为中介的信托管理。

物业管理的对象。根据当前我国社会、经济发展的水平，物业管理的对象可分为 3 种形态：（1）纯居住型，即纯居住小区。（2）非居住型，如政府办公楼、商业卖场、写字楼、学校、医院等。（3）混合型，即同一个居住单位（如同一幢楼）中，既有居民住宅，又有存在商业其他行为的机构。混合型的物业体现了在城市开发建设过程中的不周密性和盲目性，有城市已着手对这种现象进行有效的治理。

2. 我国物业管理的基本类型

（1）国有企业，即全民所有的物业，主要由政府、事业单位及其职工使用和居住，是国家财产的重要组成部分。

（2）集体、企业自有物业，是指归集体单位所有并自行管理的物业。

（3）商品化物业，是指由房地产开发商开发建设、出售或出租的物业，包括商住小区写字楼、商厦、工业厂房、别墅等。

3. 物业管理的性质

物业管理属于第三产业的服务性行业，是伴随着社会经济的发展而出现并完善，运用现代管理科学、环境生态科学对房产物业进行有效管理的新兴业态。物业管理应坚持的主线仍是以人为本，也就是说，物业管理不仅具有其自身成长所必须的经济效益，更要有社会效益。

4. 物业管理的原则

（1）经济效益与社会效益并重的原则。物业的管理是由物业管理公司来完成的，物业管理公司是企业，而企业首先需要通过盈利来获得自身发展。但社会效益也是不可忽视的。物业公司应将经济效益与社会效益结合起来，用发展的眼光来部署企业规划。特别是在与自然和谐相处的当今社会，环境效益同样也是不可轻视的一环。

（2）以人为本、业主至上的原则。物业管理企业履行的是与业主的契约。业主委员会在二者的关系中处于主导地位，是权力核心。业主委员会有权聘请专业机构对物业进行管理，同样有依据合同辞退该企业的权力。物业管理企业的活动，归根到底是为人服务的，其目的是为了提高人的生活质量，而且要尽可能对不同职业、不同年龄、不同文化背景的居民创造出多样性的全方位的服务。

4.5.2 业主委员会

随着城市住房体制改革和社会经济的发展，很多单位住房的产权也都收入个人名下，还有相当一部分人自主购买了完全产权的商品房，这些人（包括一些未实行住房改革的产权单位）就是小区物业的业主。物业是指房屋及与之相配套的设备、设施和相关场地，业主是指物业的所有权人。很多小区的业主为维护自己的利益，也为了与物业管理企业交涉方便，便纷纷成立了业主委员会（简称业主会）或业主代表会。按照有关法律规定，业主会（业主代表会）是在物业管理活动中代表和维护全体业主合法权益的组织。业主会由物业管理区域内全体业主组成，业主人数较多的，可以推选业主代表会。业主会（业主代表会），代表的只是居民在物业方面的利益，这只是社区居民利益的一部分。社区居民委员会代表的则是社区居民的整体利益。因此，从利益关系的角度来看，业主委员会可视为社区中介组织，在物业管理方面作为联系社区居委会与业主个人的纽带，在工作上与社区居委会是指导与被指导的关系，即业主会要接受社区居委会的指导。

4.5.3 社区志愿者组织

1. 社区志愿者组织的含义

志愿者指的是在不为任何物质报酬的情况下，为改进社会而提供服务、贡献个人的时间。志愿服务泛指利用自己的时间、自己的技能、自己的资源、自己的善心为邻居、社区、社会提供非盈利、无偿、非职业化援助的行为。

2. 社区志愿者组织的作用与发展

社区志愿组织在社区治理中起着越来越重要的作用。经济改革的外在压力、和谐社会的内在需求和政府部门的主导作用，影响到社区公共治理机制的形成，培育了社区志愿组织的生长。

2006 年 11 月 24 日，民政部部长李学举在全国民政厅局长会议上发表了重要讲话，对贯彻落实党的十六届六中全会精神，在新形势下开展社区志愿服务工作进行了专门阐述："高度重视民政职工队伍、社会工作人才队伍和社区志愿者队伍建设，民政干部职工队伍是从事民政工作的行政机关公务员，社会工作人才队伍是从事社会服务职业的专业人员，社会志愿者队伍是参与社会互助的自愿人员。"这"三支队伍"性质不同，作用也不同，分别代表着行政力量、专业力量、公众力量。加强这"三支队伍"建设，对发挥政府行政主导作用、专业服务职能作用、社会公众参与作用，都将产生巨大的社会影响和效应。近年来，通过加强能力建设和开展先进性教育，民政干部队伍"为民"理念不断深化，"为民"责任普遍增强，"为民"实践逐步深化，依法行政、开拓创新、综合协调、做群众工作的能力和领导班子带队伍的能力逐步提高。在深入开展城市社区志愿服务活动的同时，联合 12 个部委制定了在《农村基层广泛开展志愿服务活动的意见》，志愿者队伍不断壮大。特别是，民政部与人事部 2006 年联合制定了《社会工作者职业水平评价暂行规定》和《助理社会工作师、社会工作师职业水平考试实施办法》，有力推动了社会工作者制度的建立。十六届六中全会《中共中央关于构建社会主义和谐社会是若干重大问题的决定》要求进一步提高领导班子和领导干部领导社会主义和谐社会建设的本领，建设宏大的社会工作人才队伍，建立与政府服务、市场服务相衔接的社会志愿服务体系。

【特色案例】

福州市全面推广"135"社区党建工作模式，着力提升城市社区党建工作科学化水平。

福州市位于福建东部，闽江下游，是国家历史文化名城、福建省会城市，素有"温泉古都、有福之州"之称；常住人口 711 万人，其中城区人口 292 万人；共有街道 43 个、社区 475 个（城市社区 298 个），社区党员 7.62 万名。2006 年，胡锦涛总书记在视察福州市鼓楼区军门社区时指出："社区党组织要为老百姓的安居乐业多做贡献。"福州市委始终牢记胡锦涛总书记的重托，顺应群众百姓的新期待，从城市社区工作实际出发，以开展创先争优活动为动力，以推进社区"三有一化"建设为抓手，以改革创新精神大力加强城市社区党组织建设，探索形成了"135"社区党建工作模式（即：一个核心、三支队伍、五个机制）。该模式得到广大群众普遍认可，受到中组部的充分肯定，目前已在福州全市 475 个社区全面推开，时任福建省委书记孙春兰要求在全省城市社区推广"135"模式。

1. 背景与起因

在全面建设小康社会、加快推进城市化的大背景下，社区建设主体更加多元，社会管理任务更加繁重，群众服务需求更加突出，如何形成新的目标导向，最大限度地促进社区文明和谐，成为十分重要而紧迫的课题。源于对这一课题的回应，福州市开始认真思索，在新形势下，社区该做什么、能做什么、做好什么？面对变化，社区党组织如何作为、党建如何开展、如何有效服务居民？2009 年 11 月，福州市在全国街道社区党的建设工作经验交流会上作了题为《建立健全三个机制构建城市基层区域化党建新格局》的典型经验发言，提交了初步思考与实践的成果。但是，探索没有终点、创新不能止步，福州市顺应提高党建工作科学化水平、创新社会管理的新要求，在总结以往社区党建工作经验的基础上，又大胆探索以党建工作区域化带动社会管理创新的新途径，形成了"135"社区党建工作模式，并在实践中显示出强大的生命力。

2. 主要做法

（1）强化一个核心，推进区域化党建工作覆盖。推动城市工作重心下移，强化社区党组织在区域化党建格局中的核心地位。一是抓点上达标升级。巩固"一社区一支部"，及时将具备条件的社区党支部升格为党总支或党委，并在城市新区、城乡结合部的新建居民区同步建立党组织。同时，以全国先进基层党组织军门社区为标杆，深入开展"学军门、争优秀"活动。二是抓纵向到底延伸。推行"社区建党委（党总支）、小区建党支部、楼院建党小组"的"三级核心网络"做法，在全市建立社区党委（党总支）255个，小区党支部637个，楼栋党小组1291个，使每一个社区党员都能参加组织活动并发挥作用。三是抓横向到边覆盖。发挥社区党组织主导作用，推进党组织和辖区商务楼宇、行业协会等7大城市经济社会组织多样衔接，形成了互联共建的党建网络。

（2）建设"三支队伍"，壮大社区服务骨干力量。采取组织选配和社会配置相结合的方式，充分发挥带头引领、先锋模范和志愿服务作用。一是建设职业化的社区工作者队伍。探索打造"社区工作者—社区党组织书记—事业编制社区党组织书记—街道副职"的人才"成长链"，实施"千名大学生服务在社区计划"和"社区工作者素质提升工程"，推进以社区党组织书记为重点的社区工作者队伍职业化建设。全市公开选聘事业编制社区党组织书记111名，招聘690名大学生社区工作者，4157名社区工作者取得岗位资格证书。二是建设职责化的党员队伍。加强对区域内在职人员、退休人员、下岗失业人员、流动人员中党员的教育管理。搭建党员发挥作用的平台，广泛开展社区工作者党员挂牌上岗、承诺践诺，以及"两新"组织党员"讲诚信、重感恩、比奉献"等活动。三是建设社会化的志愿者队伍。广泛开展"我为社区建设做贡献"和"助业、助医、助老、助困、助学"等服务活动，使志愿服务成为社区居民的自觉行动。目前，全市共拥有各类志愿者队伍3000多支30多万人，志愿服务已拓展到城市生活的方方面面。

（3）健全"五项机制"，激发社区建设内生动力。围绕"五在社区"（美在社区、爱在社区、乐在社区、安在社区、和在社区）目标，建立健全五项工作机制，凝心聚力建设社区群众的幸福家园。一是健全共同参与组织机制。健全完善以社区党组织为主导，驻区单位党组织和全体党员共同参与的党建领导机制。全市街道、社区两级普遍实行了大党（工）委兼职委员制度，全市90％以上的单位与驻地社区党组织签订契约式共驻共建协议。二是健全民主管理监督机制。推广社区党组织书记公推直选，社区居委会成员实行直接选举和户代表选举的比例超过1/3。健全社区居务公开、党务公开和民主管理工作，完善以社区居民会议、社区党员大会、党员议事会和重大事项听证会、社情民意恳谈会、社区工作质询评议会为重点的民主议事监督制度，保证了社区居民对社区管理的知情权、参与权、选择权和监督权。三是健全基本建设保障机制。实施社区活动场所达标工程，形成以财政投入为主、党费补助、社会支持、社区自我补充的经费保障机制，全市71.7％的社区活动场所面积达200m² 以上。四是健全服务群众长效机制。突出服务民生需求和困难群体，创新"三必访"、"十分钟服务圈"、"爱心超市"、"四点钟学校"等服务模式，打造长效服务品牌。健全市、区、街道、社区四级党员教育管理服务网络，与市民服务中心、劳动就业指导站等服务平台对接，实现公共服务网络在社区的全覆盖。五是健全党建责任落实机制。按照"书记抓、抓书记"的要求，建立健全社区党建工作目标管理、督查指导和考核评价制度，综合运用经常性督查、随机抽查、满意度调查、民主测评、推优排队等方式，树立抓实、抓好社区党建工作的良好导向。

3. 实践成效

"135" 社区党建工作模式从制度设计上解决了 "机构谁来协调"、"工作开展依靠谁"、"管理服务功能如何增强" 的问题，激活了转型期的城市 "细胞"，带动了社区社会管理创新。

(1) 社区组织架构由 "小共建" 向 "大覆盖" 转变。"135" 社区党建工作模式突破了 "单位党建" 的局限，按照地域、区域集聚开展党建工作，有效解决了社区当前党组织条块分割、资源分散等问题，使社区党组织与驻区单位党组织的关系由松散型变为紧密型。目前，福州全市共有 1237 名党员干部担任了社区大党委兼职委员，推动形成了社区与辖区单位 "党建共商、服务共做、资源共享、难题共解、文明共创" 的区域化党建工作新格局。

(2) 资源整合由 "内循环" 向 "外循环" 转变。传统的社区党建工作格局，管理上条块分割，资源上难以共享，优势上难以互补。"135" 工作模式，有效整合了区域内各类行政组织、经济组织、群众组织、社会组织资源，促进了人才、经费、场地、信息等各种资源的统筹共享，实现了党建资源的优化配置和集约利用，从根本上解决了社区党组织有人管事、有钱办事、有场所议事的问题。

(3) 党员服务和管理由 "分散式" 向 "集约式" 转变。"135" 社区党建工作模式通过实施分类服务和管理，组织开展驻社区、爱社区、奉献社区、带动社区活动，使辖区党员增强了党员意识，产生了强烈的归属感，真正实现了管好自己的、管住外来的、管活驻区的、辐射空白的党员管理目标。近两年来，全市有 6.7 万名在职党员到居住社区登记并参加党员奉献日、党员责任区、党员志愿者服务队等活动，有 8731 名流动党员主动亮出身份、并认领了政策宣传员、民意调查员等社区 "义务十大员" 岗位。

(4) 社区管理服务由 "被动型" 向 "自觉型" 转变。"135" 社区党建工作模式促进了党务与居务的有机融合，使党建工作与业务工作在部署上相呼应、管理上相衔接、活动上相渗透、成效上相促进。社区党组织主动作为，为驻区单位和居民提供服务、排忧解难，赢得了广大党员群众的信任和支持。驻区单位和居民也由局外人变成热心人，共同关注社区事务，积极投身社区建设，促进了社区经济社会协调发展。目前，全市文明和谐社区面达 90% 以上，涌现出军门、庆城等一大批全国、全省和谐社区建设示范社区。

4. 经验启示

启示之一：必须坚持实施固本强基这一先锋工程。基层党组织和党员的作为，关系党的根基是否牢固，关系党的生机活力。福州市委通过抓好组织覆盖、带头人队伍、活动载体、场所场地建设，构建区域化党建新格局，进一步提升了社区党建的科学化水平。同时，立足社区实际，突出实践特色，着力让社区党组织和广大党员创有目标，争有方向，在推动社区社会管理创新中充分发挥关键作用。实践表明，只有大力实施固本强基工程，并真正把创先争优作为经常性的实践活动，才能使党组织的创造力、凝聚力、战斗力更强，党员的先锋模范作用发挥得更好，从而为推动社区管理创新、创建文明和谐社区提供政治动力和组织保证。

启示之二：必须坚持服务人民群众这一根本宗旨。全心全意为人民服务是我们党的根本宗旨，也是做好社区建设、管理和服务工作的根本出发点和落脚点。福州市委坚持寓管理于服务之中，努力从解决社区居民最关心、最现实、最直接的民生问题入手，不断增强服务意识、拓展服务内容、改进服务方式，为群众真心实意办实事、尽心竭力解难事、坚持不懈做好事，实现了"美在社区、爱在社区、乐在社区、安在社区、和在社区"。实践表明，只有把服务群众作为第一职责，努力把党的工作贯穿到社区社会管理的各个方面、各个环节，才能受到群众的热烈欢迎，真正把党组织的政治优势、组织优势和密切联系群众的优势转化为管理服务优势。

启示之三：必须坚持尊重社区居民这一自治主体。社区是居民行使民主权利，参与公共事务，实现自我管理和服务的平台。社区建设、管理和服务工作能不能做得好，关键是要围绕发挥群众主体作用来推进工作。福州市委引导居民增强"社区是我家，建设靠大家"的主人翁意识，并充分发扬民主，完善居民自治，实现"大家的事大家议、大家的事大家办"，让居民真正成为社区的建设者、管理者和受益者。实践表明，只有尊重居民在社区建设中的主体地位，保障居民享有的自治权利，才能充分调动居民参与社区事务的积极性、主动性，才能集中凝聚居民的智慧和力量，把社区建成为管理有序、服务完善、文明和谐的社会生活共同体。

启示之四：必须坚持弘扬改革创新这一时代精神。改革创新是提升社区党建工作科学化水平的必由之路，也是加强社区社会管理的重要法宝。福州市委坚持从社区党建和社区管理工作实际出发，鼓励基层创新实践，通过不断研究新情况、解决新问题，探索新思路、总结新经验，进一步创新了社区党建的领导体制、工作机制和参与机制，推动了社区各项工作的新突破。实践表明，只有坚持以改革创新精神推进社区党组织和党员队伍建设，并以此引领和带动社区社会管理创新，才能顺应社区群众的意愿和期待，使社区的生机和活力得到持续增强。

（共产党新闻网．［2012-08-24］．http：//cpc．people．com．cn/）

【复习思考题】

1. 简述社区与社会、社会组织的关系。
2. 社区党组织的作用有哪些？
3. 社区党组织的具体职责是什么？
4. 社区自治的特征有哪些？
5. 简述社区自治的意义。
6. 社区中介组织的分类及其特征是什么？

第5章　社区服务

【关键词】社区服务；社区服务社会化；社区服务专业化

【案例导读】

1. 一键通呼叫系统解决空巢老人面临的困境

景德镇市珠山区于2009年3月底前完成了全市65周岁以上老年人的入户调查摸底工作。4月底前完成了各区试点社区建设确立工作。5月底前全面完成了试点社区服务平台建设工作。6月底前将全面建成各社区服务平台建设工作。9月底前"一键通"信息服务终端将全部发放到有需求的老人手中，同时组织资源整合。10月底前全市将通过检查验收，完成建设任务，实行一键通服务。

"一键通"是为居家老人设计制作的一种简易手机或是与固定电话连接的呼叫装置。向老人发放"一键通"主要是为推进社区居家养老服务信息化，让社区能及时了解、掌握，并尽力满足老年人居家养老服务需求。"一键通"系统主要由3部分构成：一是老人使用的手机或呼叫器。二是受理服务平台。三是与服务平台对接的提供居家养老基本服务的团队。全市中心城区和新城区建制镇社区，年满65周岁以上的老年人均可申请领取"一键通"服务终端（手机或与固定电话连接的呼叫器）。

从2009年3月份开始至9月份，老年人携带户口本和身份证到长期居住地的社区服务站内的"养老服务"窗口提出申请。除了试点社区以外，按照全市信息平台建设进度，9月份开始向老年人发放手机。"一键通"系统建设的目的是为居家老年人提供养老服务建立的一个信息通道。因此，老年人需在长期居住的地方提出申请，办理发放的手续。

老年人如果长期居住地在本市中心城区和新城区建制镇范围内，可将现居住地使用的"一键通"手机带到新入住的社区办理入网手续，按变动后所在区的"一键通"服务政策享受居家养老服务。"老人可以携带现有手机在长期居住地的社区服务站'养老服务'窗口申请'一键通'服务。"市民政局有关负责人说。

2. 外地或新城区非建制镇生活老年人也可享受"一键通"服务

现住在中心城区和新城区建制镇社区的非本市城镇户籍的老年人，如有"一键通"服务需求，可自带手机自费入网，"一键通"服务平台可提供服务。

3. 住在养老院老年人不享受"一键通"服务

"一键通"主要是帮助解决居家养老服务问题，且养老机构也都在机构内设置了呼叫系统，因此，入住养老院的老年人就不再发放"一键通"。长期住在市外的老人家人不能代领"一键通"，建议老人回来后再办理领取手续。

4. "一键通"系统提供的服务

市、区政府在"一键通"系统建设中，主要做3个方面的工作：一是负责为老年人发"一键通"终端。二是组织建设信息受理服务平台。三是组织社区服务，并引导各类企业和社会组织参与为居家老人提供养老服务。

目前，根据对全市老年人的摸底调查，基本形成"4＋1＋X"基本服务形式。"4"是指为老年人提供家政服务、护理康复、助餐应急和精神慰藉4个方面的服务；"1"是指为老年人提供社区居家养老服务中心（站）的日间照料服务；"X"指各街道、社区结合自身优势，开展的特色服务。

"一键通"服务信息基本分为求助、求救2类，服务受理平台24小时有人值守。求助预约服务的信息，建议老人们在工作时间内向受理平台反映。提供的4项基本服务中，医疗服务是广大老年人最为关心的。目前，我市主要依托卫生部门推出的由社区卫生服务站负责，以"家庭医生"的方式提供医疗服务。

"一键通"提供的服务，既有收费的，也有免费的。由政府购买了服务的项目，如为困难老人购买了家政服务等、社区志愿者服务等是不收费的。收费的服务主要是市场化提供的养老服务。服务中，老年人与服务企业发生纠纷，老年人可通过工商"12315"进行维权。同时，"一键通"服务平台也将对企业服务信用进行评估登记，对不守信用的企业，将会予以清退。

（景德镇市珠山区行政服务网．[2009]．http://zs12343.jdzol.net/）

5.1 社区服务概述

5.1.1 社区服务内涵

1987年，时任民政部部长的崔乃夫同志在大连社区服务工作座谈会上指出：社区服务是"在政府的倡导下，发动社区成员开展互助性的社会服务活动，就地解决本社区的社会问题"。翌年，时任民政部副部长的张德江同志在武汉召开的全国城市社区服务工作座谈会上也提出了一个界定："社区服务是指在社区内为人们的物质生活和精神生活所提供的各种社会福利与社会服务。"这两个定义代表了社区服务开展初期实际工作者对这个范畴的理解，对民政部门和城市社区工作者影响颇深。

但是，一些学者们关于社区服务提出了不同的表述。其中，陈良瑾认为"城市社区服务是指在一定层次的城市社区内，建立在自愿、自治和自助、互助基础上的，既面向全体社区成员，又突出重点对象和特殊需求的福利性服务"；唐钧认为"社区服务是指在政府的统一规划和指导下，以一定层次的社区组织为主体或依托，以自助——互助的、广泛的群众参与为基础，既突出重点对象，又面向全体社区成员的，用服务设施和服务项目来增进公共福利、提高生活质量的区域社会性服务。"以上几种定义基本没有本质上的不同，从不同角度界定了社区服务的框架基础。

所谓社区服务是在党和政府的指导和扶植下，在民政部门的倡导和组织下，以街道和居委会为依托，组织发动社区各类成员，以居民的自助与互助为基础，充分利用和开发社区资源，为满足社区成员的各种需求而开展的公益性、福利性的社区福利服务与便民利民的社区社会化服务，是以满足社区居民的生活需求、提高居民生活质量为目标的服务活动，是一种有偿和无偿相结合的社会服务。

社区服务是社区建设的核心内容、基础内容。社区服务通过向包括辖区内企事业单位在内的各类人群，提供各种福利服务和便利的生活服务，解决他们的日常生活、工作的需求，为开展全方位的社区建设奠定了基础。

5.1.2　社区服务的内容

社区服务的领域广泛，内容丰富，人们对其内容体系的概括也不尽一致。

1. 有的学者指出，社区服务从里到外可以分成 3 个部分

（1）重点核心内容是福利性服务。福利性服务是社区服务的出发点，也是最终目标，其服务对象是社区中有特殊困难的人和有特殊贡献的人，服务的目的是要满足这一部分人的基本生活需求，所提供的服务是义务性无偿服务。

（2）中间部分的一般内容是公共事业性服务。公共事业性服务也是社区服务的主要内容，它的服务对象是全体社区成员，服务目的是帮助本社区的居民解决生活中遇到的困难，所提供的服务是非营业性的低偿服务。

（3）边缘部分的辅助内容是商业性服务。商业性服务是社区服务的扩展或辐射，它的对象不限，目的是拾遗补阙，方便居民，它主要提供营业性的有偿服务。并且指出，基层社区在开展福利性服务的同时，开展一些营利性的商业服务，有助于弥补福利性服务可能出现的经济亏空，有助于促使社区服务形成一种自运转的机制和自成系统的服务网络。

2. 有的学者根据自己的调查结果认为，城市的社区服务大体包括 6 个层次的内容

（1）个人为社区服务。这是每一个公民应尽的社会责任和义务。它主要表现为 2 种形式：一是社区居民不定期地参与保护社区环境的清洁卫生工作和其他社区公益活动。二是社区志愿者的定期社区服务。个人为社区服务构成了中国社区服务的出发点和现实基础。

（2）人际相互服务。这是个人为社区服务的自然延伸。在这里，社区服务的互相性质得到了最充分的体现。每个人既是服务的主体，又是服务的对象；既向别人提供服务，又接受他人提供的服务。开展相互服务是中国社区服务提出的初衷，实际上是一种社会交换行为。

（3）社区和企业相互服务。在实践层面上，它是以"街企共建"和街道、企业之间的"双向服务"为代表的。从性质上来说，它是人际相互服务的扩大，服务的主体和对象由个人扩大到了单位和整个社区。

（4）社区为居民服务。如设立社区服务中心等服务设施，为居民提供便民、利民服务。这一层次的社区服务的最新发展是社会互助网络的建立，像"求助电话"、"求助门铃"、"街企共建"等。

（5）政府为民政对象服务。政府为"三无"对象和军烈属的服务，原来属于民政工作的范畴。自从社区服务与民政工作相结合以来，政府为民政对象的服务也纳入了社区服务的范畴，从而增强了社区服务的福利色彩。

（6）政府为社区服务。这种服务作为一种福利发送体系，包括物质方面的服务，如住宅、下水道、固体废料、道路和水；物质—人方面的服务，如警察、公园、运动场、消防、运输；人方面的服务，如健康、福利、就业服务和教育，等等。

持这种观点的学者认为，上述 6 个方面的内容可分为三个层次。其中，个人为社区服

务和人际相互服务是非正式的层次,在这个层次上社区服务主要依靠互助机制发挥作用。社区和企业相互服务与社区为居民服务是准正式的层次,在这个层次上社区服务主要依靠市场机制作为驱动力。政府为民政对象服务和政府为社区服务是正式层次,在这个层次上社区服务主要依靠福利机制来维持。

3. 有人认为,社区服务包括特殊服务和一般服务,也就是为特殊对象的服务和为一般居民的服务

据此,将社区服务的主要内容分成了以下 6 个方面:

(1) 老年人服务。首先是向社区内老年人提供基本的生活保障、健康保障和日常生活服务,解决他们在日常生活起居方面的困难,同时发展老年人的社区交往、文化娱乐、心理治疗、法律、咨询服务。

(2) 残疾人服务。包括扶持轻度残疾人自助自强;帮助残疾人享有基本的生活保障,帮助残疾青少年解决上学、就业、婚姻等问题。

(3) 优抚对象服务。包括为优抚对象提供日常生活服务和建立拥军优属基金、经常慰问军烈属、开展军民联谊活动等。

(4) 少年儿童服务。包括办好社区托儿所、幼儿园、少儿活动中心、小饭桌等。

(5) 特殊困难者服务。主要是指对各类贫困家庭给予救济和多方面帮助。

(6) 便民利民服务。主要是指根据居民的日常生活需要开展灵活多样的服务活动,如家务服务、公益事业以及其他便民措施。

4. 有人认为社区服务是"以一定的社区为单位的社会服务"

从这一笼统的定义出发,把社区服务的主要内容概括为以下 11 个方面:

(1) 为老年人服务,包括养老服务、文娱生活服务、老年人健康服务、为老年人再就业服务、老年婚姻服务等。

(2) 为残疾人服务,包括做好残疾人的安置工作、残疾人的康复服务、生活服务等。

(3) 为优抚对象服务。

(4) 托幼服务,包括兴办托儿所、幼儿园、校外辅导站、儿童文娱场所等。

(5) 青少年教育服务。

(6) 便民利民、邻里互助服务。

(7) 家庭劳动服务,是指社区组织为居民家庭提供所需的日常生活服务,以便使广大居民从繁杂的家务中解放出来。

(8) 民俗改革服务,主要是为新办、简办婚丧事,破除陈规陋俗,倡导文明健康的生活方式服务。

(9) 社区文化生活服务。

(10) 社区卫生服务,包括医疗康复和环境卫生等。

(11) 社区治安调解服务。

5. 还有些民政部门把本市或本区的社区服务内容概括为若干服务系列

例如,天津市红桥区民政部门曾经把本区开展的社区服务内容概括为老年人服务、残疾人服务、优抚对象服务、精神卫生服务、便民利民服务、民俗改革服务、社区教育服务、社区文化服务、法律治安服务 9 个服务系列。武汉市民政部门曾经把本市开展的社区服务内容概括为老年人服务系列、孤残人服务系列、优抚对象服务系列、青少年婴幼儿服

务系列、文体健身娱乐服务系列、安全防范服务系列、初级卫生保健康复服务系列、家事服务系列和电脑信息中心服务系列 9 大服务系列（参看《内地与香港社会福利发展第四次研讨会》第 40 页，香港社会服务联会出版，1998 年）。上述种种观点各有自己特定的角度，亦各有程度不同的合理性。其中，有的是从社区服务的福利性质出发来推导社区服务的内容构成；有的是从社区服务的主体角度或内容（对象）来划分社区服务的内容。这些观点对于我们完整地把握社区服务的内容体系均有不同程度的启发意义。

6. 我们认为，社区服务的内容体系，应该具备以下科学的认识

社区服务范畴不应该把社区治安、卫生、文化的内容全部归入社区服务之中，其内容不应该包罗万象。伴随着我国经济体制转轨和社会结构的转型，城市的社区服务的内容构成不断发展变化，其内容构成也必将随着经济、社会的发展和各类社区主体的需求变化而发展变化。

从社区服务对象的角度考虑，面向各类弱势人群和优抚对象的福利服务。此处所谓弱势人群是指在经济、社会竞争中处于不利地位，因而存在着种种生活困难的人群。例如，老年人、残疾人、贫困者等。优抚对象包括：现役军人、革命烈士家属、革命伤残军人、复员军人、因公牺牲军人的家属、病故军人家属、现役军人家属、军队离退休干部等。弱势人群和优抚对象，要么丧失了劳动能力，或不具备劳动能力、生活能力；要么因下岗、失业等问题存在着严重的生活困难；要么曾经是或现在是共和国的卫士及他们的家属，这些人最有资格或最需要接受社区的帮助。把他们作为社区服务的重点对象，为他们提供福利服务，是社区服务的最基本内容和最基本任务，集中体现了社区服务的福利性本质。

具体地说，主要包括：

（1）为老年人提供福利服务。为老年人提供福利服务之所以成为社区服务的一项基本内容，不仅是因为这个人群年老体弱更需要社区照顾，而且是因为我国城市已经进入了"老龄化社会"。根据国际上约定俗成的标准，一个国家或地区 65 岁以上的老年人数占总人口的比例超过 7%，或 60 岁以上的老年人数占总人口的比例超过 10%，即为老龄化社会。目前，我国城市 60 岁以上的老年人数已明显超过了城市居民总人数的 10%，有些社区高达 15% 以上，显然进入了老龄化时代。面对数以万计，以家庭居住小区为主要活动场所的老年人，各级社区组织应该为他们提供多种类型的福利服务，丰富他们的物质文化生活。但从社区服务的角度来说，主要是开展养老服务和日常生活照顾服务。例如，兴办社区老年人公寓、养老院等各种福利性养老设施，集中供养社会老年人、离退休孤寡老人和虽有子女却侍奉有困难的老年人。又如，组织社区力量其中包括志愿者队伍，通过上门服务等形式解决老年人在日常生活起居方面的各种困难。

（2）为残疾人提供福利服务。残疾人是指生理功能、肢体结构、心理状态的异常或丧失，部分或全部失去以正常方式从事活动的能力，在社会生活的某些领域中不能发挥正常作用的人，包括视力残疾、听力语言残疾、智力残疾、肢体残疾、精神病残疾等类型。为残疾人提供福利服务是世界各国社区服务的最基本内容之一，体现着社会的文明与进步。我国的残疾人福利事业历来就是民政部门的一项重要工作。在开展社区服务的过程中，一是要通过发展福利厂（店）帮助安置有劳动能力的残疾人从事适合他们特点的工作，尽量使他们自食其力，自强不息。二是要为残疾人创造无障碍的社区生活环境，并且帮助他们解决日常生活困难。三是要帮助符合婚姻条件的未婚残疾青年建立幸福的家庭。此外，还

要通过发展社区卫生、社区文化，为残疾人提供康复服务和精神生活服务。

（3）为优抚对象提供福利服务。包括开展多种形式的拥军优属活动，帮助优抚对象解决住房、就医和日常生活困难，经常开展军民联谊活动等。

（4）为少年儿童提供社区服务。兴建和发展为少年儿童服务的社区福利设施，如托儿所、幼儿园、少儿活动中心（室），开展寒暑假少儿服务活动，根据客观需要发展"小学生饭桌"和"接送孩子"等服务项目。

（5）为贫困者提供福利服务。在经济转轨、社会转型的特定时期，我国城市出现了一个以下岗、失业人员为主体的贫困者阶层。保障这个阶层的基本生活需要是社区服务的一项重要任务。为此，一是要通过社区组织的努力，包括发展社区服务业，帮助他们达到再就业的目的。二是要不折不扣地执行政府建立的"最低生活保障制度"。三是要动员社区各方面力量，开展多种形式的扶贫济困活动，确保贫困者和贫困家庭的基本生活需要。

（6）面向普通居民群众的便民利民的日常生活服务。与一般意义上的慈善事业不同，中国城市的社区服务兼有"福利服务"和"方便人民生活"双重任务，发挥着社会保障和社会服务双重功能。如果说面向各类弱势人群和优抚对象的社区服务，主要体现了它的福利服务和社会保障功能的话，那么，为广大居民群众提供社区服务则是它的社会服务功能的一种重要表现。从产生、发展的过程来看，面向普通居民群众的便民生活服务之所以成为我国城市社区服务的主要内容之一，根源于第三产业发展滞后的客观现实。据世界银行提供的数据，社区服务刚刚起步时的 1988 年，中国国民生产总值中服务业所占的比重是21％，而世界上高收入国家平均高达 55％，中等收入国家平均达 50％，即使是低收入国家亦平均达 32％。另据有关部门提供的数据，1952 年我国每万人口拥有商业服务业网点96 个，但到 1978 年只剩下 13 个，之后，经过 10 年的努力，到 1988 年才恢复到 116 个，刚刚超过 20 世纪 50 年代初期的水平（转引自：中国社会科学，1992，4：124.）。远远不能满足广大居民群众的需要。致使当时的城市社区普遍存在着购物难、做衣难、修理用品难、寻求劳务服务难等问题。在这种情况下，街道、居委会不能不把为普通居民群众提供便民生活服务作为社区服务的一项重要任务。于是，一批批早点部、小卖部、家用电器维修部、服装裁剪部、理发美容店、家政服务站和介绍所以及搬家公司等社区服务网点应运而生，在一定程度上弥补了第三产业的不足，受到了社区居民的欢迎。如今，在社区服务的内容构成中，面向普通居民群众的便民生活服务内容占了很大比重。并且显示了社区服务业的广阔发展前景。

（7）面向辖区企事业单位和机关团体的"后勤"服务。面向辖区企事业单位和机关团体的"后勤"服务是中国城市社区服务的又一个重要内容。之所以如此，主要是因为：①由计划经济体制时期延续下来的企事业单位和机关团体都曾经承担着为职工及其家属提供多方面社会服务的功能，亦即存在着相当普遍、相当严重的"企业办社会"、"单位办社会"问题。它虽然为职工及其家属提供了种种生活便利，在很大程度上扭曲了这些单位自身的性质，导致了劳动生产率和工作效率下降，导致了"后勤"机构庞大或经济负担过重，不符合市场经济体制和社会现代化对各类组织专业化、高效率的客观要求。因而，自20 世纪 80 年代以来，伴随着经济转轨与社会转型，企事业单位和机关团体迫切要求社区组织努力承担由它们所剥离出来的"后勤"服务功能。②在市场经济体制逐步建立过程中产生的各类新型企业，大都没有设立庞杂的"后勤"服务机构，同样需要社区组织为其提供后勤保障服务。③从社区服务主体的角度来说，为辖区内企事业单位和机关团体提供后勤服务，有助于拓宽社区服务领域；有助于提高社区服务的经济效益（因为开展这类服务基本上都属于有偿服务），促进社区服务体系的良性运行；有助于密切街道、居委会组织与辖区内单位的合作关系，促进社区整合。正是由于主体与客体的利益一致性，促使面向辖区企事业单位和机关团体的后勤服务成了我国城市社区服务的一个重要内容，而且还有进一步开拓的余地。

5.1.3　社区居家养老服务案例分析

2009 年 4 月 16 日下午，我们参观了上海闵行区某街道社区。

街道干部介绍了街道居家养老情况：街道有 2.4 万老人，推出 9073 养老模式，即 90% 居家养老、7% 托老所养老、3% 养老院养老。街道层面成立居家养老服务社，为 60 周岁以上，需生活照料的本区户籍老人服务，首先是对其中低保和低收入的老人、优抚对象服务，为社区孤老和对社会做出特殊贡献的老人提供帮助，经评估参加居家养老。助老服务员是从万人就业项目中招聘并经过一定培训的人员，月工资 1200 元。所开展的居家养老服务：一是上门为老人家政服务。二是居家养老个性化服务，如定时上门理发、洗浴等。目前有 300 多个上门家政服务，300 多个个性化服务。

街道干部又讲了目前居家养老服务存在的问题：居家养老项目推进不快，招聘不到人，原先招聘了 200 人，最后留下来的只有 40 人；家政服务中的一些危险工作如爬高擦窗等，服务员不愿干；社会对养老服务员不尊重；有些家庭成员把额外服务加到服务社服务员身上。

以上材料，我们可看作是社会工作实务中的案例分析题，根据走访其他街道社区的经验去分析解题。

1. 存在的问题

（1）养老服务员得不到社会尊重，逐年减少。

（2）服务员从事的工作有一定的危险性（如爬高擦窗等），有些人不愿干。

（3）服务对象把额外服务加到服务员身上。

2. 采取的措施

（1）政府主导，街道社区牵头，培育专业队伍；对现有服务员加强培训，提高服务员素质。不尊重服务员有社会原因也有个人原因，有些助老服务员如果业务素质不高、态度不好，有可能降低服务质量和减少服务时间，这样就会引起服务对象的反感，因此也得不到尊重。

整合社区资源加强服务队伍建设。依托社区卫生服务中心组建专业护理队伍，解决有需求的老人医疗护理问题；培育志愿者队伍：如党员志愿者、大学生志愿者、单位及个体工商户志愿者等。党员志愿者以楼栋为单位为老人服务；大学生志愿者可组建关爱老人服务队、临终关怀服务队；有养老院的社区可提供给老人送餐服务；个体工商户如果愿意参与居家养老服务，如送餐、理发、送货上门等，可减免税收。

（2）把部分家政服务交给专业公司去做。街道招聘的服务员可从事一些老人的日常照料工作；家政服务中的一些危险工作，如爬高擦窗等，假如产生安全事故街道家政服务社要承担责任，最好把部分工作交给专业家政公司。

物业公司在便民服务上可发挥自己的优势，特别是对社区行动不便的老人应提供便民服务卡，一旦水、电、暖等出现一些简单的问题可及时处理；对物业站所做的居家养老服务进行量化，并给予一定的政策优惠。

（3）服务对象往服务员身上加额外服务，说明对服务对象的需求调整不及时，如果老人需要额外服务，可及时变更或增加服务项目，明确责任，规范管理，确定服务项目和收费。

（黑龙江新闻网．［2009-07-13］．http：//www.hljnews.cn）

5.1.4　社区服务的特点

社区服务具有社会工作和公共服务的双重属性，具有如下几个特点。

1. 福利性

福利性应当是社区服务最根本、最本质的特点。社区服务从本质上说是一种公益事业，是一种社会福利事业，以社会效益为宗旨，以维护社区居民中的弱势群体和大多数居民的基本生活权益为出发点和落脚点，是社会福利事业的延伸和发展，具有明显的福利性。例如，社区为老年人提供的免费健身器材和场所，为社区青少年提供的免费阅览室与活动室，都体现了社区服务的福利性。社会孤老、残疾人、优抚对象是社区服务的基本对象和重点。随着我国经济的发展与社会的进步，社区居民还将会享受到更大范围和更高水平的无偿或是低偿社区服务。当今许多西方发达国家为社区居民提供了全方位、高水平的社区服务，瑞典从"摇篮到坟墓"的社会福利状况就是很好的例子。

当然，强调福利性并不意味着社区服务不可以实行有偿服务。目前，由于政府财力有限，社区服务资金缺乏，借助部分项目的有偿服务可以促进社区服务的发展，提升服务质量。当然有偿服务应当遵循"方便居民、收费低廉"的原则，而且其盈利也必须用于社区服务，否则就有悖于社区服务的初衷。

2. 群众性

群众性强调社区服务社区办，依靠居民，服务于居民。社区服务的群众性主要体现在两个方面：一方面服务的对象是广大社区居民，无论针对特殊群体的服务，还是针对普通居民的服务，受益者是群众。即社区的所有居民都有权享受社区服务；另一方面就服务的提供者来说，社区的居民是最重要的资源，不仅包括居民个人，还有各类民间组织或非营利组织，发展社区服务必须要充分调动群众参与的积极性，即社区服务需要社区居民积极参与，社区居民既是社区服务的受益者，也是社区服务的参与者。重视发掘社区居民的各种资源。

社区服务是以居民的自助与互助为基础的社会服务。社区服务的受益者与提供者都是群众，而非政府。政府的作用是倡导与扶持，而开展社区服务的主角还是广大社区群众。在现阶段我国城市社区，社区服务的具体参与者是群众，政府则是有力的推动者。

3. 互助性

社区服务实质上也是组织发动社区成员开展互助服务的一种活动，群众既是参与者，又是受益者。社区服务体现了我国"守望相助"的传统，也体现了群众"自己的事情自己办"的原则。社区服务的互助性强调社区与居民之间、居民之间、辖区单位与社区之间、社区各服务机构之间的互助服务。其中，居民之间的互助服务（如邻里之间的帮助等）是社区服务的原始形态。通过互助服务，有助于相互之间的了解，提升社区居民的认同感、归属感和凝聚力，实现由"陌生人社会"向"熟人社会"的回归。同时，社区居民互动服务能够实现情感交流，可以弥补一般社区服务无法涉及的领域。应积极提倡"我为人人，人人为我"的精神，依靠社区内各方面的力量，依靠群众自我管理、自我服务，办好社区服务。只有这样，社区服务才有深厚的群众基础，才能收到良好的社会效果。如帮助侍候老人、照顾病人小孩、代买菜烧饭等，这种群众性的互助服务，既继承和发扬了我国传统的邻里互助的社会风尚，又达到了社区公民参与的目的。

4. 互补性

辖区内各个居民区或生活点，在社区服务项目中各有其特色或专长，各自发挥各自的优势、扬长避短、相互帮助、相互补偿、共同受益，增加了社区服务的效益，这就是社区服务的互补性。比如，社区服务与家庭服务相衔接，弥补了家庭服务的不足。又如，弥补家庭老人文化服务不足的老人活动中心，弥补青少年家庭学习、娱乐服务不足的青少年活动站，弥补家庭管教不足的假期法制学习班等，都属于互补性的服务项目。社区服务与家庭服务并重，紧密结合，互相补充，这对于有效地弥补家庭功能不足有很大的促进作用，也是符合我国国情民情的服务保障方式。

5. 多样性

社区服务是一个极其复杂的系统工程。无论是服务内容、服务方式，还是服务对象，多样性是它的又一特点。服务对象，除了福利对象，还包括社区内的所有成员，涉及男女老少，千家万户。既有面向特殊群体带有明显社会福利性质的社区服务，比如残疾人服务、社区优抚对象服务、社区特困家庭服务；又有面向全体社区居民的带有便民利民性质的社区服务，包括一般家居生活服务、社区环境综合治理服务、社区医疗卫生服务、社区少年儿童服务、社区生活服务等等。从服务的方式或者手段来看，既有无偿或低偿的福利服务，又有有偿的经营服务；既有一对一服务，邻里互助，又有机构集中服务，所以社区服务具有多元性的特征。这种多元性特征主要源于社区成员需求的多样性。任何一种服务，无论是有偿还是无偿，都存在着需求与供给的关系。在高速发展的当今社会，社区成员的构成结构明显趋于异质化，不同年龄、不同收入、不同职业的居民，对社区服务有不同的需求。多元性、全方位的社区服务才能满足社区居民多样化、多层次的需求，从而也才能使广大社区形成社区认同感、归宿感，有力地推动社区的发展。因此，以社区居民的需求为目标，坚持因地制宜，开展小型、分散、多样的服务是社区服务发展的方向。

6. 区域性

社区是一个区域性的社会实体，具有显著的区域性，相应地，社区服务也就有了区域性。区域性是社区服务与一般性社会福利服务和专门性社会福利服务的不同之处。社区服务是一种属地服务，它以特定的社区为载体，从本社区的实际需要出发，为社区居民提供多方面、多花样的服务。不同社区由于地理环境、文化条件、人口状况、经济发展水平等的差异，所提供的社区服务在形式和内容上不可避免地会体现出各自的特点。

社区是社区服务的主要平台：第一，从社区服务的主体来说，参与者与组织者主要是本社区的居民和社区服务机构。第二，从社区服务的客体来说，服务的对象主要是针对本社区的居民，所提供的服务主要是满足本社区居民的具体需要。不同社区有不同的历史背景、文化状况和人口素质，因而不同社区居民的需求是不同的。例如，有的社区居民素质整体较低，违法犯罪人员相对较多，社区矫正就是该社区服务的重要特点；而有的社区为高级白领聚居的新建社区，这样的社区居民所需要的社区服务就明显不同于前者。

5.1.5 社区服务作用与意义

1. 社区服务的特点，决定了社区服务的作用

（1）排忧解难功能。城市社区服务以社区为活动领域，以社区居民为服务对象，以解决社区本身的矛盾和问题为基本出发点和基本任务，因而，社区服务具有明显的解难功能。社区服务，突出了"为民服务"的指导思想，能急人所急，想人所想，为民排忧，为民解难，调动了人的积极性。开展社区服务，不仅对社会起到拾遗补缺的作用，而且对居民群众起到"雪中送炭"的作用。比如，日托所、敬老院、残疾人就业、福利工厂、康复中心、家务劳动服务站。

（2）协调整合功能。所谓社会整合，就是指调整或协调社会中不同因素的矛盾、冲突和纠葛，使之成为统一体系的过程和结果。当前，居民生活的不便，突出表现在一系列劳务自己难以承担，文化生活得不到满足，基础生活设施跟不上形势的需要。这些问题，涉及每个家庭、每个居民。解决这些问题不可能过多地依赖国家兴办福利设施，只能发动和依靠民众自己，依靠社区服务，多层次地发展社会福利事业，使居民生活中的种种不便，融合在群众相互帮助的社区服务之中，在社区服务中，这种整合功能尤为明显。

（3）调解预防功能。社区服务还有一个易为人们忽视的预防功能。预防是指先期对有害于社区内个人或组织的任何因素的发现或减除，也叫预防个人或团体因社会生活可能发生的障碍，以及预防对整个社会制度可能产生的伤害或阻挠社会进步的社会潜在因素的产生。例如社区服务中的法律调解服务系列、由退休职工组成的纠察队、组织义务消防队、定期举办的普法教育等。

（4）社区稳定功能。根据社区服务的性质、目的和内容，社区服务的基本职能体现了互助互济，协调人际关系，缓解社会矛盾，解决社会问题，促使人们遵守公认的行为规范，维护稳定已有的社会秩序。而这些职能的发挥，必将促进社区的稳定和社会关系的协调，因此，社区服务具有平稳社会的作用。社区服务为社区居民特别是弱势群体提供福利性服务，有助于缓解社会不公及其引起的矛盾，有助于控制潜在的和现实的非稳定因素，实现社区的稳定，进而促进整个社会的稳定。社区服务的基本内容就是为弱势群体提供服务。借助社区服务，弱势群体可以分享社会发展的成果，获得最基本的社会公平。市场经济注重效率，社区服务兼顾公平，维护人们的基本社会经济文化权利。只有如此，社会才能稳定和健康发展。

（5）精神文明功能。社区服务的过程中居民接受服务，也是接受教育的过程。因此，社区服务具有推动精神文明建设的功能：①社区服务培育居民的文明意识。社区服务所倡导的公共意识、团结意识、互助意识都是社会文明意识的重要内容，社区是建设、培育社会文明意识的重要阵地，社区服务则成了建设和培育社会文明意识的具体手段。②社区服务培养居民的参与意识。随着改革的深化，通过运用各种方法为社区居民提供社会参与的机会，有助于促进社区成员之间的互动，营造和谐的社区氛围，同时，可以不断地融入追求民主、志愿、奉献、自我完善与实现的观念，形成社区居民的自我认同与广泛参与意识。③社区服务培养居民的民主意识。社区服务培养了居民的参与意识，居民在参与社区

政治活动的同时，必然参与社会政治活动。社区服务将与中国政治模式的走向发生关联，有助于培养居民的民主参与意识，促进市民社会的形成。

2. 社区服务的意义，决定了社区服务的作用

（1）社区服务是社会保障制度的重要补充与完善。社会保障主要包括经济保障和服务保障两大方面。过去单一靠政府实施社会保障，远远不能适应客观形势发展的需要和人们对服务保障日益增长的求，社区服务就是为了解决这一矛盾而发展起来的。随着社区服务发展，同时也丰富了社会保障的内容，进而促进社会保障制度的建设，从另一个角度讲，开展社区服务的目的是要实现"福利社会化"，是更好地向城市社区居民提供生活保障，这样，社区服务也可以说是社会保障体系的一部分。

（2）促进政府工作职能转变。政府进行政治体制改革和经济体制改革，改变"政府办企业、企业办社会"的现状，建立"小政府、大社会"格局，就必须要实现社区工作社会化，社会工作社区化。以社区为单位，开展社会化服务，有力地促进了政府工作职能转变。

（3）有利于经济体制改革和建立现代企业制度。不断深化的城市经济体制改革，必然导致城市社会管理体制的改革。在此宏观背景下，城市的社会管理和社区服务的功能日益凸显。企业要建立现代企业制度，摆脱制约企业发展的因素，就要彻底改变"企业办社会"的现状，由社区来承接和行使社会职能，承接下岗职工培训与再就业等一系列工作，由社会最终到社区承接企业分离出来的任务，而开展社区服务就是社区承接企业原来担负的社会职能。

（4）是社会主义两个文明建设的客观需要。社区服务的目的就是满足居民多样化的需求，不断地提高社区居民物质生活和精神生活质量。不以营利为主要目的的社区服务恰恰是为了促进和改善社区居民的生活质量。因此，开展社区服务具有非常重要的意义。

5.2　社区服务的运作模式

5.2.1　发达国家社区服务的运作模式

虽然不同的国家和地区实现社区服务的途径各异，但是从工作主体、组织方式、资金来源等方面看仍具有一些共性。如，政府的主导作用、社会团体的主体作用、社会各界的广泛参与❶。

1. 政府主导

一般来说，在西方国家由政府直接推行社区服务工作的情况并不多见，但是无论哪个国家，社会福利工作无一例外地都体现了政府的意志和社会价值观。政府的主导作用主要表现在规划、拨款、政策、监督和管理等方面。规划——良好的社区服务规划是社区服务有效管理的基础。政府对社区服务的发展进行总体把握，如兴建公共福利设施，为居民提供基本的福利保障等。拨款——社区内部分公共设施的日常经费，一般由政府提供。政策——各国对社区服务的发展均制定基本原则，制定社区服务工作的优惠政

---

❶　贾征. 社区服务与社会保障. 北京：中国劳动社会保障出版社，2001：76-79.

策、社区服务工作的管理办法以及相关立法的具体条款。监督和管理——国外政府对社区服务的管理包括严格审批、定期检查和评估。

2. 社会中介组织为主体

在许多国家和地区，社会中介组织（非营利组织或非政府组织）是社区服务的主要承担者，在社区服务中发挥着主体作用。通常，社会中介组织针对某一问题和需求进行立项，并积极争取政府组织与非政府组织对立项的支持，积极筹措款项，组织专门的社区工作队伍进入社区。工作队伍首先以服务赢得社区居民的支持，并同时进行调研、策划、倡导等活动，鼓励社区居民参与，发动相关力量，动员各方资源，在工作过程中发掘社区领袖人物，建立居民自助或互助组织，形成制度化的自我管理与自我服务机制。工作队伍在社区组织建立后，便把工作移交给社区领导，然后撤离社区，但仍同社区保持联系，在社区遇到新的问题时再返回指导。社会中介组织以其专业化的服务，大大提高了社区工作的效率。

3. 社会参与

广泛的社会参与是国外社区服务的工作基础，成为社区服务发展的重要因素。在发达国家，社区服务的参与者，不仅包括企业、宗教组织、慈善机构，还包括大量的社区志愿者和广大学生。组织机构——各种组织在参与社区服务的同时，也为社区服务捐赠了大量的资金。企业组织参与社区服务有助于保持它在社区中的良好形象，有助于同社区建立友好的关系。宗教组织和慈善机构为社区募捐了大量的资金，是重要的社区服务组织者。社区志愿者——大批志愿者捐献的人力、物力支持了非营利组织的日常工作，并使之以较少的专职和兼职人员维持着运转。社区志愿者是社区服务工作的主力军。广大学生——在美国，学生如希望获得中学毕业文凭，必须参加至少 75 小时的社区服务工作；在日本等国家，国家除了在大学和专科学校设置社区服务的课程之外，在某些高中也增设了社会福利课，教授学生护理老人和残疾者的知识。

5.2.2 我国社区服务的运作模式

社区服务是一项专业性的工作。在长期的实践中，我国在借鉴国外社区服务经验的基础上，形成了一套具有中国特色的社区服务运作模式和工作方法。了解社区服务的运作模式，便于掌握社区服务的基本工作程序。我国的社区服务首先是在大中城市发展起来的，从总体上讲，社区服务是在政府的推动下发展起来的，基层组织（如街道办和居委会）在这一过程中发挥了主体作用。同时，社会各界和广大居民群众也积极参与进来。我国社区服务的运作模式可以简单地归纳为"政府推动，基层组织主办，社会各界广泛参与"❶。

1. 政府推动

我国社区服务工作是以政府搭台、民政牵头、有关部门相互配合的方式开展的。各级政府的主要领导组成了社区服务工作的指导协调机构。在社区服务的设施建设、项目开发的启动中政府发挥了主渠道的作用，给予了大量资金投入，促进了社区服务的发展。此外，政府还利用各种媒体对社区服务工作进行广泛宣传，推动社区服务的发展。如北京市政府规定，每年 10 月第三周的周日为全市社区服务宣传日，此项工作已连续进行了多年，

---

❶ 贾征：社区服务与社会保障. 北京：中国劳动社会保障出版社，2001：70-75.

收到了很好的效果。政府在参与社区服务工作的组织、落实中，发挥了强大的推动作用。1990 年，民政部颁布了《全国社区服务示范城区标准》，在全国发起了"创建示范城区"活动。1998 年，民政部命名了 46 个"全国社区服务示范城区"，此项活动的开展，激发了更多城区向示范城区标准迈进。上海市政府率先在全市范围内通过媒体举办的"征集社区服务标志、口号、征文"活动，在社会上引起了极大的反响。"社区连万家，情系你我他"的口号被全国众多城市所采用。由此可见，政府的行政动员、政策指导、组织参与是社区服务发展的主要推动力量。

2. 街道主管

街道作为区政府的派出机构，是社区建设的直接实施者。街道办事处主管城市社区的组织、协调与管理工作，履行行政职能。在我国行政条块关系尚未理顺、专业社区工作管理组织及志愿者组织发育不足的情况下，街道发挥了作为政府派出机构的行政职能，依托政府的行政网络，实施社区管理，从而使政府对社区工作的推动作用得以充分体现。街道不仅主管社区工作的规划与操作，履行着事业管理职能；同时，它还主管社区工作的资源开发，履行了经济管理职能。总之，街道在社区工作中是集行政、行业、资源供应等职能于一身的主管者，在社区工作中发挥着重要作用。

3. 居委会操作

居委会是社区服务的主要依托和服务主体，其主要职能与社区服务工作具有高度的一致性。作为居民自我管理、自我教育、自我服务的基层群众性自治组织，居委会本身就担负着开展便民利民社区服务、维护居民合法权益、开展社区精神文明建设、办理辖区居民的公共事务和公益事业、调解民间纠纷、协助维护社会治安等多项社区服务任务。因此，可以说，组织开展社区服务是居委会义不容辞的职责。居委会能够直接、有效地为社区居民提供服务，解决居民社区生活中的问题。作为城市中的基层群众性组织，居委会需要十分清楚地了解社区居民的实际生活困难，可以有的放矢地为社区居民及时提供各种服务，有针对性地解决居民一系列的现实困难，为广大居民群众提供良好的生活环境和生活条件，从而增强社区凝聚力。

4. 社区共建

城市社区服务工作中的一个主要特点在于社会各界的广泛参与。就目前制度建设的注意事项，在制定社区服务的规章制度时，应坚持如下原则：

(1) 制度的制定要注重实效，具体详细。社区服务的规章制度既要简明扼要，又要具体，还要有可操作性。只有这样规章制度才能在实践中发挥作用，否则只能是纸上谈兵。

(2) 制度的制定要结合实际，切实可行。社区服务的规章制度必须立足于工作的现有条件，同工作的现状和发展趋势相吻合，否则，制定出来的制度将会是形同虚设。

(3) 制度的制定要注重客观与主观相结合。客观是事物的本身要求，主观是人们通过努力而达到的客观要求。社区服务具有很强的弹性，因此在制度建设上要留有余地，使工作既能在规范下运作，又能在创造性发挥中更为完善。

(4) 制度的制定要体现社会公平。"制度面前，人人平等"。制度制定者首先要把自己融入制度中，而不是在制度之外。制度本身对每个人的行为都具有规范作用，因此，任何人都不能凌驾于制度之上。

5.3 社区服务的工作方法

社区服务工作是一项复杂的系统工程，是全新的社会实践。在提供社区服务时必须坚持"立足群众需要，一切从实际出发"的原则，必须把社会效益放在首位，必须坚持"社区服务社会办"的思路。开展社区服务仅仅遵守上述原则是不够的，社区工作者在实践中就如何全面衡量和评估社区服务的效果、怎样促进社区服务不断深入发展等问题进行了深入细致的探索，为了更好地实施服务，不断提高居民的生活质量，必须熟悉社区服务的具体实施方法，包括制定社区服务规划、建设服务制度、监控服务过程和评估效果等环节。

5.3.1 制定社区服务规划

社区服务要有发展规划，否则就会偏离正确的轨道。从现实可操作的角度看，社区服务规划大致可分为现状分析、总体目标规划、具体指标规划和保障措施规划等内容。

1. 社区服务的现状分析

现状分析是社区服务规划从实际出发的必要步骤，也是社区规划的构成部分。它主要通过调查、统计与文献资料的分析，掌握社区服务现行的环境条件及其发展优势与不足，从而判定社区服务的发展阶段与发展水平，明确社区服务中存在的问题，为社区服务目标体系的提出和相关对策的制定奠定基础。

2. 社区服务的总体目标规划

总体目标具有战略性、全面性和概括性。社区服务的总体目标规划应反映规划年限内整个社区所应达到的总体水平，并对各主要部分的规划起规范作用。总体目标的确定，主要依据是对社区服务现状的科学分析和对社区服务发展趋势的科学预测。

3. 社区服务的具体指标规划

这是社区服务规划的主体内容。其涉及方面的多少取决于社区服务基本组成部分的多少。这些方面的规划应与总体目标的规划相一致，并注意各部分之间的相互协调与组合。

4. 社区服务的保障措施规划

社区服务规划的这部分内容，主要是解决社区服务的体制和机制问题、经费和物质保障问题，大致包括社区服务的组织体系、管理体制、参与机制、激励机制、经费来源、物质保障等方面的规划。制定社区服务发展规划要注意以下5个问题：一是事前要进行充分调查，依据社区服务的实际情况，确定正确的指导思想。二是确定的目标既是超前的，又要保证可行。三是确定的目标和手段有助于同时发挥组织者和居民群众的积极性。四是要确定规划实施情况的检查标准和检验方法。五是根据情况变化，及时对规划进行调整。

5.3.2 制定社区服务政策

政府就是要帮助公民表达并满足他们共同的利益需求，而不是试图通过控制或"掌舵"使社会朝着新的方向发展。尽管过去政府在为社会"掌舵"方面扮演着重要的角色，但当今时代为社会领航的公共政策实际上是一系列复杂的相互作用过程的后果，这些相互作用涉及多重群体和多重利益集团，这些为社会和政府生活提供结构和方向的政策方案是许多不同意见和利益的混合物。如今政府的作用在于与私营及非营利组织一起，为社区服务所面临的问题寻找解决办法。其角色从控制转变为政策安排，使相关各方坐在一起，为促进公共服务问题的协商解决提供便利。在这样一个社会力量和公民积极参与的社会中，政府将扮演的角色越来越不是服务的直接提供者，而是调停者、中介人甚至是裁判员。而这些新角色所需要的不是管理控制的老办法，而是中介、协商以及解决问题的新办法。

5.3.3 制定社区服务目标

政府在其行政的过程中需要转变观念，建立公民和政府服务的公共利益观念。这就是政府必须致力于建立集体的、共享的公共利益观念的目标，这个目标不是要在个人选择的驱使下找到快速解决的方案，而是要创造共享利益和共同责任。事实上，在确立社区服务远景目标或发展方向的行为当中，广泛的公众对话和协商是至关重要的。政府的作用将更多地体现在把人们聚集到能无拘无束、真诚进行对话的环境中，共商社会服务应该选择的发展方向。除了这种促进作用，政府还有责任确保经由这些程序而产生的解决方案符合公正和公平的规范，确保公共利益居于主导地位。因此，政府应当积极地为公民通过对话表达共同的价值观念并形成共同的公共利益观念提供舞台，应该鼓励公民采取一致的行动，而不应该仅仅简单地回应不同的利益需求。这样，他们就可以理解各自的利益，具备更长远、更广博的社区和社会利益观念，促进社区服务的发展。

5.3.4 拉动公民参与社区服务

满足公共需要的政策和方案可以通过集体努力和协作过程得以最有效地实现。新公共服务理论认为，为了实现集体的意识，就必须要规定角色和责任并且要为实现预期目标而确立具体的行动步骤。而且这些行动需要相关各方力量的参与，参与的主体首先是公民。政府拉动公民参与社区服务的最有效途径就是对公民的教育以及对民间组织广泛的培养，政府可以激发人们重新恢复原本应有的公民自豪感和公民责任感，而且这种自豪感和责任感会进一步发展成为在许多层次都会出现的一种更为强烈的参与意愿，在这种情况下，所有相关各方都会共同努力为参与、合作和达成共识创造机会。尽管政府不能创造社区，但是政府却能够有效地和负责地为公民参与奠定基础。在这里，政府具有开放性、可接近性和回应力，能够为公民广泛地参与社区服务创造更广泛的空间。

5.3.5 建立社区服务的合作关系

公共利益不是个人的自我利益聚集而形成的，而是产生于一种基于共同价值观的对话。因此，政府不仅仅是对顾客的要求做出回应，而且要集中精力与公民以及在公民之间建立信任与合作关系。政府与其公民的关系不同于企业与其顾客的关系。在公共部门，我们很难确定谁是顾客，因为政府服务的对象不仅是直接的当事人，而且，政府的有些"顾客"凭借其所拥有的更多资源和更高技能可以使自己的需求优先于别人的需求。在政府中，公正与公平是其提供服务必须考虑的一个重要的因素，政府不应该首先或者仅仅关注"顾客"自私的短期利益，相反，扮演着公民角色的人必须关心更大的社区，必须对一些超越短时期利益的事务承担义务，必须愿意为他们的邻里和社区所发生的事情承担个人责任。换而言之，政府必须关注公民的需求和利益，必须建立社区服务中政府与公民的合作关系，以鼓励越来越多的人履行自己的公民义务。

5.4　社区服务的发展和趋势

5.4.1　社区服务的产生与发展

在当今的城市社区建设中，最引人注目的领域之一是社区服务。社区服务是伴随着经济和社会发展而兴起的，它是工业化、城市化、现代化和社会分工专业化的产物。为了满足在工业化大生产、城市化的社会形势中激发的各种需求，社区服务应运而生。早在 18 世纪中叶，英国工业革命后，社区服务作为一种解决贫民阶层的贫困问题的社会福利形式而出现。20 世纪 30 年代以后美国也出现了以社区为层面解决弱势群体需求的社区服务的组织和机构。进入 20 世纪 80 年代，随着经济转轨和社会转型，我国的社会福利制度也发生了重大变化，单位办福利逐渐为社会办福利所取代，社区服务应运而生，并不断发展、壮大。1986 年由国家民政部从探索建立适应社会主义市场经济条件下的社会保障制度的高度，第一次提出了在城市开展社区服务。经过 20 多年的发展，广大市民对社区服务由陌生到熟悉，由怀疑到认同。

社区服务作为工业化、现代化的产物，最早起源于西方国家。第二次世界大战后，西方发达国家的社区服务迈向了新阶段。

1. 英国是当代西方发达国家社区服务的一个典范

在英国，社区服务通常称为"社区照顾"（community care），是当代西方发达国家社区服务的一个典范。社区照顾作为一项运动开始于 20 世纪 50 年代，最初主要是针对"院舍式照顾"提出来的。"社区照顾"有两种含义：第一，是在社区内提供服务（services in community）。即不使被照顾者离开他（她）所居住的社区，就在本社区内对其提供生活服务。第二，是由社区提供服务（services by community）。也就是利用本社区的各种资源，运用社区支持体系来开展照顾服务。至 20 世纪 70 年代，社区照顾在英国各地已经非常普及。

英国社区照顾的具体形式主要有下列几种：（1）由地方政府出资兴办社区服务中心。该中心设有残疾人服务、老年人服务与学龄前儿童服务项目，工作人员大都是政府雇员，活动经费主要来自政府财政拨款，基本上属于无偿提供服务。（2）开办社区老年公寓。这是政府为社区内有生活自理能力，但身边无人照顾的老年人提供的一种服务设施，其收费标准大概相当于政府发给每位老人的养老金。（3）开办社区敬老院，集中收养生活不能自理又无家庭照顾的老年人。（4）家庭照顾。这是政府使老人留在本社区、留在自己家里而采取的一种政策措施，具体表现为由家庭成员提供照顾，而政府发放给适当的津贴。（5）上门服务。这是对居住在自己的家里，但生活不能完全自理的老人提供的一项服务。服务项目包括送餐上门或做饭、购物、打扫卫生、洗澡、洗衣、理发、陪同上医院等。（6）暂托处：这是一个短期护理机构，主要是为解决因家庭有事外出或家庭成员离家度假而得不到照顾的老年人、残疾人的问题。暂托处的照顾服务可以几小时，也可以是几天或几个星期。英国开展社区照顾的经验对许多国家和地区包括我国的香港地区都产生了一定的影响。

2. 美国的社区服务全民参与，颇具规模

当代美国的社区服务全民参与，颇具规模。据报道，全美 50％多的成年人和 70％多的大学生参加了各种类型的社区志愿服务活动，服务领域包括照顾老人、残疾人、儿童、单亲家庭和病人等等，服务内容包括咨询服务、安慰电话、免费送午餐等等。美国社区志愿服务活动的标准是每个志愿者每周参加无偿社区服务工作 4 小时。美国社区照顾设施众多，服务齐全。以社区老年服务设施来说，包括有提供长期综合性服务的养老院、托老所、荣誉公民社区中心；有提供饮食服务的上门送饭服务所、食品供应所、荣誉公民营养室；有为贫苦老人提供服务的住处、公营住所、收容所，还有为体弱多病的老年人设立的一般护理公寓、服务性公寓、护士护理公寓等等。

社区服务发端、发展于工业化国家。社区服务是工业化、现代化的产物，最早起源于西方。西方"先发"国家的工业革命带动了城市的大发展，也使城市的失业人口日益增多，贫困问题层出不穷。在这种情况下，社区服务作为资本主义早期社会福利的一种形式，作为解决社会问题的一种方式便应运而生。据有关资料介绍，1869 年，在索里牧师的倡导下，英国伦敦成立了第一个以济贫为主要功能的社区服务组织——慈善组织会社。它将伦敦全市划分为若干区，每区建立一个分支机构和志愿委员会，主持本区的救济分配工作。这种做法很快影响到了英国的其他城市，进而影响到了美国。美国于 1877 年在水牛城成立了第一个慈善组织会社，其后 6 年间美国慈善组织会社发展到了 25 个，形成了一个风行英美的慈善组织会社运动，带动了社区服务的兴起。继慈善组织会社活动之后，在英美又兴起了睦邻组织运动。1884 年，英国的巴尼特牧师在伦敦东区贫民区首创了社区睦邻服务中心——"汤恩比馆"（为纪念与贫民共同生活，为贫民服务，但不幸因肺病致死的牛津大学经济学讲师汤恩比而取此名）。当时，像汤恩比馆这样的社区睦邻服务中心，大都设于贫民区，所有工作人员与贫民共同生活，视贫民的实际需要而开展服务项目，并且尽量发掘社区资源，培养居民的自动自发，互助合作的精神。汤恩比馆成立后，睦邻组织运动迅速在英国各地城市展开，并蔓延到了美国和其他国家。美国于 1886 年创立了第一个睦邻公社，1889 年在芝加哥成立了"胡鲁邻舍会馆"。后来这类组织发展成了各具特色的社区服务中心，进一步促进了社区服务的发展。第二次世界大战后，一方面，西方发达国家的社会结构、家庭结构、人口结构和生活方式发生了巨大变化，老年人问题、残疾人问题、妇女儿童保护问题进一步突出，广大居民的生活需求不断上升，要求高质量的社区服务。另一方面，这些国家建立起了与资本主义市场经济相适应的一整套社会福利制度，促进了公共服务的扩大与发展，进而促进社区服务迈向了新阶段。

3. 德国社区服务

德国的"邻里之家"活动是睦邻运动的进一步发展，也是德国社区服务的一种表现形式。它分布于德国各大城市。"邻里之家"是自我经营、自我管理、自负盈亏的社区服务机构，但其服务活动得到政府的一定资助与监督。邻里之家为社区中的儿童、青少年和老年人提供多种服务，服务种类包括日常生活类和文化娱乐类。日常生活服务类有病员护理、家庭服务、临时照看小孩、烹调、家用电器修理、上街购物、园艺等服务项目；文化娱乐类有一年一度的"睦邻节"，并经常举办各种讲座。德国还非常重视志愿服务活动，政府要求未入伍服役的所有中学毕业生必须参加一定的社区服务实践，其中包括社区志愿服务活动。当这种服务达到规定要求后，就可以享受被大学优先录取的待遇。

4. 日本社区服务

当代日本社区服务的对象主要是老年人、残疾人、妇女和儿童，以及老年人家庭、残疾人家庭、单亲家庭和低收入家庭等。服务方式和服务内容包括日常生活照顾服务、提供活动场所、开展咨询、劝导服务、提供紧急或暂时庇护住所、定期开展保健和防疫检查、向单亲家庭和低收入家庭提供贷款、赠送礼品等。目前，日本有 9000 多个社区福利志愿工作者委员会和 3000 多个社会福利协议会，还有老年人自助小组、残疾人自助小组、单亲家庭协会等社区服务组织。日本社区服务的资金来源渠道主要有中央和地方政府拨款、开展收费服务和募捐等。

5.4.2 我国城市社区服务的产生与发展

我国现代意义的社区服务是从 20 世纪 80 年代中期开始兴起的。已经有 20 多年的发展历史。从我国社区服务的发展阶段而言，它经历了以下 4 个阶段：

第一阶段，倡导探索阶段（1983～1987 年）。中共十一届三中全会以来的改革开放大潮有力地推动着城市社会结构的变革，给计划经济体制下的社会福利体制带来了一系列冲击，改革开放孕育了社区服务，20 世纪 80 年代，民政部开始实施社区服务的构想和措施。1983 年，第八次全国民政会议前后，民政部门开始酝酿城市社会福利工作的改革，提出了国家和社会力量相结合，采取多种形式办社会福利事业的想法。1984 年在漳州召开的会议上，进一步明确了"要坚持社会福利社会办"的指导思想。并进而提出，要使社会福利事业从单一的、封闭的国家包办的体制转变为国家、集体、个人一起办的体制；要面向社会，多渠道、多层次、多种形式的发展社会福利事业。1985 年，民政部总结推广了上海市民政部门创造的市、区、街道、居委会"四个层次一条龙"的"街道福利服务网络化"经验，使城市社会福利事业开始走向社会，深入基层。这些都为社区服务的兴起提供了直接的指导思想与实践经验。在此基础上，民政部于 1986 年第一次提出了在城市开展社区服务工作的要求。1987 年 9 月，民政部在武汉召开了部分城市社区服务座谈会，率先提出了"社区服务"的概念，明确了社区服务的内容和任务，以及社区服务和民政部门的关系，总结、交流了武汉、上海、北京、天津、常州等近 20 个大、中、小城市开展社区服务的经验。这次会议的召开是我国城市社区服务产生、兴起的主要标志。1987 年 9 月民政部在武汉召开全国社区服务工作座谈会（武汉会议），明确了社区服务的内容和任务，以及社区服务和民政部门的关系，总结、交流了上海、天津、北京、武汉、常州等城市开展社区服务的经验。这次会议的召开是我国城市社区服务产生、兴起的主要标志。

第二阶段，普及推广阶段（1987～1993 年）。1987 年武汉座谈会后，上海、北京、天津、武汉、重庆等城市的民政部门开始选择一些城区和街道，在理论的指导下，有目的、有计划、有步骤地进行社区服务的实践试点。1989 年 3 月 18 日，天津市和平区新兴街道率先成立了全国第一个社区服务志愿者协会，从而拉开了我国城市社区志愿者服务活动的序幕。1989 年 10 月，民政部在杭州召开全国城市社区服务工作经验交流会，总结并且推广了全国各地开展社区服务的经验，提出了在全国广泛开展社区服务的要求，进一步形成了开展这项工作的一些思路。其值得一提的是，民政部就社区服务的内涵、外延、地位、作用、组织和管理等重要课题进行了深入研究。例如，强调加强对社区服务的宏观指导，制定规划，健全法制；强调上靠政府，下靠基层社区，争取社会各界的广泛参与；强调因地制宜，注重实效，服务设施和项目要以小型、分散为主；强调以社会效益为目的，经济效益为手段，走"以服务养服务"的道路。会后，各地民政部门和基层社区组织都以多种形式宣传和探索社区服务工作，使社区服务得到了社会广泛的理解和支持。同年 12 月 26 日第七届全国人民代表大会常务委员会第十一次会议通过了《城市居民委员会组织法》，明确规定："居民委员会应当开展便民利民的社区服务活动"，进一步推动了社区服务向社区基层延伸。据民政部门提供的有关资料显示，到 1989 年底，我国已有 3267 个城市街道开展了社区服务工作，占当年全国城市街道总数的 66.92％。另据有关资料表明，到 1992 年底，全国已有 70％多的城市街道开展了社区服务工作。到 1993 年底，这一比例上升到了 80％以上。同年，全国城市社区服务设施已达 11.2 万个，其中老年人服务设施 2.4 万个。残疾人服务设施 0.9 万个，优抚对象服务设施 1.6 万个，综合性的服务设施中心及其他便民利民服务设施 6.3 万个。

第三阶段，巩固提高阶段（1993～1998 年）。社区服务在全国推广以后，这项工作本身所存在的资金短缺与服务亟待扩展的矛盾日益突出，它在第三产业中的重要地位也日益得到了相关部门的认可。在这种情况下，为了巩固发展社区服务的成果，扩大规模，提升其档次，国家计委、民政部、体改委、财政部等中央 14 部委于 1993 年 8 月联合下发了《关于加快发展社区服务业的意见》，明确了社区服务是社会保障体系和社会化服务体系中的一个重要行业，明确了社区服务业的发展目标和基本任务，制定了相关的扶持保护政策。该意见的发布标志着社区服务进入快速发展的新时期。此基础上，民政部于 1994 年底在上海召开了全国社区服务经验交流会议，进一步澄清了社区服务发展中存在的一些模糊认识，重申了它的福利服务宗旨和坚持社会效益为主的基本原则。1995 年，民政部颁布了《全国社区服务示范城区标准》，在全国开展了创建示范城区的活动。1998 年，民政部命名了 46 个"全国社区服务示范城区"。更多的城区正在向示范城区的标准迈进。1998 年国家施行机构改革，国务院明确赋予民政部"指导社区服务的管理，推动社区建设"的职能，实现了从社区服务到社区建设的转变。

第四阶段，转型发展阶段（1998～今）。2000 年 11 月，中共中央办公厅和国务院办公厅转发《民政部关于在全国推进城市社区建设的意见》，指出了社区服务要面向社区居民的便民、利民服务，要面向社区单位社会化服务，要面向下岗职工的再就业服务和社会保障社会化服务。

据 2002 年民政事业发展统计公报公布，全国已建成城镇社区服务设施 19.2 万个。社区服务队伍的来源不断丰富，数量不断增多，专业程度不断提高，形成了一支由专职、兼职服务人员和广大志愿者组成的宏大的社区服务大军。目前，全国城市的专职服务人员已有 36 万人，兼职服务人员 57 万人，社区服务志愿者组织 5 万多个，志愿者总数 540 万人。十余年来，探索出了一条"社会福利社会化"的改革之路，社区服务资金不依赖国家财政拨款，强调社区政府、集体和个人共同负担；强调面向特殊困难群体的福利服务和面向全体居民的便民利民服务相结合；广泛发动社区居民和辖区单位提供无偿、低偿和有偿服务。这些都极大的充实和发展了"社会福利社会办"的精神实质。

我国城市社区服务是在民政部门的积极倡导下逐步发展起来的，已经有了十几年的发展历史，先后经历了酝酿产生、普及推广和巩固提高等不同阶段，取得了显著成效。经过十几年的持续努力，我国城市的社区服务已经根植于全国各地的街道里巷，融入了普通市民的日常生活，成了一项联结千家万户，广为居民认知和依赖的切身事业。其主要成绩表现为：（1）许多社区已从起步阶段的单项服务扩展成了最近几年的系列化服务。若从服务对象的角度来看，有老年人服务、小学生服务、优抚对象服务、残疾人服务等；若从服务内容的角度来看，有精神卫生服务、便民利民服务、移风易俗服务、家务劳动服务、生活救济服务等；若从服务形式的角度来看，有单项服务、邻里互助、协同包产服务、热线电话服务等。具体服务项目达十几个乃至几十个。（2）兴建了一大批社区服务网点和社区服务设施。我国已有许多城市在城区、街道、居委会3个层面分别建立了社区服务中心，社区服务站和各种专项的社区服务设施。

5.4.3　我国社区服务面临的挑战与发展趋势

1. 社区服务面临的挑战

社区服务的兴起是社会发展的必然选择，是经济转轨与社会转型的必然要求，也是我国走向现代化的必由之路。

（1）发展社区服务是由"单位人"向"社区人"转变的需要

在计划经济时代，"单位"是社会资源的唯一分配渠道。单位不仅是员工的工作场所，而且承担了众多的社会功能，员工甚至其子女的生、老、病、死等问题都由单位来解决。"单位办社会"使得人们难以认识到社区服务的重要性。经济转轨推动了"单位体制"的解体。"单位体制"的破裂将原有的福利保障功能释放出来，这些福利保障功能又必须尽快在市场经济体制下找到新的载体，而社区则因其具备地域上的稳定性、文化上的认同感等诸多因素，成为最适宜充当或替代这些福利保障功能的新载体。特别是住房制度改革，使得员工对单位的依赖程度大大降低，使得人们从隶属单位、依赖单位的"单位人"变为走进社区、依托社区的"社区人"，居民与社区的利益关系更加密切。因此，发展社区服务是改革的必然选择，它有助于稳定社会和降低改革的社会风险。

（2）发展社区服务是政治体制改革的需要

政治体制改革的不断深入，要求政府必须转变职能，把那些不该管、管不了、管不好的事务分离出来，交给社会其他组织来管，实现从"大政府、小社会"向"小政府、大社会"的转变。政府进行宏观调控，从事社会公共事务的管理。大量的社会管理事务则需要社区居民自己来管理。发展社区服务培育社区中介组织对于推动政府职能的转变具有重要意义。同时，政治民主化要求居民广泛地参与政治生活，这种参与首先就表现为他们对社区事务的参与。通过自主、平等地参与社区事务，提高居民的民主参与意识。具有民主意识的市民，必然要求加强社区服务，建设以社区为基础的市民社会。此外，发展社区服务有利于推动基层管理体制改革。城市居委会曾在稳定社会、服务居民方面发挥了积极作用，但居委会普遍存在着权责不清、管理方式落后、人员老化等问题，从而难以适应社会发展的需要。大力发展社区服务便是解决上述问题的有效途径。

（3）发展社区服务是满足社区居民需要的必然选择

在改革开放和发展社会主义市场经济的新形势下，我国城市社区出现了许多新的变化：一是人口老龄化日益突出。据统计，2005年底，我国60岁以上老年人口达1.44亿，到2010年将达到1.74亿，约占总人口的12.78%，我国已进入老龄化社会。人口老龄化所引发的养老等一系列社会问题，使得原有的社会保障制度捉襟见肘，发展和加强社区服务成为一种良好的解决方案。二是家庭小型化。计划生育政策的实施导致核心家庭不断增多，传统家庭功能蜕化，家务劳动社会化成为一种不可阻挡的趋势。居民要求社区为其提供托儿及家政服务。三是下岗失业人员增多。市场经济在总体上提高人们生活水平的同时，也造就了下岗失业。下岗失业人员需要社区为他们提供必要的生活保障以及再就业服务。

（4）发展社区服务是城市化的必然要求

改革开放以来，我国城市化水平有了很大的提高。城市不断增多，城市规模不断扩大，城市管理任务不断加重。继续维持政府包揽一切城市管理的模式，而不注意发挥城市社区的作用，很难提高城市管理的水平。一方面，政府拥有管理权，却不了解基层情况的变化；另一方面，社区了解基层情况，但却没有管理权限。信息和管理权限的不对称必然造成城市管理的失误。同时，社区是人们生活、栖息的地方，在客观上具备了作为城市管理主体的条件。因此，加强社区服务，赋予社区更多的城市管理的职能，是适应城市化趋势的最佳选择。

2. 社区服务的发展趋势

如何建立起设施配套、功能完善、管理规范、服务优质、适应经济和社会发展需要的社区服务体系，将成为今后城市建设和管理的重要课题。综观国外社区服务的先进经验，结合我国经济社会的发展进程，我国的社区服务将呈现以下发展趋势。

（1）社区服务的社会化

随着我国市场经济体制的建立和逐步完善，城市社区管理的社会化已成为一种必然趋势。社会化是指广泛的社会参与。政府不再是社区中唯一的管理主体，它主要行使规划和宏观调控的职能。在社区服务的经费来源、项目组建、服务管理等方面要依靠社会力量，让社区内企事业单位、社会团体、志愿者组织和社区居民在政府指导下各展其长、各尽所能，开展形式多样的社区服务。

社区服务社会化，就要加强和改进社区公共服务体系建设。社区公共服务体系建设是政府公共服务职能在社区的具体化，也是社区服务的重点发展领域。政府对与群众利益紧密相关的社区就业、社区救助、社区卫生、社区文体、社区教育、社区体育、社区安全等各项公共服务做出明确规定；对政府及相关部门开展社区公共服务的方式方法也提出了改进的具体要求。这有利于社区公共服务社会化，也为社区服务业和非营利组织活动提供了发展空间。

要实现社区服务的社会化：一是要努力实现投资主体多元化。采取国家、集体和个人等多渠道投资方式，形成社区服务机构多种所有制形式共同发展的格局。政府要逐年增加对社区服务的投入，重点用于发展基础性、示范性、福利性、公益性的社区服务项目，同时采取民办公助、政府购买服务等办法，将一部分资金用于鼓励、支持和资助各种社会力量兴办社区服务尤其是社区福利服务项目。制定优惠政策鼓励企事业单位、民间组织和个人投资开办社区服务项目，兴办社区服务企业。二是要努力实现服务对象公众化。在为各类弱势人群包括下岗失业人员提供社区福利服务的同时，积极为普通居民群体提供便民生活服务，为辖区内的企事业单位和机关、团体提供后勤保障服务，使社区服务对象扩大到社区所有成员。三是要努力实现服务方式多样化。针对不同服务对象和服务项目，分别采取无偿、低偿、有偿服务以及集中设点服务、上门入户服务、协同包户服务、邻里互助、社区志愿者服务等多种服务方式。

（2）社区服务的社会化服务部分产业化

社区服务可以划分为福利性服务和社会化服务两大部分，其中社会化服务部分是一个潜力巨大的新兴产业。社区服务中的社会化服务走产业化道路是必然的，是由市场经济规律决定的。社区服务产业化是指以市场为导向，以满足社区居民物质生活和精神生活需求为目的，通过以居民组织体系为载体的社区服务业，经过商品化、规模化、专业化、社会化发展而形成一个新产业的全过程。

做好社区服务产业化工作：一是要建立健全产业组织体系，使之成为社区服务必要的载体。网络化是最大幅度增强社区服务辐射功能的一条途径。社区服务产业化在我国还处于刚刚起步的阶段。产业组织贫乏是目前面临的主要障碍之一，从发展趋势看，应该尽可能以统一、规范、综合性的便民服务为主体，其他形式为补充，形成技术服务、咨询服务等多功能于一体的组织体系。二是促进规模经营，把社区服务从单体型、零散型向群体型、集团型转变。网络化经营能充分实现社区资源的集约化、规模化。建立规模经营的新机制，可以把各连锁经营服务网点连接起来，形成一批以较大型企业组织为骨干的企业群体，从而形成规模效益。应该说，有着统一标志、统一服务、统一价格、统一质量的连锁经营方式以及飞速发展的网络服务，将在今后的社区服务业中发挥重要的作用。

政府要明确提出分类管理和分类指导的要求。社区服务刚刚起步时主要在公益性、福利性领域，近年来已超出这一范围。政府对社区公共服务要在资金、场所和人员上给予保证；对社区组织开展的互助性服务、志愿服务和社会力量兴办的微利性社区商业服务，要给予政策和资金上的扶持；对营利性社区商业服务要强化自身发展能力，积极引导向产业化、市场化发展。实行分类管理和分类指导，既有利于保证基本的公共服务，促进社会公平，也有利于满足不同居民群众的特殊需要。

（3）社区服务的专业化

从社区服务自身的发展规律来看，当社区服务发展到一定阶段后，其服务队伍（服务提供者）走专业化的发展道路方可进一步提升社区服务的层次，而且只有达到专业化的服务水平才能使社区服务赢得全社会的认同。经过近20年的发展，我国社区服务专业化程度不高的问题已经突出地显现出来。目前从事社区服务业的人员素质参差不齐，专业社会工作人员和管理人员比例微乎其微，不能满足社区服务发展的需要。为此，首先是政府要改变思维模式，从强调社区服务的服务形式转变到提高服务质量上来。过去政府主要强调社区服务的服务形式，而对服务传递过程中的专业内涵较少重视，而实际的社区服务由于需求迫切，经验型的服务形态就比较容易显示其优势。这导致社区服务的发展缺乏科学合理的规划、社区服务队伍专业素质普遍较低。随着城市居民生活水平的提高，对服务质量的要求将越来越高，因此，强调提高服务质量显得非常重要。其次是要想办法留住和吸引专业人才参与到社区服务中来，如提高社区居委会工作人员的待遇，使这些工作岗位更具吸引力等。最后是要制定岗位专业标准和操作规范，实行职业资格和技术等级管理认证制度；加强社区服务工作系统的专业教育、在职教育及岗位技能培训，以提高从业者的综合素质和专业水平。

（4）社区服务的自治化

自治化是指社区居民在政府及社区组织的引导下，最终成为社区服务主体，政府给予必要的指导和适当的帮助，由社区组织居民进行自助、互助服务。因此，有必要进一步强化社区居民的社区意识，不断提高其自我教育、自我管理、自我服务、自我发展的能力，在政府及社区组织的引导下，使社区居民最终成为社区服务主体。明确社区居委会在社区服务中的角色，将社区居委会在社区服务中角色定位在 3 个方面：一是协助城市基层政府提供社区公共服务。二是积极组织社区成员开展自助和互助服务。三是为发展社区服务提供便利条件。这样定位，符合社区居委会群众性自治组织的身份，有利于社区服务的发展。明确民间组织在社区服务中的地位，将民间组织纳入社区服务兴办主体之一，支持社区成立形式多样的生活服务类民间组织，积极开展活动，并进行必要的指导和监督。这符合我国社会主义市场经济和民主法制建设的发展方向，有利于社区服务自治化。另外，积极倡导和鼓励驻社区单位、企业及居民个人参与社区服务，这对于社区服务资源的合理利用、发展第三产业、扩大社区就业，将产生积极影响。

（5）社区服务的法制化、制度化和规范化

要实现社区服务管理工作的良性循环和可持续发展，必须走法制化、制度化和规范化之路。首先，要抓紧做好社区服务的立法和制度建设工作。社区服务的立法工作要从实际出发，真正起到指导社区服务向前发展的作用。当前应尽快制定有关城市社区服务管理条例的相关法规，以适应社区服务工作快速发展的需要。其次，要建立社区服务机构登记注册和资格认定制度。第三，要严格社区服务机构的财务和审计制度。

（6）社区服务要以人为本、贴近生活，呈现个性化服务的特征

城市发展带来的居住格局变化、不同社会阶层向特定地域的集中，使得不同社区之间的差异越来越大，社区越来越具有自身的特色。这预示着社区服务将走上个性化的发展道路。社区服务要贴近生活，就意味着社区服务将更加立足于本社区的具体情况，同时立足于对资源的有效利用。面对居民日益增长的需求和始终相对紧缺的资源，社区服务将根据居民需求的性质进行细分，在此基础上确定无偿、低偿、有偿的服务项目，其中居民最迫切的基本需要应得到有保障的满足。

总之，我国城市社区服务是伴随着改革开放和城市化步伐的加快而逐渐发展起来的，是社会生活提出的一种客观要求，也是建立和完善社会保障制度和社会化服务体系的必然要求。社区服务在我国已经走过了近 20 年的发展历程，取得了令人瞩目的成绩。但社区服务与全面建设小康社会、加快推进社会主义现代化的要求相比，与社区服务在社区建设总体系中应该发挥的龙头作用相比，还存在明显差距，这就要求我们根据社区服务的社会化、产业化、专业化、自治化、法制化、个性化等未来发展趋势，采取相应的对策措施以加快社区服务的发展步伐，适应我国经济社会快速发展的需要。考虑到我国经济社会发展的不平衡，政府制定政策应给地方因地制宜制定政策留下空间，在社区服务发展上不要过多地提出全国性的硬性政策，更多的是鼓励和支持地方和基层政府结合当地实际，制定具体实施办法。

自 1986 年民政部倡导社区服务以来，社区服务已从最初探索社会福利社会办和职工福利向社会开放，向社会生活更广泛的领域拓展和延伸。但另一方面，随着我国城市社会经济的深刻变化，社区服务工作中存在的与居民需求不相适应、功能定位不准、规划协调不够、社会化和市场化程度低、相关政策滞后等问题也已经十分突出，与城市经济社会发展的新形势、新任务不相适应。社区服务在 20 年的发展历程中，已经取得了实实在在的成果。截至 2005 年底，我国有城区 852 个，街道 6152 个，社区 79947 个。各城区、街道普遍建立了社区服务中心，各居民委员会大都建立了社区服务站，形成了区、街道、居委会三级社区服务网络。

3. 我国社区服务取得的成绩

20 世纪 80 年代中期以来，我国社区服务不断发展，取得了较大的成绩。

（1）社区服务设施建设步伐加快，设施数量不断增加，覆盖面不断扩大。近年来通过实施老年福利设施"星光计划"和国债社区服务体系建设试点项目，全国城镇新增 3.2 万多个老年活动之家和约 2000 个较完善的综合社区服务设施，促进了全国社区服务体系的建设与发展。

（2）社区服务队伍不断壮大。据不完全统计，全国已有社区服务专职工作人员 30 多万人，兼职工作人员 50 多万人，社区服务志愿者 1600 多万人，已初步形成由专、兼职工作人员和社区志愿者共同组成的社区服务队伍。

（3）社区服务对象和内容得到拓展。服务对象已从老年人、残疾人、优抚对象等困难群体逐步扩展到全体社区居民；服务内容从社会救助延伸到就业服务、卫生和计划生育、社区治安、文化教育和体育、便民利民等领域。社区服务的内容，由最初的 10 多项发展到了 200 多项，社区卫生、社区文化、社区环境、社区治安、社区保障等服务项目普遍展开。

（4）新型社区服务机制初步建立。基层政府和居委会独自提供社区服务的传统格局有所改变，社会企事业单位、驻区单位、社区民间组织、社区居民共同参与社区服务的局面正在形成。许多城市社区还建立了阳光超市、慈善超市、扶贫超市等扶贫帮困载体。近年来，一些社区服务企业开始为社区内居民和单位提供送餐、存车、物业管理等后勤社会化服务。目前，初步构筑起以社会救助为基础的集家政服务、物业管理、职业中介、心理咨询、健康保健等内容于一体的综合服务体系。

民政部《2009 年民政事业发展统计报告》显示，我国城乡社区服务体系进一步健全，基本公共服务覆盖面进一步拓宽，服务领域和内容逐步丰富。城市和谐社区示范单位创建活动，截至 2009 年底，全国共有各类社区服务中心 17.5 万个，其中综合性社区服务中心 10003 个，比上年增加 130 个。居委会社区服务站 5.3 万个，其他社区服务设施 11.2 万个。城市便民、利民服务网点 69.3 万个。社区志愿服务组织 28.9 万个。目前，社区服务已经成为新兴的吸纳就业的领域，2009 年城市社区共吸纳从业人员 215.8 万人，其中：安置下岗失业人员 53.1 万人❶。社区服务当前，我国社区服务体系建设面临着一系列机遇和挑战：一方面，我国已经进入全面建设小康社会，努力构建社会主义和谐社会，加快现代化建设的新阶段，社区在经济社会发展中的地位越来越重要，国民经济的持续快速发展和综合国力的迅速提高，为社区服务体系建设提供了坚实的物质保障；另一方面，由于城镇化进程的加快和人民生活水平的提高，居民对社区服务提出更高、更新的要求。

社区服务在吸纳就业上也发挥了重要作用。截至 2005 年底，我国现有社区服务从业人员 357.8 万人，其中安置下岗失业人员 138.8 万人。特别是一批大中型工业企业通过剥离后勤服务、利用闲置资源、兴办社区服务实体等，实现了人员分流，增加了职工收入。

【特色案例】

案例一：红梅社区平安志愿者服务典型案例
世界上有很多东西，在给予他人时往往是越分越少，然而有一样东西却是越分越多，

❶ 中华人民共和国民政部 http://www.mca.gov.cn，2009 年民政事业发展统计报告。

这就是爱！爱不是索取，而是付出。爱就是坚守着全心全意为人民服务的信念，用心服务，用爱传递，用真情谱写出一幅幅和谐的温馨画面。

深入了解 真心关怀

第一次去王友标家，是因为镇信访办的一个电话。说一位金厢园的居民经常来信访，说自己小区绿化差、楼道扫得不干净、楼上的群租没人管，小区的配套用房为什么不能做老年活动室。王友标是金厢园的一位居民，因老宅拆迁搬来金厢园小区，大半辈子的农村生活让他很难适应社区的管理方式。习惯了自家院落的随意，总觉得住在小区的生活不够惬意。看到他，居委、物业、业委会都很头疼，多次与他联系沟通，但他都不理解。

2011年3月，社区党总支大力开展组团式服务联系群众工作，王友标所住的第16块区的平安志愿者包卫星了解到这一情况后，便隔三岔五上他家拉家常。多次接触后，发现老王爱好戏曲，而且还有一帮要好的戏迷老友。原来在乡下时，一直是聚集在他家里，现在拆迁了，他们只能经常在安亭老街的凉亭里吹拉弹奏。但因为是在室外，碰到阴雨天或天冷就暂停活动，老王心里总是闷闷不乐。

了解到这一情况后，包卫星马上与社区党总支进行了汇报，通过多方协调，决定将金厢园门卫二楼的业委会办公室，逢周一、三、五作为老王和戏迷的活动房，里面空调、电视一应俱全。两个星期后，老王和他的戏友们来到居委说要找书记。这让居委干部心中一惊，"这老王咋又来上访了"。看到大家一副惊讶的样子，老王径直走到书记办公室，一把握住书记的手说："我老王今天不是来闹事的，我是特地代表居民来感谢居委的，以前我总觉得居委是来管我们的，现在才知道居委是真心为我们居民服务，真是我们老百姓的贴心人啊！"

用心引导 以心换心

看着每天忙着排练的王友标，包卫星对社区书记说："我敢保证老王能成为我们平安志愿者的标兵！"于是，包卫星经常有意识地和老王谈起小区的建设，问问他有什么好的想法。可能真的是应验了那句"人都希望自己被重视！"老王开始主动和包卫星一起为小区的建设出谋划策。

在一次黄昏散步时，老王突然觉得金厢园里的人好少，居民们都喜欢跑到马路上去散步。于是他就问了几个居民，居民们说："小区里虽然环境不错，但连一个休息的椅子都没有，走累了没地方坐。"于是老王和包卫星一起找到业委会，大胆提出了修建凉亭一事。在得到业委会的肯定后，他多次到现场协助协商建造凉亭的位置，而且还提出在凉亭的两端延伸两段长廊，种上紫藤，这不但增加了整体绿化环境的美观，而且炎炎夏日时可是个遮阳避暑的好地方。

在建造凉亭的过程中，居委会也有意识地邀请老王参加几次业主代表大会，让他充分了解到业委会的费用收支情况，对小区的配套用房的出租情况也有了详细的认识，消除他的疑惑。在业委会对小区配套用房的续租问题向广大业主征询之前，居委专门和老王作了沟通，老王一再表示，居委的一切工作都是为了我们百姓，他非常支持居委和业委做出的决定，以前自己不懂，现在决不会再去信访了。

体现价值 爱满社区

老王真的变了，他变得开朗起来了，变得喜欢笑了。他把他的"开心乐队"作为生活的重点，制定规章制度，负责排练进度，影印曲谱。他把平安志愿者服务作为生活的重心，和包卫星一起，对小区的不合理绿化重新布局提出建议，联系门组长对群租的租客加强文明宣传。每逢周一上班必定要到居委报到，汇报一周的活动情况和小区内所发生的事情，他成了居委会的得力助手。

如今的王友标，喜欢和社区平安志愿者们到居民家中唠唠家长里短；喜欢走在小区里看看环境卫生；更喜欢带着他的"开心乐队"奔走在各个小区，为居民送去自编自演的戏曲大餐，他说要用自己的行动来传递这份关爱、传递这份感动！

（上海政法综治网．［2012-10-18］．http：//www．shzfzz．net/）

案例二：牡丹江市探索"1＋3＋4＋5＋10"社区服务模式

2009年12月，牡丹江市出台《关于建设社区服务"15分钟便民圈"的意见》，明确将探索和推行"1＋3＋4＋5＋10"的社区服务模式，"1"是建立一个平台，即建设"牡丹江市社区服务网站"和"便民服务热线"，使广大居民群众通过这个平台获取家政服务、家居服务、美容保健、设备维修、购物消费、住宿餐饮等信息，并得到相应服务。"3"是建立三级社区服务网络，建成覆盖全市的区、街道、社区三级社区服务中心（分中心、站），以"15分钟便民圈"信息服务平台为依托，进一步促进"三网融合"，实现区、街道、社区三级社区服务联网运作，不断提升服务水平。"4"是打造四类便民圈，即从解决居民日常生活最需要解决的问题入手，在全市每个社区重点打造"15分钟社区事务受理便民圈"、"15分钟文体健身便民圈"、"15分钟医疗保健便民圈"、"15分钟生活服务便民圈"，同时进一步打造教育、安全、救助等涉及群众切身利益的便民圈，提供满足广大居民需求的共性服务和满足特殊需求的个性服务。"5"是建设五支队伍，即建设社区工作者队伍、社区协理员队伍、社区志愿者队伍、社会组织队伍、自助互助队伍，探索建立"社区居委会—居民小组—楼院自管会—邻里互助会"的社区网络化自治管理体系，促进邻里互助和谐。"10"是十个系列服务，即社保就业、社区救助、社区卫生、社区人口与计划生育、社区法律援助、社区文化教育体育、社区流动人口、社区安全、社区环境治理和便民利民等，同时实施助老、助孤、助残、助困和助学"五助"服务，形成开展社区服务的整体合力。

为推进社区服务"15分钟便民圈"建设长效发展，牡丹江市将严格执行税费减免政策，对符合就业和再就业优惠政策条件的个体社区商业服务网点，工商部门要减免相关费用，并在年审验照工作中给予便利；对个人开办的社区便民利民服务网点，每月营业额未达到1500元、每日营业额未达到100元的，免征营业税等。

（黑龙江新闻网，2009-12-23．http：//www．hljnews．cn．）

【复习思考题】

1. 社区服务的含义和内容是什么？
2. 社区服务的特点有哪些？社区服务的作用有哪些？
3. 论述发达国家社区服务的运作模式。
4. 论述我国社区服务的运作模式的形成。
5. 我国社区服务的工作方法有哪些？
6. 论述我国社区服务的发展趋势。

第6章 社区环境

【关键词】 社区环境；污染防治；绿色社区

【案例导读】

加大投入、讲求实效、强化措施、迎难而上——江汉区水塔街大战

为加大文明创建工作力度，江汉区水塔街工委把环境综合整治作为当前一项重要而又紧迫的政治任务和民心工程来抓。全街上下进一步统一思想、提高认识，四项"措施"、五个"强化"，大战七、八、九月，掀起环境综合整治热潮，全力打好攻坚战。

1. 落实四项"措施"

一是明确责任主体。街道与城管科、执法队、环卫所签订责任书，对执法队员及协管员、环卫清扫保洁的考核包括流动占道、出店经营、乱堆乱放、迟到、早退、空岗、脱岗、暴露垃圾等管理难点全部细化、量化。二是加大投入力度，建立市容环境专项资金40万元，其中环卫所每月2.3万元，执法队每月8000元，采取日查、周查、月查等形式加强检查、考核，专项资金考核发放，有奖有罚，避免人员出工不出力、责任明确难到位、目标签订不落实、考核检查成形式的"怪圈"。三是街道成立由党政办、城管科、文明办组成的专班，设立"水塔街市容环境曝光台"，对出店经营、占道、暴露垃圾、建筑垃圾等明显问题予以曝光，帮助责任主体查找问题，促进工作。四是加大暴露垃圾清除力度。增加环卫设施资金投入，新增用于垃圾屋、箱、桶周边地面污染清洗高压水枪1部，新增垃圾板车2部，新做垃圾箱4个，新增垃圾桶12个，新增"门前三包"卫生桶30个，在璇宫饭店背后习惯性丢弃垃圾点新做花坛2个，组织人员清洗辖区所有垃圾容器和果皮箱。环卫保洁人员变原来定时清扫为发现垃圾随时清扫，垃圾清运人员变每日二次清运为每日三次清运，使辖区暴露垃圾清除工作提高到一个新水平。

2. 做到五个"强化"

一是强化目标意识。要进一步明确整治任务和重点，明确形化目标及量化目标的统一以及相关工作标准和要求，制定切实可行、行之有效的措施，实实在在地开展整治工作，一项项地抓好落实。二是强化责任意识。组织精干的指挥体系，成立由党政办公室、城管科、文明办联合组成的工作专班，集中有限的时间，拿出足够的精力，抓好各自任务的落实。要突出抓好辖区"三街六路"环境整治工作，做到"三彻底"，即彻底清除路边、墙边、社区的暴露垃圾；彻底清除"三街六路"两侧的乱贴乱画、乱摆乱放、乱扔乱倒、乱停乱靠、"野广告"等影响容貌环境的突出问题；彻底清除"三街六路"占道经营的流动摊点及各类场外店外经营活动。通过整治，使广大居民实实在在地感受到辖区环境面貌发生根本变化，城市管理水平进一步提升。三是强化创新意识。创新城管工作举措和办法，创新的源泉来源于社区。突出社区组织居民群众参与城市管理，动员社区居民积极行动起来，自觉配合和支持城管工作，从我做起，告别不文明行为，清垃圾、清乱堆乱放、清乱涂乱贴、清无证摊点，珍惜环境，爱护家园，爱护绿化，爱护公共设施，进一步争取社会

各界对城管工作的支持和理解。四是强化协作意识。要将城市管理工作与文明创建工作结合起来，加强社区之间的协作，加强社区与城管科、执法队、环卫所的协作。以文明创建为动力，扩大城管综合整治宣传层面。既要及时宣传报道环境整治情况，总结推广先进典型，又要敢于揭短亮丑，对一些工作不力、进展缓慢的反面典型进行亮相曝光，形成强大的舆论氛围和有力的舆论监督。五是强化考核意识。专班加强检查督办和通报，按照要求和标准进行严格检查，并定期通报各责任主体工作情况。考核切忌搞形式、走过场、一阵风。对配合不力、顶着不办、工作不实、相互推诿的，将严格考核，奖惩分明，并追究责任。为加大文明创建工作力度，江汉区水塔街工委把环境综合整治作为当前一项重要而又紧迫的政治任务和民心工程来抓。全街上下进一步统一思想、提高认识，四项"措施"、五个"强化"，大战七、八、九月，掀起环境综合整治热潮，全力打好攻坚战。

（中国文明网．［2010-08-17］．http：//hbwh．wenming．cn/）

6.1 社区环境概述

6.1.1 社区环境的含义

所谓环境是指围绕着某个主体空间构成的各种外部条件的总和，是人类存在和社会经济发展的物质基础。以人类为主体的环境，主要是指围绕着人类的空间，直接或间接地影响人类生存和发展的各种自然因素和社会因素的总和，包括自然环境和社会环境两部分内容。

社区环境是人类社会环境的重要组成部分。随着社会的进步，人们对社区的认知程度、对居住环境的要求也越来越高。人们从客观上要求创造一种能使人充分与自然融合的清洁、优雅的环境。这种需求既客观反映了社会文明的进步，又规范和影响人们的行为，对提高社区居民的文化和思想道德修养，创造高品质的生活起着极其重要的作用。

社区环境有广义和狭义之分。广义的社区环境是以社区为主体的社区外部环境状况，可以把社区环境界定为"社区的外部环境"。狭义的社区环境是以居住在某一特定社区的居民为主体，社区范围内一切与居民生活密切相关的各种环境因素，可以把社区环境界定为"影响社区居民生活的各种环境因素"。

1. 广义的社区环境

（1）自然环境

社区自然环境由气候、地形、地貌、水文、土壤和动植物等基本要素主要构成，它们相互交叉组合在一起，构成了自然环境。自然环境对社区的影响，主要反映在社区的空间分布、类型、区位结构、经济结构、社会生活和建筑风格等方面。

1）气候影响社区的空间分布和区位结构。人类出于求生的本能，不断向气候适宜居住的地带迁移，从而使这类地带人口密度升高，社区分布也相应稠密。在城市和乡村规划中，都要考虑风向问题，将居住区安排在盛行风向的上风口，而将工业区安排在下风口，以避免工业排放有害气体危及居民居住区的生活环境。

2）气候影响社区的社会生活和建筑风格。严寒、高温不仅会影响社区成员的工作和生活，也会影响社区的建筑风格。江南的生活习惯和建筑风格明显有别于北方的生活习惯和建筑风格。

3）气候通过对农业生产的影响进而影响社区的经济结构。早期的农村社区首先是在气候适宜的农业生产地区形成的，早期的城市也是在农业发达的地带形成的。从世界范围看，城市多数集中在沿海地带，内陆城市远远少于也小于沿海城市。动植物、矿产资源往往决定社区的产业布局，进而影响到社区成员的职业构成和生活方式等。

4）地形、地貌、水文等自然因素决定了城市的职能，如交通枢纽城市、旅游城市等。自然资源、地理位置往往会对城市的规模产生影响，如水资源的稀缺可能限制城市的规模。

（2）经济环境

社区的经济环境主要包括生产力发展水平、社会经济体制、技术经济条件、制度和国民经济结构等因素。这些因素相互作用深深影响着社区的存在和发展。生产力发展水平是社区存在和发展的决定性因素。

生产力的发展为社区的形成和发展创造了条件，并对社区的规模、类型和空间分布提出了客观要求；而社区发展，则为生产力的进一步解放和发展创造了条件。生产力发展水平对社区的影响主要有：生产力的发展为社区的形成和发展提供了物质基础；社会分工的发展导致了社区类型的多元化；经济活动规模的扩大和经济活动聚集的要求促进了社区规模的发展。

社会经济制度和经济体制的变革状况对社区的建设和发展产生着极其深刻的影响，乃至决定着社区的发展方向和稳定程度。这是社区经济环境的重要内容。中国的社区建设正是在计划经济体制向市场经济体制的转型过程中，从某种程度上说，市场经济体制是社区发育和发展的强大推动力。

（3）文化环境

影响社区存在与发展的各种非经济因素，构成了社区的文化环境，整个社会文化环境制约和影响着社区的存在与发展。这些文化环境包括社会的性质与制度、行政体制的变动、传统的道德观念与风俗习惯。

社会性质和社会制度对社区内部的各种社会现象都会产生一定的影响。在不同性质的社会、在不同的社会制度下，社区发展状况是不一样的。我国的社区发展与欧美的社区发展的最根本区别就是社会性质与社会制度的差异。我国是以公有制为基础的社会主义国家，欧美是以私有制为基础的资本主义国家。

大区域范围行政区划的变动、各级行政管理机构的迁移、社区行政隶属关系的变化、社区内企事业单位行政隶属关系的变化等行政体制的变动对社区的发展有一定的影响。

传统的道德观念和风俗习惯对社区的存在与发展有重要的影响。由于乡土观念的存在，许多农民都不愿意迁移；由于家族观念的存在，中国农村往往会形成一些同姓居住的村落。在农村社区中，风俗习惯作为社会控制的工具和公认的行为模式，对社区生活有重要的影响。

2. 狭义的社区环境

社区环境还要考虑社区内的各种环境因素对居民生活的影响。这些因素主要包括：社区内的自然环境、人文环境和社会环境。狭义的社区环境主要是社区内部环境。

（1）自然环境

自然环境主要是社区所处的自然生态环境，是指社区的区位、规划的范围、社区内的绿化、净化和美化状况。社区自然环境宏观上是指作用于社区系统的一个国家的地理位置和自然资源，微观上是指作用于某个社区的地理位置的自然状况。人们都喜欢生活在绿化较好、比较干净、比较优美的社区中，而不愿意生活在"脏、乱、差"的社区中。

（2）社会环境

社会环境主要是指社区的生活环境和治安状况。社区的生活环境包括生活基础设施状况（如供暖、供电、供气、排水、照明、电话、邮政、停车场等配套设施状况）、商业网点的分布状况、便民利民的服务设施状况以及公共交通状况。社区的治安状况指的是社区居民的生命财产安全能否得到保障。一般而言，社区居民愿意生活在基础设施完备、交通便利和治安良好的社区中。

（3）人文环境

人文环境主要是指社区的文化环境和人际关系状况。社区的文化环境主要涉及社区的文化设施和娱乐设施是否齐全，文化活动是否丰富多彩；人际关系主要涉及社区内的邻里关系、管理者与居民之间的关系是否和谐。一个成熟的小区应该有幼儿园和小学，应该有各种娱乐设施和健身器材、丰富多彩的文化活动和和谐友爱的人际关系。

6.1.2 社区环境的内容与特征

社区环境的好坏是社区居民赖以生存的重要条件。随着生活水平的提高，社区居民对社区环境的质量要求将会越来越高。

1. 社区环境的内容

对于社区而言，其环境主要包括硬环境和软环境两个方面。硬环境是指社区内的道路、活动场地、绿化设施等与住宅配套设施的完善程度以及周边的交通出行、配套服务、文化娱乐设施的状况。软环境是指社区内的治安状况、居民素质、文明程度等状况。硬环境是社区环境的基础，主要靠前期的规划、设计、营建来完成。软环境则是保护良好硬环境的指标与形象标准，主要靠后期的政府、物业公司、居民自治组织管理。具备良好的硬环境和软环境的社区，也就是"绿色社区"，应是人与自然和谐相处且充满活力的新型社区模型。按社区所处的具体环境划分，社区环境还可分为工业社区环境、商业社区环境、文化社区环境、纯居住社区等。

2. 社区环境的目标

社区环境在规划和设计上遵从"以人为本"的原则。以人类为主体的环境，是指围绕着人的空间、直接或间接地影响人类生存和发展的各种自然因素和社会因素的总和，包括自然环境和社会环境两部分内容。

（1）贴近自然是基本出发点，以构造绿色生态为主调的社区环境，实际就是以人为本的一种具体体现。

（2）社区环境的设计要体现对人本身的一种尊重与关注。活动设施的设置要考虑老人、孩子的户外活动，它的尺度应与人体工程学上的诸多尺度相适应。从材料的质地、色彩上都要考虑人与其相接触时的舒适性、安全性和使用的耐久性。景观设施不仅供居民观赏，还必须与居民的休闲活动相匹配，也就是说居民能够实实在在的使用这些景观设施。

3. 社区环境的特征

与农村社区不同，城市社区环境有着自己明显的特点，其主要特点有：

(1) 集聚性。城市社区是人口高度集中的地方，居民都集中居住在范围有限的区域之内，这与农村或村镇居民的散居有着明显的区别。随着我国改革开放和城市化的发展，大量农民工流入城市，使城市的流动人口大增，使城市的社会结构发生了变化，并给城市带来了许多社会问题。社区也是各种生活设施和基础设施比较集中的地方，为社区居民的生产、生活带来了很多方便。

(2) 高效性。城市社区居民生活节奏快，活动具有集中性，这就决定了社区环境的利用具有高效性。随着生产力的发展和现代化水平的逐渐提高，人们对社区环境利用的能力进一步增强，利用方式更为便捷，社区环境发挥出来的能量越来越大，所以，其高效性表现得更加突出。

(3) 复杂性。城市社区环境的复杂性表现在多个方面。组织机构方面，虽然社区是城市的基本单位，但由于人口、各种环境资源以及居民的社会活动都比较集中，因而就产生了较为复杂的各种社会组织和管理机构。这些组织和机构性质不同，职能各异，层次有别。综合管理组织有财税所、工商所、房管所、环卫所、派出所、社区教育机构等；行业组织有工业、商业、金融、保险服务组织等；管理组织有街道办事处、居委会、居民小组等。随着市场经济体制的建立，城市中出现了许多新型的组织，以及一些适应社会需要的社区组织，如中介组织等，社会结构逐渐多元化。

6.1.3 社区环境的设计

1. 社区环境的构成要素

通常社区环境包括园艺、围墙、大门、活动设施、各种指示标牌、水景、雕塑、灯光设施的组合，而这些内容又必须与住宅建筑形成一个有机的联合体。国外的社区环境通常分为七要素：空气清新，没有污染；安静，没有噪声；丰富多彩的园艺绿化；与水景零距离接触；街道干净而整洁；有适于人们散步的场所和空间；游乐设施较为齐全。其中，人们对安静、空气、绿化这三要素最为关心，并列为舒适性的基础要素。

我国主要用5个指标来衡量舒适度：居住密度、绿地面积、室外活动场所与设施标准、室外环境的噪声标准、日照。

(1) 空间要素

社区环境的空间要素表现在社区所处的地理空间环境，如社区是否依山傍水，交通是否便利，子女求学是否容易等。另一方面还有社区自身建设，如社区的整体建筑风格，居民休闲娱乐空间的大小，马路宽窄，卫星接收范围，网络速度的快慢以及停车位的多少等。

(2) 居住生活环境要素

居住生活环境要素是城市生活空间的重要组成部分，对城市生活空间的影响，主要有以下6个方面探讨其对城市生活空间的影响：①居住条件对城市生活空间和居民生活质量的影响。②居住生活单元，居住小区和居住区环境对城市生活空间以及城市社区空间持续发展的影响。③公共绿地和专用绿地对城市生活空间及净化空气的影响。④娱乐设施和卫生保健对城市生活空间质量的影响。⑤社会氛围对城市生活空间质量的影响。⑥居住生活环境要素协调持续发展对城市社区可持续发展的影响。

（3）自然生态环境要素

社区由于所处的地理位置不同，会呈现出不同的生态环境，如空气质量、气候条件、日照时间、绿地范围以及饮用水质等，这些因素构成了社区环境的生态要素。

自然环境要素是城市存在和发展的基础，主要有以下几个方面的影响：①自然地理位置多城市生活空间扩展的影响。②地质条件对城市生活空间向高空发展的影响。③地貌类型，主要是山地、高原、丘陵、盆地、平原、河流阶地等，对城市生活空间形态和结构的影响。④土地资源对城市生活空间规模和机构的影响。⑤水资源对城市生活社区空间类型的影响。⑥气候条件，主要是风速、风向、城市热岛效应、城市逆温等，对城市生活空间扩展的影响。⑦自然生态环境诸要素对城市生活空间质量的影响。

（4）社会环境要素

供电、供气、供热、基础设施环境要素主要包括供水、道路、通信等硬件设施，不仅影响城市生活空间规模，而且直接影响城市生活空间的质量。目前对基础设施环境要素有以下4个方面：①基础设施环境要素的配置对城市生活空间及其质量的影响。②基础设施环境要素的城市生活空间质量评价。③城市生活空间单位制社区、邻里基础设施环境要素的科学协调。④城市生活空间基础设施环境要素的规划、协调与城市社区的可持续发展。

（5）社区人际环境要素

从人文的角度看，现代社区环境都试图营造一种以人文关怀为核心的人文气息，以提高社区环境的文化品位。人文要素在社区环境中占有重要地位。社区的人文环境表现为两个方面：一是社区居民的整体文化层次。二是社区经常性的文化娱乐活动。这些文化娱乐活动的形式既包括举办简单的文艺演出或者联欢会，又包括举办教育类的各种形式的讲座、展示或者观摩等。

社会交际环境要素除了相关的自然生态环境要素之外，主要包括出行设施、通信、互联网、文化设施、集会场所、文化活动等。目前对社会交际环境要素的研究主要集中在以下3个方面：①社会交际环境要素对城市生活空间及其质量的影响。②社会交际环境要素对城市生活空间行为的影响。③社会交际环境要素对城市社区可持续发展的影响。

2. 社区环境的营造

社区是以基础住宅设施和公共设施组成的生活环境、地区历史文脉与邻里社区空间的文化氛围组成的联合体。当前面临的问题是如何使社区环境和城市整体环境更加符合人们居住的要求，并走上可持续发展的道路。

（1）自然与人工生态相结合

在社会飞速发展的今天，人们更渴望有贴近自然的生存空间。因此，居住社区的生态环境建设显得尤为重要。

阳光是人居环境中不可或缺的生态因子。传统的建筑对于如何保证住户室内采光比较注重，但社区户外公共空间的阳光利用却往往被忽略。在我国北方在建设高质量的精品住宅时，应当注意留出一些阳光下的户外公共活动区，以便能让更多的人有更多的机会进行户外活动和交流，满足居民健康生存的需要，并促进社区归属感的形成。

空气质量也是衡量社区环境舒适程度的指标之一。在我国很多城市，由于工业废气和日益增多的汽车尾气，使城市空气质量不尽人意。在没有能力转变大环境的情况下，在住宅开发建设中，应当努力改善居住区小范围内的空气质量。社区地块选址应当远离释放有害气体和烟尘的工厂，在居住区的边缘设置有效的绿化隔离带；对于生活垃圾等，要在住宅设计时就加以考虑，在物业管理中及时妥善的处理。

水的清澈、洁净、流畅能够引发人们心灵深处的共鸣，更能给人以回到自然的感觉，稍具规模的居住区中，都要引入相应的水景，如修建人工湖和喷泉等。绿化是居住社区生态环境营造中不可缺少的组成部分，绿色是自然生态系统中最基本也是最主要的颜色。社区道路的硬地铺装也是必要的，同时保留一定面积裸露、半裸露的土壤表面，裸露区应当选在成片的乔木灌木底层，这样不仅可以在一定程度上保持社区内生态系统的物质循环，而且还可以使生活在土壤表层的一些小生物成为社区儿童的朋友，让他们有更多的机会接近自然。

（2）营造基础设施和公共设施相辅相成的社区生活环境

住宅社区，一定要有自己的社区文化，以此培养和形成社区凝聚力，形成居民的归属感。同时，一定要给社区居民提供良好的生活设施，让居民感受到居住在这样一个社区的便利和惬意，从而将居住、参与建设、共同享有这样一个社区作为一种荣耀，进而产生对于社区的发自内心的热爱，更加关心社区的各项事业的发展，形成一个良性的循环。

社区的基础设施建设应当先于住宅的开发，基础设施建设应与周围已有的城市基础设施妥善衔接，在统一的规划下进行。应特别注意如电力设施的设计建造、媒介网络的布局、各种车辆的存放等项目的系统规划。开发设计者在进行系统规划时应体现人本主义精神。

随着科技水平的提高和网络技术的普及，现代人对于网络的依赖程度越来越大。社区网络基础设施的建设就像公路对于城市一样重要，网上就业、网上求学、网上购物、网上邮局，以及其他可以预见与不可预见的网络服务层出不穷。因此，在住宅基础设施的建设过程中，建设技术装备超前、联系便捷、安全可靠的网络系统就十分重要。很多成功的智能化物业案例表明，通过网络特别是住宅社区内部局域网的建设可以提高整个社区的凝聚力，同时也便于相关信息的发布和社区的管理。

公共服务设施的建设对于社区的居住舒适程度至关重要。社区内部要根据社区规模和周边购物环境，设置多等级的商业网点，服务于社区内部的小卖部设点应以便利居民生活为准则。具有对外服务功能的大规模商业，一般要设置在社区边缘，并要有自己独立的出入口，不能与居住区混杂，做到动静分离，内外有别，以免发生不必要的纠纷。目前，社区的设施不仅包括教育设施、饮食娱乐设施，还包括绿化等，还应当体现在满足邻里交往、儿童教育、照顾老人、关爱残疾人、安全保障措施及进行户外活动等功能要求。

6.1.4　社区环境管理

社区环境不仅要考虑外部环境对社区的影响，还要考虑社区内的各种环境因素对居民生活的影响。社区环境管理主要指的是对社区内部环境的管理。

从管理的角度看，社区环境的好与坏往往与社区管理水平有关。社区环境的管理要素在主体上包括各类组织，一个社区组织有哪些，由社区生活的需要和发展变化决定。就我国社区实际来看，社区组织机构有的属于党的组织；有的属于政权组织；有的是群众自治组织和宗教组织。这些组织大都承担基层社会的管理职能。在管理的客体上涉及诸如卫生、交通、电力、居民的人身和财产安全管理等社区物业管理，也包括社区的管理机制、管理模式以及管理人员的素质等方面。

1. 自然环境管理

自然环境管理包括社区绿化管理和环境污染管理。社区环境污染管理在"6.2 社区环境的污染及防治"中详细介绍。

（1）绿化管理

社区绿化环境指社区、居住区周围人工营造的园林绿地状况，即通过人工栽种树木、花草等绿色植物，以改善社区、居住区居民生活环境，维护生态环境的美化、绿化环境的状况。社区绿化管理要建立一支包括管理者、技术人员和工人在内的专业绿化队伍，各类人员合理配置。社区绿化人员在政府和社区的领导下，依法做好社区绿化工作。社区绿化管理主要做好绿化工具管理，包括工具的购买、保管、维护等；做好社区绿化日常维护，包括树林、草坪、花坛、亭榭的日常维护，树林、花草的修剪、补植、施肥、养护等。

（2）环境污染管理

环境污染管理大气污染的防治包括水污染的防治和噪声污染的防治。

2. 社区社会环境管理

社会环境主要是指社区的生活环境和治安状况。社区的生活环境包括：生活基础设施状况（如供暖、供电、供气、排水、照明、电话、邮政、停车场等配套设施状况）、商业网点的分布状况、便民利民的服务设施状况以及公共交通状况。社区的治安状况指的是社区居民的生命财产安全能否得到保障。一般而言，社区居民愿意生活在基础设施完备、交通便利和治安良好的社区中。

（1）做好社区社会环境设计与规划

一个良好的社区社会环境设计，不能把社区的居住环境与城市环境的关系鼓励对待，使社区与外部社会隔离开来，应该注意公共基础设施合理配置。由于各个社区所处地理位置、人口、生态、文化及经济等因素的不同，社区社会环境规划与设计各有不同，但必须充分考虑社区具名的意见，突出社区社会环境的个性。

（2）完善社区服务功能

各级政府要把城市管理工作的重点放到基层，按照属地管理的原则，把与社区群众关系密切的事权交给社区，进一步增强街道办事处在行政管理、社区服务、精神文明建设、综合治理等方面的统筹协调能力。要鼓励企业和个人以资金、房产、设备、技术、信息、劳务等方式投入社区建设。要积极争取社会团体、企事业单位和个人捐赠、投资兴办社区建设的项目。

（3）加强流动人口管理

社区应依据国家和地方法律与制度，加强对流动人口的管理，为外来人员提供必需的服务和保障。尤其是居住、生活、子女教育问题要予以落实解决；消除对外来人员的歧视，创造一个对外来人员公平合理的社会环境；社区法律咨询机构向外来人员开放，切实保障外来人员的合法利益，为他们创造一个安定和良好的生活与工作环境。

（4）推动居民自治

建立良好的社区参与机制，要坚持以人为本，对与居民群众切身利益相关的社区事务，广泛地吸收不同群体的居民群众代表参加。要注意提供充分的参与渠道和机会，可以由单位、街道、居委会、群团组织出面组织参与。建立良好的社区参与机制，实现社区的民主选举、民主决策、民主管理和民主监督，引导居民自我管理、自我服务、自我教育、自我约束，从而使社区不同群体的居民通过民主的制度安排，在社区的政治舞台上充分表达自己的利益要求，为社区创造安定、有序的民主政治氛围。

(5) 强化社区社会管理职能

要科学划分社区，按照便于服务管理、便于开发社区资源、便于社区自治的原则，强调地域性、认同感等社区构成要素，合理划分社区边界。社区居民委员会干部，采取向社会公开招考招聘、民主选举的办法产生。建立合理的社区社会管理体制，构建以社区党组织、基层政府为核心，包括社区自治组织在内的非政府组织、营利性组织和个人在内的治理结构，在农村社会管理上形成多中心治理和多元供给的合理格局。完善社区社会管理决策机制、筹资与利益协调机制、社会事务处理机制、社会稳定工作机制、社会管理监督机制等工作机制。社区社会管理应该利用现代网络技术，促进社区社会管理的技术创新，实现社区社会管理的数字化。

3. 社区人文环境管理

社会人文环境包括：社会秩序、文化风尚、经济环境、政治环境、文化环境、卫生环境、治安环境等。社区人文环境，是社区社会活动和历史变迁中创造和开发出来的特殊环境。人文环境中的教育、科技、经济、政治、文化、历史、民族、宗教等条件，对社区的稳定和持续发展，正产生越来越重要的作用。社区人文环境一般通过社区人际关系、社区社会网络、社区社会凝聚力表现出来。

(1) 提倡人与自然和谐相处的环保意识，创建"绿色社区"。构建和谐社区，除了处理好人与人之间的关系之外，引导居民爱护社区环境。要在社区内倡导环保从个人、家庭、社区做起，逐步提高民众的环境意识、参与意识和环境道德素质，使"绿色理念"渐渐扎根居民心里。社区要通过宣传教育、图片展览等多种形式，让社区居民树立"爱护社区就是爱护自己，美化社区就是美化自己"、"社区连着你我他，环境优美靠大家"的意识。同时，要加大对社区环境建设、环境治理的投入，增加社区绿地面积和植被，处理好社区内的污染源问题，可以通过建立保护社区环境志愿者服务队等形式，让社区居民共同参与到创建绿色社区、绿色家园的大氛围中来。

(2) 提倡人与人和谐相处，促进社区邻里和睦。尤其是在我国进入市场经济以来，流动人口成为城市社区管理的重要内容。2009 年中央经济会议指出，要推进户籍制度改革，放宽中小城市落户条件，使在城镇稳定就业和居住的农民有序转变为城镇居民。社区和谐还要重视流动人口管理和新入城社区居民的睦邻友好关系建设。

(3) 大力加强社区文化建设，将其与社区居民道德建设结合起来，以先进的文化建设凝聚社区人心。加强社区先进文化建设：一方面要大力培育具有高素质的社区居民，以现代化和城市化进程中人们价值观念的变迁为契机，大力推进社区精神文明建设，不断提升居民的科学文化素质和社区整体文明程度；另一方面要大力开展健康向上、生动活泼、丰富多彩的群众文化活动，将居民社会道德建设融入其中，促使不同群体的社区居民在共同的文化活动中得到共鸣，增强他们的归属感、认同感、亲情感，有效发挥先进文化满足人们精神需求、陶冶情操、凝聚人心的良好功能。另外要保证经费投入，形成组织机构网络化、服务对象大众化、文化设施普遍化、活动形式多样化的社区群众文化发展新格局。

（4）建立社区协调议事制度，促进社区居民与其他社会组织和谐相处。目前社区拥有社区党组织、自治组织、各类非政府组织、企事业组织和宗教组织，如何协调他们之间的关系是社区和谐人文环境的重要内容。社区要积极发展社区志愿者队伍，明确辖区单位和居民群众参与社区建设的权利和义务，广泛动员社会力量参与社区建设。机关、部队、学校、医院、厂矿等机关企事业单位要树立社区意识，支持、配合所在辖区的社区建设。要逐步将社区内各企业、各单位用于服务内部的文化、教育、卫生、体育等设施纳入到社区服务事业中来，努力达到社区资源共享。协调好社区居民与物业和开发商之间的利益关系，针对社区管理中出现的实际问题，提出解决办法。

6.2 社区环境的污染及防治

6.2.1 环境污染的含义

环境问题通常包括环境破坏和环境污染两个方面。环境破坏是指人类对自然资源不合理的开发和利用所导致的环境问题；环境污染是指由于工业化和城市化的发展，人类所排放的各类有毒、有害物质对自然环境的侵蚀而导致的环境问题。

所谓环境污染是指人类在生产、生活和一切社会活动中将产生的废弃物和有害物质排入环境，导致环境质量下降，从而对人类生存、生态环境产生影响和危害的现象。环境污染主要是由人为因素造成的。人们在生产和生活活动中需要消耗大量的燃料，在消耗燃煤过程中会产生大量烟尘和二氧化硫、氮氧化物、一氧化碳等气体，这些物质排入大气就会使空气质量发生变化；人们在生产和生活中排出的废水含有各种有害物质，这些物质汇入江河湖海就会使水体发生变化；人们在生产和生活中会产生大量的工业废渣和垃圾；人们在使用汽车等现代化交通工具时不但会排放废气，也会产生大量的噪声。环境污染根据污染源大体可分为大气污染、水污染、固体废弃物污染和噪声污染。

6.2.2 大气污染及其防治

1. 大气污染的含义

大气污染是指人类在从事生产和生活活动中，某种物质进入大气，使大气的化学、物理、生物等方面的特性发生改变，影响人们的生活、工作，危害人体健康，直接或间接损害各种建筑物和设备等现象。

大气污染物主要有颗粒物、粉尘、二氧化碳、氮氧化物、一氧化碳、碳氢化合物和各类工业废气、交通工具尾气等。大气污染主要来源于人类的生产和生活，主要污染源有生活污染源、工业污染源、交通污染源。生活污染源是指居民及服务行业因生活需要，燃烧各种燃料，向大气排放污染物而形成的污染源。工业污染源是指工矿企业在从事各种生产活动中，燃烧各种燃料，排放各种污染物而形成的污染源。交通污染源是指各种交通工具燃烧汽油、柴油等燃料而排放的尾气污染物而形成的污染源。

2. 大气污染的防治

大气污染一般不可能进行统一处理，因此，对于已经进入大气的污染物质，只能考虑尽可能利用大气的自我净化能力和植物的净化能力。因此，防止大气污染的根本办法是在污染物进入大气之前对污染物进行处理，使它们不能进入大气，以保证大气的质量。要防治大气污染，必须采用各种技术设施，这些技术主要包括防治烟尘污染的技术、防治二氧化硫污染的技术和防治氮化物、氢氧化物污染的技术。

(1) 燃煤对大气的污染的防治

在我国的能源结构中，煤炭占的比重较高，约为 70%，从而形成了以排放烟尘和二氧化硫为主要特征的大气污染。根据《大气污染防治法》的有关规定，结合实际情况，应严格遵守国家规定的锅炉、茶炉、大灶烟尘排放标准，严格控制不达标的锅炉、茶炉、大灶的制造、销售和使用；加强城市建设统筹规划，统一解决热源，发展集中供暖和联片供热；改进城市燃料结构，发展城市煤气等清洁燃料；在人口密集区存放煤炭、煤渣必须采用防燃、防尘措施；加强对酸雨和二氧化硫污染严重地区的控制；合理布局工业生产，将烟尘污染严重的企业迁出城市人口密集区；积极开展植树造林、城市绿化工作。

(2) 废气、粉尘和恶臭对大气的污染防治

为了有效防治废气、粉尘和恶臭对大气的污染，必须严格遵守国家规定的含有有毒有害物质的废气和粉尘排放标准；防治工业产生的废气、粉尘污染；防治生产企业排放恶臭气体；禁止在城市人口密集区燃烧含有毒、有害和恶臭气体的物质；在运输、装卸、储存能散发有毒气体、有害气体或粉尘物质的物品时，必须采用密闭措施或其他防护措施；防治城市饮食服务业的油烟对居民区居住环境的污染；防治机动车尾气污染。此外，要防治大气污染，必须采用各种技术措施，这些技术主要包括防治烟尘污染的技术、防治二氧化硫污染的技术和防治氮化物、氢氧化物污染的技术。

6.2.3　水污染的防治

1. 水污染的含义

水污染是指因人类在生活和生产活动中向江河湖海排放有毒有害液体，改变了天然水的物理、化学和生物学的性质与组成，影响人类对水的利用，从而危害了人体健康和水体中的生物的现象。常见的水污染物有病原微生物、植物营养物、无机化合物、各类油类物质、有毒化学物质。水污染主要来源于人类的生产和生活活动，如果人们在生产和生活活动中向河流排入了上述水污染物，就会造成水污染。

2. 水污染的防治

生活污水和工业废水的随意排放是水污染的主要原因。因此，防治水污染首先应该从控制污水排放入手，将"防"、"治"、"管"结合起来，减少污水的排放量，降低所排污水的有害程度，加强废水处理，杜绝任意排放。

(1) 地表水污染的防治

防治地表水污染，必须要严格遵守国家或地方规定的水污染物排放标准；禁止在国家规定的水体保护区内新建排污口；排污单位排放污染物超过正常排放量，造成或可能造成水污染事故的，必须采取应急措施；禁止向水体排放和倾倒一切污染物；排放含病原体的污水，必须经过消毒处理；禁止向饮用水排放、倾倒农药残液和在饮用水源中洗刷农药容器；加强对水污染防治的监督管理，完善水污染的综合防治工作。

（2）地下水污染的防治

防治地下水污染应禁止利用渗井、渗坑、裂隙和溶洞排放、倾倒含有毒污染物、病原体污染物的废水、污水和其他废弃物；禁止使用无防止渗漏措施的沟渠、坑塘等输送或存储含有毒污染物、病原体污染的废水、污水和其他废弃物；兴建地下工程设施或进行地下勘探、采矿等活动，应采取防护措施。此外，防治水污染还必须采用相应的污水处理技术，采用物理手段、化学方法或生物技术来净化水质。

6.2.4 固体废弃物污染的防治

1. 固体废弃物污染的含义

固体废弃物污染是指人类生产和生活活动中丢弃的工业固体废渣、城市生活垃圾和农业固体废弃物等造成的周边环境污染。固体废弃物主要包括工业固体废渣、城市垃圾和农业固体废弃物。

工业固体废渣包括冶金废渣、矿冶废渣、燃料废渣、化工废渣、放射性废渣、玻璃、陶瓷、造纸废渣、建筑废渣、废料等；城市垃圾包括社区居民生活垃圾、商业服务业垃圾、市政建设和维修管理产生的垃圾，如大量丢弃的废纸、废布、废塑料、废玻璃、废家具、废弃包装物、碎瓷器、碎陶器、废弃建筑材料、厨房垃圾、装修垃圾等；农业固体废物包括农业生产、农产品加工和农村居民生活排出的废弃物，如农作物秸秆、农用塑料薄膜、家畜粪便、农产品加工废弃物、农村居民的生活垃圾。

2. 固体废弃物污染的防治

防治城市生活垃圾，应遵守城市环卫部门的规定，在指定的地点倾倒、堆放生活垃圾，不得随意丢弃或堆放；储存、运输、处置生活垃圾，应遵守国家有关环境保护和城市环境卫生的规定；及时清运生活垃圾，积极开展合理利用和无害化处置，逐步推行分类收集、储存、运输和处置；改进燃料结构，发展城市煤气、液化气等清洁能源；组织净菜进城，减少城市生活垃圾；统筹规划、合理安排废旧物资收购网点，促进废弃物回收利用工作；建设城市生活垃圾清扫、收集、储存、运输、处置的设施、场所；禁止擅自关闭、闲置、拆除城市生活垃圾处置设施、场所；施工单位应及时清运、处置建筑垃圾，并采取措施，防治环境污染。

6.2.5 噪声污染的防治

1. 噪声污染的含义

噪声污染是指在人类生活和生产活动中，人为造成的妨碍人们学习、工作和休息，危害人体健康，并超过一定分贝的高强度声音。噪声通过空气等物质传播到人的听觉感官，危害人体健康，妨碍学习、工作和休息，是影响社区环境的一大公害。常见的噪声有工业噪声（如工业生产机器设备运转的轰鸣声）、建筑施工噪声（如建筑施工装卸声、搅拌机和卷扬机的开动声）、交通噪声（如卡车的轰隆声、汽车的鸣笛声）和社会生活噪声（如宣传广播喇叭声、居民家用电器音响声）。

2. 噪声污染的防治

社区噪声污染的防治主要是依据噪声控制标准和有关法律规定，对社区内的噪声采用各种技术手段和管理手段，来限制或减少噪声强度。

(1) 工业噪声污染的防治

凡新建、扩建、改建项目，必须遵守国家有关环境保护的规定，配备防噪声污染设备，制定噪声污染防治措施，并上报环保部门审查批准；企事业单位向周围环境排放噪声，应当符合国家规定的环境噪声的排放标准；生产国家急需产品的企业，确因经济、技术条件所限，不能通过防治消除噪声污染的，必须采取措施把噪声污染的危害降到最低程度；产生强烈偶发性噪声的单位，应事先向政府、环保部门、公安机关申请，经过批准后方可进行，并向社会发布公告。

(2) 建筑施工噪声污染的防治

建筑施工单位向周围居民生活区排放噪声，应当符合国家规定的施工噪声的排放标准；建筑施工单位排放噪声超过国家规定标准，危害周围居民生活环境时，经当地环境保护部门报政府部门批准后，可限制其作业时间；禁止夜间在居民生活区、文教区、疗养区施工作业（抢修、抢险作业除外）；因经济条件所限，不能通过防治消除噪声污染的，必须采取措施将污染降到最低程度，并与居民组织和有关单位协商，采取其他保护受害人权益的措施。

(3) 交通噪声污染的防治

行驶的机动车辆，应具备消声器和符合规定的喇叭，不符合规定超标准排放噪声的，不发牌照；一切带警报器的特种车辆，在执行非紧急任务时，或在禁止使用报警器的地段，不得使用报警器；火车驶入市区、疗养区、风景名胜区，只准使用风笛；飞机起降产生的噪声，应符合航空器噪声排放标准；车站、码头、机场等场所使用的广播喇叭，应控制音量，减少对周围生活环境的影响。

(4) 社会生活噪声污染的防治

在街道、广场、公园、公共场所，未经政府批准，禁止使用大功率广播喇叭和广播宣传车；禁止在商业活动中心采用发出巨大声响的方法招揽顾客；文体、娱乐场所的经营者，禁止使用播放超标音响设备，防止噪声对周围环境的影响；使用家用电器、乐器在室内开展娱乐活动，应控制音量，不得干扰他人休息；禁止居民在夜间从事家庭装修，防止装修产生的噪声扰民。此外，还应采取相应的技术手段来防治噪声污染，如采用吸声、隔声、减震技术对声源进行控制，设置隔声屏障，采用隔声墙、隔声罩，阻挡噪声传播。

6.3　社区环境的保护与建设

6.3.1　社区环境的保护

1. 社区环境保护的含义

环境保护是指国家和政府通过运用行政、法律、经济、教育和科学技术诸方面的手段，防治环境污染和生态破坏，以保护和改善人们的生活环境和生态环境，包括环境保护理论和技术的研究、环境保护管理制度的制定和实施、环境保护的立法、环境保护的知识教育、环境污染的防治等。

所谓社区环境保护，是指社区基层和各种自治组织运用合法手段来防治社区环境污染而建的，防治污染和其他公害的设施，与主体工程同时设计、同时施工、同时投产。有关部门要严格审查建设项目设计文件中有关环境保护方面的设计；另一方面，施工的同时对建设项目施工和试运转过程中有关环境保护措施的实施情况进行督促检查；还要参加有关建设项目的竣工验收，对不达标的不予验收，不准投产。

2. 社区环境保护的措施

社区环境保护的主体是政府部门、社区自治和居民。要想搞好社区环境保护工作，必须充分发挥他们的作用。

（1）政府部门要充分发挥管理职能。要制定科学的社区环境规划；要严格执行国家环境保护的有关法律、法规和政策；要加强社区环境监测工作。

（2）社区自治组织要加强宣传教育，提高社区居民的环境保护意识。环境问题如果没有社区居民的积极参与是不可能搞好的。社区自治组织，尤其是居委会，要加强环境保护知识的宣传，采用丰富、生动的形式来提高社区居民的环境保护意识。

（3）采取必要的经济手段搞好社区环境保护。要想搞好社区环境保护，必须采取必要的经济手段。要不断扩大环境保护的投资比例，逐步增加环境保护的资金投入；要采取多渠道、多元化的形式筹集环境保护资金；要加强环保资金的使用管理，确保专款专用。

6.3.2 社区环境的建设

1. 社区环境建设的要求

（1）完善社区配套设施建设

随着城市整体布局及城市化的推进，新兴居民社区往往向城市边缘发展，新建社区在某种程度上存在着配套设施少、公共交通线路稀缺、小商品及蔬菜供应网点建设滞后等特点。因此，加强配套设施建设，细化社区服务内容尤为重要。一般白天，社区里往往只有老年居民，在社区中开办老年活动中心、托老院、计时家政等需要比较迫切。社会的发展带动人居水平的提高，人居水平的提高更要求社区服务深挖潜力，而随着社区服务的提升，社区的竞争优势也会凸显，从而形成带动社区自身建设发展的良性循环体系。

（2）加强交通通行能力

汽车作为代步工具逐步走入普通家庭，便捷迅速的城市交通系统逐步形成。这些使许多人更乐于选择偏离市中心的城市边缘小区。由于这些小区生态环境好、房型新等因素促成了人们的购房计划的实现。但不是所有的开发商都有能力将住宅周边的配套设施建设齐全，也不是所有开发商都能将周边商业服务业发展壮大。开发初期的商业服务设施的滞后开发，对新开发住宅小区周边的商业服务业带来了新的需求，这同时也是社区服务行业的新商机，也是城市整体或局部经济圈的拉动契机。

（3）建设社区教育基地

目前，多数居民将社区教育环境列为是否选择居住的先决条件之一。所以，人们对社区教育的要求已经达到所未有的高度。社区必须对幼儿园、小学的教育环境进行改善，以方便社区家庭的教育要求。未来社区教育将以继续教育老年人教育和儿童教育为特色，以及再就业人员的再教育为主导。

（4）加强社区全体成员的环境保护意识

经济与社会的发展，具有"双刃剑"的效应。一方面给社会创造了众多的物质财富，同时若管理不当，更容易造成环境污染。社区应在加强管理的同时健全各种环境管理规章，同时通过业主委员会与物业管理公司确立责权关系。在各种文字条款约束之上，更应对社区居民进行设身处地的环保教育，同时也会有利于促进社区居民的社区主人翁意识与环境认同感。

2. 社区环境建设的内容

社区环境建设的总体目标是努力搞好社区市容管理、社区环境保护和园林绿化。

（1）净化环境，创建卫生洁净的社区。社区环境的净化是指搞好城市的环境卫生。环境卫生是社区公共卫生的一部分，它对于防治和消除环境污染对人体造成的危害、改善居民的卫生条件、预防疾病有重大意义。同时，社区环境卫生水平的高低，洁净程度的高低也反映了社区经济发展水平和居民的精神面貌与文化素养。因此，净化环境，是建设优美社区的首要任务和先决条件，也是实现全球卫生战略的基本要求。

（2）绿化环境，创建生态绿色社区。绿化环境是建设环境优美社区的重要环节，也是美化环境的重要内容。社区环境的绿化建设主要包括有计划地种植花草树木，积极扩大地表、空间的绿色植被，发展小区公园。同时，开展全民环境保护教育，提高全民的环境保护意识，推行绿色消费方式也是建设绿色社区的重要内容。

（3）美化环境，创建干净整洁的美好社区。美化环境是在净化、绿化的基础上实现"社区环境优美"的更高层次的要求和目标。美化社区是居民的共同追求和愿望，社区美化的程度是衡量社区文化水平的标志，也是社区管理和社区建设的重要内容。美化社区的基本要求是：社区环境，诸如房屋建筑、街道修正、园林街心绿化、花坛、雕塑等，要做到整齐、清洁、协调、美观，形成优雅清新、赏心悦目的社区景观，培养高尚美好、奋发向上的居民精神境界。

3. 社区环境建设的意义

社区环境代表着城市社区的形象，而社区形象又反映着一个社区的政治、经济、文化和科学技术的发展水平。所以，社区环境建设至关重要。加强社区环境建设，对于加强社区建设，加强现代化管理，实现经济与社会协调发展，促进社区全面进步有着相当重要的意义。

（1）社区环境建设是社区建设的基础

社区环境是社区建设中最基本的组成部分，社区环境是居民社会活动不可缺少的物质前提，制约着城市居民的社会实践和变迁。社区环境开发与保护的好坏，直接影响社区居民的经济活动和生活质量；社区环境建设为人们的审美活动提供了对象，为人们的工作、休闲提供了特定的活动场所。

（2）社区环境建设是提高居民生活质量的需要

改革开放以来，城市居民的收入水平有较大提高，居民的消费结构、消费档次有了很大变化，居民对提高生活质量、改善生活环境的要求也日趋强烈，他们希望生活在一个清洁、安静、优美的环境中。搞好社区绿化环境，有助于调节人体内的血清浓度和神经系统。因此，社区环境建设是一项为居民办实事、办好事的民心工程。

（3）社区环境建设有助于精神文明建设

社区环境的改善有助于社区居民积极生活和勤奋工作，有助于爱惜与保持环境的卫生与整洁，有助于社区居民增强自豪感和凝聚力，从而促进社区物质文明和精神文明的发展。精神文明建设将以社区环境为载体，并且在社区环境建设和管理的过程中把精神文明建设同加强社区管理、完善社区服务联系起来。

（4）有效地促进"单位人"向"社区人"的转变

随着政府职能的转变、现代企业制度的建立和人口老龄化高峰的临近，外来人口、下岗失业职工、无单位的自由职业者以及在家办公者的增加，社区正逐步取代单位成为居民生活中最重要的场所，人们对社区的依赖程度明显增强。因此，顺应社会结构变化的新形势，做好社区的环境管理工作，增进社区成员的"归属感"，有利于促进社会个体由"单位人"向"社会人"的转变。

（5）有利于以局部促进整体

社区是城市居民的聚集点，也是构成城市政治、经济、文化的基本社会单元，与整个城市是整体与局部的关系。只有社区环境得到改善和提高，整个城市风貌才会有所改观。因此，要提升城市总体环境质量水平，就必须从改善社区环境入手。社区环境管理水平的提高，将会带动整个城市环境管理水平的提高。

（6）有助于增强社区凝聚力

社区环境包括邻里关系、价值共识、道德修养等精神方面的内容已不仅仅是有形的客观物质环境。优美舒适的居住环境，在满足居民基本生活需求之外，还可以满足更深层次的交往需求和休闲需求。俗话说"安居才能乐业"，说的就是要为人们创造一个安定的生活起居、愉快工作的环境。社区环境从全体居民共同利益和共同需求出发，能充分调动广大居民参与社区建设的积极性，巩固和发展社区新型和睦的人际关系，增强居民群众对社区的认同感和归属感，进而增强社区凝聚力和吸引力。

4. 社区环境建设的措施

（1）着眼长远，统筹规划

要制定社区环境建设的长期规划，根据城市建设的总体目标，归纳国内外城市社区环境建设的先进经验，充分考虑未来城市发展的人口规模、发展速度及环境承受力等因素，制定社区环境建设的长期规划。要统筹兼顾，着眼长远，社区环境建设既要考虑各种类型居住小区的不同情况，制定不同的发展规划，又要注意对现有的各个居住小区各种配套设施的不断完善，做到统筹兼顾。同时，要着眼长远，不能只顾眼前利益，要注重基础设施与配套设施的建设，要按照社区建设的总体要求，完善社区道路、活动场所、垃圾收容与处理等各项基础设施，同时也要搞好园林绿化建设。

（2）依法整治，严格管理

对新建的居住小区要按照城市建设的总体规划要求，对不符合法定要求的一定要加大执法力度。要加强管理，发挥好社区居民委员会的管理、协调、督促、监督等作业；发挥好小区业主委员会的作用，充分调动业主委员会在小区环境建设与管理中的积极性与主动性；发挥好物业管理公司的作用，物业管理公司是社区环境建设与管理的主体，在社区环境建设与管理中具有举足轻重的地位。

（3）完善社区环境建设与管理机制，提高管理效率

完善社区环境建设与管理工作的运作机制，是加强社区环境建设与管理的重要一环。区、街道办事处市容管理部门负责社区的市容管理。街道市容科要依据社区的设立情况，将街道所辖范围划分为若干市容监察责任区。原则上，一个社区为一个市容检查责任区。一个责任区下派一名市容监察队员实行包点、包片，行使市容监察职能。责任区市容监察

队员受区、街道市容监察部门领导，接收社区群众监督。总之，完善社区环境建设与管理机制，就能提高社区环境建设与管理的工作效率。

（4）精心设计活动载体，提高社区环境建设与管理的工作实效

开展社区环境建设与管理工作，需要设计一些活动载体。设计活动载体：一是要注重多样性，如"志愿者服务活动"、"绿化工程活动"、"卫生竞赛活动"等。二是要讲究特殊性，注重发挥本社区的优势，形成本社区环境建设与管理的特色。三是要追求实效性，活动载体的设计要找准社区群众思想的脉搏，把握社区环境建设中的重点、热点和难点问题。四是要讲究科学性，活动载体的设计要遵循科学性原则，运用科学的方法，提出设计构思、设计方案，使其具有可行性和可操作性。按照上述要求精心设计活动载体，就能达到提高社区环境建设与管理工作实效的目的。

6.3.3 绿色社区的建设

1. 绿色社区的硬件标志

绿色社区的硬件建设主要是指社区里的各种环保设施，它是一个系统的全面的概念，是对自然资源的较少损耗，以及对自然生态平衡较少的破坏。根据我国现有的社区建设状况，新建居民区应在建设过程中考虑环保要求，配置如污水处理再利用、生物垃圾处理机等环保设施，使新建成的居民区一开始就具备绿色社区的硬件条件。老居民区可以根据自己的情况实施垃圾分类，搞好社区绿化，使用节水龙头、节能灯等。

2. 绿色社区的软件标志

绿色社区的核心要素是社区环境管理体系。环境管理体系不必独立于社区管理机构而另外设立，而应将环境管理纳入居委会日常管理工作中，有明确的目标和职责，有必要的机构、人员、资金、设施保证，有环保宣传和具体环保行动，有自查、纠正和改进机制。建立和健全规章制度是创建绿色社区活动顺利开展的根本保障，规章制度要简明扼要、切实可行。

【特色案例】

南华西街创建"绿色社区"（第一期）自评报告

21 世纪是注重人与环境和谐发展的绿色时代，新世纪的广州要建设成为"最适宜创业与居住的山水生态城市"，海珠区委、区政府也要求大力加强社区建设工作，因此，大力推进"绿色社区"建设，加强环境保护，为市民营造一个文明、和谐的社区环境是时代对我们的要求。

南华西街是一条有 200 多年历史的岭南古街，巷窄楼矮、空间局限，本底环境资源薄弱，创建"绿色社区"的任务十分艰巨和复杂。我们发扬南华西街的优良传统：开拓进取、勇于创新，以"敢为天下先"的劲头，在广州市老城区率先开展创建"绿色社区"活动。我们在市、区环保局的指导和帮助下，对照"绿色社区"考评标准，在软件和硬件方面加大了建设力度，开展了一系列创建工作。

通过创建"绿色社区"，在这古老青石板铺就的小巷社区里，洁净、安宁、丝毫感觉不到都市的杂乱与烦嚣，环境质量得到很大的改善。经区环保部门检测，目前社区内的大气环境质量保持在国家 2 级标准，噪声昼夜间均值为 56.5dB，夜间为 48.3dB，均达到国

家标准。区环保部门向居民派发问卷抽样调查的结果表明，居民对社区内的环境质量满意率达90%以上。

下面是南华西街创建"绿色社区"第一期的工作情况。

1. 逐步深入开展创建活动

2001年初，南华西街按照上级部门的要求，在近年建设文明社区的基础上，开展"绿色社区"第一期的创建活动。南华西街经研究决定，创建范围设定在第6、9、16居委福雅居地段，包括东至聚龙北后五巷、西接洪德路、南至聚龙大街、北到同福西路，面积为2万多平方米，居民1026户，常住人口2323人。社区内有大楼18幢、自然街巷5条、在建工地1个、商铺45间、发廊6间、饮食店4间、停车场2个、幼儿园1间、儿童乐园2个，生活设施设备。

创建工作以宣传教育为先导，以服务为宗旨，全面加强社区环境建设，完善环保基础设施，提高环保服务水平，增强居民环境意识，充分发挥社区居委、企事业单位、民间团体、学校、家庭及个人的积极性，群策群力创造一个安全、舒适、方便、节约、高效、健康、文明的社区生活环境。

南华西街办事处制定了创建"绿色社区"工作计划，活动方案和居民环保行为规范等，有计划开展环境污染源治理、整治社区脏乱差、美化绿化街巷及各种倡导绿色生活的活动。2001年8月以后，各项活动进一步加强，具体安排了进度日程，让环保走进每个人的生活，推动大众对环保的参与。

通过多方努力及共同创建，各项指标均达到市"绿色社区"标准要求，取得创建成果。经海珠区"绿色社区"评审小组考评顺利通过了验收。12月25日，中共海珠区委宣传部、区环境保护局予以命名，授予"绿色社区"牌匾。

2. 加大软件和硬件建设力度

"绿色社区"的主要标志是：有健全的环境监督管理体系，有完备有效的污染防治措施，有健康优良的生态环境，有良好的环境文化氛围，居民整体环境意识较高。我们在创建"绿色社区"过程中，下大力气加强了软件和硬件两个方面的建设。

软件建设包括：成立南华西街"绿色社区"环保学校，并进行绿色从生活开始等环保电化教育的专题讲座，开设环保图书阅览专栏，在街道网站中开设"绿色社区"园地，社区内开展"绿色社区"多姿多彩的活动，创建一种绿色生活的环境氛围。

（1）健全环境管理体系

1）成立创建机构。为了保证南华西街创建"绿色社区"第一期活动的顺利开展，将这项工作深入扎实地在社区推广。南华西街成立了"绿色社区"创建工作领导小组，由街道办事处主要领导、分管领导任正、副组长，街道党工委办、创建办、行政办、综合办、城管综合执法中队负责人任组员。下设办公室、由街道城管科、城管综合执法中队、街道环卫一站、居委会等有关人员组成，具体负责绿色社区创建工作。制定了创建工作计划、环境管理制度、内部监督制度和创建实施方案，按计划开展各项工作、环境管理制度、内部监督制度和创建实施方案，按计划开展各项工作。由于街道领导高度重视，小组成员思想认识明确、责任心强，保证了创建工作扎实深入地开展，优质高效地完成了创建任务。

2）建立监督体系。建立以社区为基础的公众环境参与机制，设立多个环保意见箱，发挥居民的监督作用，保障公民的环境权益。监督体系有力地保障环保目标落实，充分体现群众对环保的权益，居民积极参与"绿色社区"建设。

（2）开展环境宣传工作

1）大力营造社区立体环境宣传氛围：①新建多个固定、新颖的环保宣传栏和宣传橱窗。②社区环境文化设施健全：有一个 300 多平方米的健康环保广场和一个固定的宣传大舞台，让居民在文娱活动中接受环保知识教育。③在社区的健康环保广场开设生动有趣、富教育意义的环保宣传长廊。④社区新建节水、节能立体挂花灯柱，演绎了一种典型的、生动的环保科教艺术。⑤制定居民环保公约牌竖立在社区入口，使环保责任成为每一个公民的共知。⑥商店设绿色商品宣传墙报并积极销售，倡导居民绿色消费方式。

2）开展一系列丰富多彩的环保宣传活动：①在"6.5"世界环境日开展了大型的以"世间万物，生命之网"为主题的环保宣传活动，参与人数众多。②充分发挥高新科技——互联网的强大传播威力，在南华西街网站出版"绿色社区"专辑，向居民、社会发出创建"绿色社区"行动倡议书，将环保行为规范等知识公之于众，让居民在家中也能随时收看到环保的科学知识宣传和了解创建工作情况。③根据不同层次、不同年龄、不同对象成立了 4 个绿色环保志愿团体：少年环保志愿团、青年环保志愿团、老年环保志愿团、教师环保志愿团并积极进行形式多样的环保活动。街道青年环保志愿团是社区环保工作中的生力军，为了推动南华西地区"绿色社区"的创建工作，街道青年环保志愿团联合区环保局共青团一起骑自行车前往广州市的"南肺"——瀛洲生态公园，开展倡导绿色生活、保护大气、始于足下的"绿色生态行"专题宣传活动。双方还签订了合作组建"青年环保志愿团"的协议书，表示今后要发挥自己的技能和专长，为南华西街的环保工作做贡献。少年环保志愿团积极开展上门派发"绿色社区"公开信、大力宣传创建"绿色社区"的意义，积极参加环境整治活动。老年环保志愿团积极承担监督社区污染源巡视检查工作，参与社区绿化、美化工作，维护街道环境卫生，为环保工作发挥余热。教师环保志愿团在学生、家长中进行环保教育，通过教育儿童带动家庭联动街道共建"绿色社区"，使环保风气进入千家万户。④为提高居民环保文明素养，将垃圾科学分类、废旧物品回收，节水、节能、节约资源和绿化家居等环保措施落实到居民生活之中，开展了创建"绿色家庭"活动，有 203 户家庭获得社区"绿色家庭"荣誉。

（3）开展环境教育工作

1）环境教育必须从小抓起，"绿色社区"辖内的洪德五巷幼儿园积极开展创建"绿色幼儿园"活动。幼儿园在教育课程中渗透环保内容、制定了一系列环保教案，他们经常开展丰富多彩的环保活动：如开设旧玩具交换会，让玩具延长生命力；废物变宝创作壁画墙报、儿童玩具等，幼儿园的每一间课室都被儿童亲手制作的"变废为宝"美术作品装饰起来，寓教于课堂活动中。

2）街道成立了"绿色社区"环保学校，定期开展环境教育培训，专门邀请市环保专家对居民代表进行"绿色生活"环境专题教育，定期进行社区骨干环保培训，召开环保志愿者工作交流会，开展环保电化宣传教育等。

3）在街道设公众图书阅览室，专门设有环保宣传园地，定期更新环保书刊，为公众提供固定的环保知识学习场地。硬件建设方面，包括翻新旧房外墙、穿衣戴帽、主干道及社区拆掉违章建筑、防盗网，对街内衣服晾衣架统一整治，复种绿化和植树，增设园林景点等。

① 绿化向立体空间延伸

针对街道内空间狭小，可绿化用地不够的状况，就充分利用居民阳台、天台将绿化向立体空间延伸，并因地制宜在小区内建立了多个园林景点；建立有岭南特色的绿"骑楼"；设置立体挂花灯柱，采用环保型的自动水喷淋、节能灯，使绿化与文化相互交融，社区绿化覆盖率达到 25% 以上。

② 建立垃圾分类系统

区内设置了 4 个一组的彩色垃圾分类回收桶，并建立专题宣传栏。社区居民日常将垃圾按可回收和不可回收及有毒垃圾进行初级分类，街道环卫部门分类收集，把有毒垃圾实行回收储存处理。环卫部门每月平均回收垃圾量如下：废纸 1.7t；废塑料 0.5t；旧玻璃瓶 0.8t；其他废物 1.9t。通过建立垃圾分类系统，实现社区垃圾减量化、资源化、无害化，废旧物品循环再利用。

③ 建立污水处理系统

社区内有 4 间饮食店，均严格执行"三同时"制度，食物废水集中进行三级隔油、隔渣治理，保证环保设施正常运作，"三废"稳定，达标排放，居民生活污水全部排入市政污水管网进入广州市沥滘污水处理厂。

④ 节能和新能源等设施

区内的饮食店全部进行油改气；居民基本使用石油气、电等清洁能源。社区清洁能源使用率 95% 以上。

⑤ 综合整治社区环境

社区环境全面进行综合整治：清拆违章建筑 255m² 并部分进行了复绿工作；对旧建筑物穿衣戴帽进行美化整饰；社区统一安装檐棚、晾衣架。

经过系列的环境整改，社区环境整洁、花木茂盛、秩序优良。

⑥ 规范管理建筑工地

社区内的保利丰大厦（二期）工地也积极参加创建活动，工地的开发从设计到建设管理贯穿着环保理念：规划绿化面积 30%；工地厨房使用清洁能源；工地围蔽施工；进出物料车辆进行清洗等措施消除了工地扬尘，获得了"市文明施工单位"荣誉。

3. 创建工作几点体会

南华西街经过短短一年的"绿色社区"创建工作，使一个环境基础底子较薄弱的旧社区脱胎换骨，重现出不老的青春活力。在工作实践中我们体会到：

（1）创建"绿色社区"是一项社会系统工程，居民对"绿色社区"的共知、共识、共参是创建工作成效的保证。通过各项创建活动，使使民树立功在当代、利在千秋的思想，这是把这项活动提高到爱环境、护家园认识上，只有使居民从"绿色社区"的理解、关注到积极投身，才能在全街掀起创建"绿色社区"的高潮。

（2）整个社区形成浓厚的环保宣传氛围，可使创建工作具有深层的活力。我们通过一系列的环境宣传教育工作，使环保意识深入人心，凝聚了人心，凝聚了力量，有效地调动一切积极因素推进"绿色社区"创建工作。

（3）在社区居民中推行 5 个"R"，即节约资源、减少污染，绿色消费、环保选购，重复利用、多次使用，垃圾分类、循环回收，救助物种、保护自然，是树立绿色理念的有效手段。社区提供给居民这种现代时尚的健康活力的、求新求变的生活方式，他们的素质就会大大提高，心系环保。

（4）把硬件建设作为创建工作的攻坚项目加以落实，才能使社区环境面貌改观。现在人们漫步在南华西的大街小巷，有一种置身于清新的生态环境的感觉，这得益于绿化美化项目的实施。

（5）把街道基层组织改称社区很容易，而要真正让绿色回归却困难得多。创建"绿色社区"要求实行具体的、精细的管理。南华西街在管理上得到区环保局的宏观指引和微观指导，精心策划各种活动，充实了活动的环境文化内涵，才使社区环境变得秀美。

南华西街通过"绿色社区"第一期的创建工作，在提高居民生活质量、优化社区生态环境的同时，使可持续发展的思想深入人心，为居民创造了一个适宜居住和发展的美好家园。我们要进一步开展第二期的创建工作，巩固和扩大已取得的成果，力求在海珠区全面开展创建"绿色社区"活动中起到积极的推动和示范作用。

4. 致南华西街居民的公开信

各位居民：

你们好！在这生机勃勃、流金溢彩的秋天，我街6、9、16居委的保利丰花园、福雅居、聚龙花园等商住地段步入了创建广州市"绿色社区"、整治旧城区的关键时期。绿色的地球是我们人类生生不息的载体，节约资源、减少污染、实现持续发展、创建绿色文明，是每一个生活在地球上的人义不容辞的责任。为了改善市民的生活环境，提高生活质量，将我街建设成为环境优美、安全舒适、节能高效的现代化绿色文明社区，希望大家做好如下工作：

（1）自觉遵守城市管理规范，共同维护城市形象。按照街的统一部署要求整治脏乱差现象，拆除社区内乱搭乱建的不规范防盗网、檐棚、晾衣架；清理楼道、庭院等乱堆放的杂物；区内严禁乱摆乱放、乱贴乱画等行为，使社区环境整洁、秩序优良。

（2）参与环保公益活动，自觉遵守"绿色社区"文明公约。积极加入环保绿色志愿队伍；参加区内植树活动；参加绿化庭院活动，充分利用家庭阳台、厅堂种植花草、培育盆景，美化家居；踊跃加入社区定期组织的旧物品交换活动；参与街道网站、墙报的环保宣传报道，为创建绿色社区出谋献策；参加"绿色环保之家"评比活动……

（3）追求健康的绿色生活方式，"举手之劳，环保行动"。

1）节约资源、减少污染——节约用水，一水多用：漂洗衣服的水擦地、冲厕所；洗菜的水沉淀后养鱼；鱼缸里换下的水浇花。这是每个家庭都可以做到"举手之劳"；把公交车、自行车作为主要交通工具；电邮和电话等代替纸贺卡；人人使用节能灯。

2）不用一次性制品，物品重复使用——自备布制购物袋、自备餐盒或使用环保类餐具（纸类、植物纤维类、淀粉类），减少白色污染。交换或捐赠多余物品——儿童玩具、用品等，不闲置浪费。

3）自觉将垃圾分类，回收再利用——回收废塑料、玻璃、废纸，再造有限资源；回收生物垃圾，再生绿色肥料；回收废电池，防止镉、汞有毒金属元素污染环境。

4）绿色消费，环保选购——购买绿色食品，保障自身健康；用无氟制品（空调、冰霜），保护臭氧层；选无磷洗衣粉，保护江河湖泊；买环保电池，防止汞、镉污染；选绿色包装，减少垃圾灾难。

5）改变不良的饮食习惯，拒食野生动物；拒用野生动物制品，别让濒危生命死在你手里。

（4）监督区内工厂、食肆，及时举报破坏环境的行为。每一个人都是环境污染的直接受害者，应该学会用法律来保护自己。当你发现有偷猎野生动物、向河流直接排放污水、食肆油烟污染等破坏环境的行为时，应及时向有关部门举报，以便阻止和惩罚其行为。

新的世纪里，我们正站在一个新的历史起点，新的时期，新的机遇，让我们携起手来，努力创建"绿色社区"。保护环境，功在当代，利在千秋，我们希望各位住户大力支持配合，共建美好家园。

（东莞环境保护网．［2006-7-12］．http：//dgepb.dg.gov.cn/）

【复习思考题】

1. 简述社区环境的构成要素。

2. 如何理解社区环境管理？社区环境管理的内容是什么？如何进行社区环境管理？

3. 环境污染是什么？如何防治环境污染？

4. 如何理解社区社会环境？社区社会环境如何管理？

5. 如何理解社区人文环境？社区人文环境如何塑造？

6. 论述社区环境建设与保护。

第7章 社区卫生服务

【关键词】社区卫生；"六位一体"功能；双向转诊机制

【案例导读】

杭州市滨江区卫生服务中心"双向转诊"制度的探索

1. 案例介绍

2006年年初，卫生部开始提倡各城市试推社区医院"首诊制"，探索建立社区医院与附近大医院的"双向转诊"制度，期望通过"小病在社区、大病进医院、康复回社区"的模式，提高医疗资源的合理化使用，减少患者辗转求医的环节和花费。在此精神的指引下，杭州市滨江区街道卫生服务中心开展了有针对性的探索，并于2008年正式与浙江大学医学院附属第二医院（简称浙医二院）签订"双向转诊合作协议书"，建立了杭州市首个具备实施细则的"双向转诊"制度，得到了患者和社会的一致好评。

"双向转诊"制度规定社区责任医生在遇到病情严重、限于条件难以在社区医院开展医治的病人，经患方同意可启动向浙医二院的上转程序。浙医二院对社区上转的病人开通绿色通道，优先安排检查、治疗、住院等事宜。当患者病情缓解或稳定，进入康复恢复期，经患方同意，可以下转到社区医院进行术后康复治疗，由社区责任医师以电话随访、上门随访等主动服务形式开展健康追踪、康复治疗和健康教育管理，实现医院与家庭间的无缝隙管理。

大病进医院。家住杭州市滨江区浦沿街道的蒋女士是浙医二院"双向转诊"制度实施后从社区医院"上转"至大医院的第一位受益者。38岁的蒋女士是在社区医院体检时发现患有甲状腺瘤的。她的社区责任医师迅速为她申请启动了"双向转诊"的上转程序。不到两天时间，浙医二院就为她预定好了病床，并安排她在入院的第二天接受手术。仅仅一个星期，蒋女士就顺利地康复出院了。"双向转诊"制度改变了原来转到大医院检查、诊断、预约排队等既耗时又费钱的情况。由于省去了一些不必要的重复环节，为病人接受大医院的治疗节省了时间。而且，过去转院中产生的"双首付款"也在此次合作协议中做了调整，病人在社区医院和浙医二院相互转诊住院时，仅需支付一笔入院"首付款"，这也为病患节约了开支。

康复回社区。2008年，傅大爷因胃癌到浙医二院接受了手术，后转回浦沿街道社区卫生服务中心进行后期康复治疗。这里不仅离家近，病房环境好，而且实行社区医院低自付率和部分药品零差价，因此药品更加便宜，老人享受到了优质的医疗服务。康复方案虽然由社区医生操作，但都通过浙医二院主治医师审定、指导。一个多月后，傅大爷不仅病情得到有效控制出院了，而且医疗费只用了6000多元。据傅大爷的儿子介绍，转入社区医院后父亲病情稳定，体内积留的脓液也逐渐清除，老人家心情格外好。

据浙医二院院长介绍，今后浙医二院有关科室专家不仅将与社区服务中心经治医师取得联系，指导开展病人的治疗；同时还要每周到中心巡查房1~2次，确保治疗的连续和安全。病人出院至康复，中心双管办从浙医二院信息平台下载病人基本信息，由社区责任医师主动上门开展健康服务。

小病在社区。傅慧娟是浦沿街道社区卫生服务中心的一名内科医生。浙医二院与滨江区开展双向合作协议时，她到浙医二院进行了为期一年的进修。浙医二院病人多、病情复杂，跟着名医直接到岗操作的一年经历，让她的业务水平有了很大提高。

百姓"迷信"大医院，看中的是那里的名医、名专家，要真正实现"小病在社区"，首要任务是提升社区医生的业务素质。在此次"双向转诊"的合作协议中，浙医二院为各社区卫生技术人员提供了优先进修学习的机会。浙医二院将每年为每个社区医院提供不少于两个的免费培训名额，培训期半年至一年时间。今后，像傅慧娟这样可以得到继续进修机会的社区医生会越来越多。

为了消除患者对社区医疗质量水平的不信任，社区医院还和浙医二院全面构建起了"1+3"技术支撑体系和全面的业务指导，即每名社区责任医师分别与浙医二院三名不同专业的专家建立结对帮扶关系，确保责任医师能够获得长期、及时的技术指导和帮助。目前，浙医二院安排出首批业务精、素质高的8个科室、12名医疗骨干，与滨江的社区责任医师结对。此外，浙医二院还通过定期选派相关科室的专家到社区开展定期义诊、教学查房和专题讲课等活动，以规范直观地指导提高社区医生的临床医疗技术。此举将有助于逐步提升社区卫生服务机构的服务能力和保障水平，提高患者对基层医疗机构的信任度。

健康进家庭。随着生活水平的提高，除了对已确诊的大病进行治疗外，百姓的日常健康也总希望得到名医的指点。浙医二院与滨江区的"双向转诊"协作就针对这样的需求，提供了贴心的服务。浙医二院根据签约的街道社区卫生服务中心的需要，每周派出3名医生到现场坐诊，并逐步建立起预约问诊制度。医院派出医疗骨干，定期坐诊社区卫生服务中心，使医疗服务更具有针对性，满足了更多百姓的需求。

滨江区实施双向转诊制度取得了显著的成效。在患方自愿的基础上。短短十个月时间，就有8名患者在浙医二院手术后成功下转到滨江区的三家社区卫生服务中心进行术后康复治疗，逾35名危重病人及时上转至浙医二院住院治疗。浦沿社区卫生服务中心还上门跟踪随访了近百名从浙医二院康复出院的患者。不仅如此，社区医院床位的利用率已超过1/3，在社区百姓当中的知名度和享誉度也大大提高。目前的日门诊量已达到300人，甚至还有不少其他社区的百姓慕名前来。

2. 案例分析

(1) "双向转诊"制度有助于建立"小病在社区、大病进医院、康复回社区"的就医新格局。

2009年医改新方案明确把健全基层医疗卫生服务体系和公立医院改革作为改革的五项重点工作之一。杭州市滨江区街道卫生服务中心的成功探索，有效地加强了基层社区医院与大医院的联系与合作，提高了医疗卫生资源的合理使用，逐步实现了卫生部倡导的"大病进医院、康复回社区、小病在社区、健康进家庭"的医疗服务新格局，切实缓解了老百姓"看病难、看病贵"的问题。"双向转诊"实质上是对城市医疗资源进行优化整合的一种医改方法，可以积极发挥大中型医院在人才、技术及设备等方面的优势，同时充分利用各社区医院的服务功能和网点资源，促使基本医疗逐步下沉社区。我国的高端医疗资源十分稀缺。以浙医二院为例，2008年浙医二院的门诊量约193.85万人次，其中约七成病人是一般性的疾病,可以在社区解决。实施"双向转诊"制度,可大大缓解医院门诊的拥挤状态,提高病房的周转率,为更多急需手术的病人提供及时医治。"双向转诊"是解决"看病难、看病贵"的一项重要举措,对于减少由于城市综合性大医院承担大量常见病、多发病的诊疗任务而造成的卫生资源浪费,以及基层医院和社区医医疗服务机构需求萎缩、就诊量过少等现象具有重要意义。

(2) 实行"双向转诊"制度尚存在诸多的制约因素。

首先是社区医院医疗水平有限,绝大多数老百姓愿意从社区转到大医院,却不愿意从大医院转回社区医院。目前城市中的社区诊所或医院普遍存在医生水平不高、卫生环境差、设备落后等问题,居民难免担心在社区医院"首诊"会导致误诊,从而造成"转上容易转下难"。其次是基层社区、市级、省级医院的医保起付点和结报标准不同,"双向转诊"支付难以统一。中国的医保定点医疗机构多在大医院,一些地区的社区卫生服务机构不是医保定点单位,许多享受医疗保险的人不愿到社区诊所看病。因此,虽然大医院看病难、看病贵,但绝大多数患者在就诊时还是愿意选择到大医院,最后,由于大医院看病耗时费钱,不少人有小病会到社区医院看。社区医院遇到难以治疗的疾病也会劝患者转诊,但却出于自身利益考虑,极少有大医院会把自己的病人转到社区去,因为每一个病人都是医院的利润增长点。

(3) 总结滨江区社区卫生服务中心的经验,进一步推行和完善"双向转诊"制度应该做好以下几方面的工作:

第一,政策支持。政府应制定切实可行的"双向转诊"配套政策,加大对社区医院的投入和建设力度,同时明确各级医院职责,引导患者小病、慢病去社区医院,大病、危重病和疑难病到大医院。第二,加强合作。为打消患者对社区医院的顾虑,要加强大医院与社区医院的交流,大医院要派人员定期到社区医院工作,培训社区医生,缩小两者服务和技术的差距,保证患者转诊后得到连贯性的医疗与服务。第三,设立转诊服务机构,大医院应设立"双向转诊"服务机构,使得转入病人有专人接待和服务。社区医院应增强"双向转诊"意识,提高技术和服务水平,成为病人放心的社区卫生服务之家。

(大病进医院 康复回社区 小病在社区 健康进家庭. 杭州日报,[2008-07-03].;家门口医院实行"收支两条线"滨江让更多人病有所医. 杭州日报,[2010-08-19].)

社区卫生服务是我国城市社区建设和管理的重要组成部分,发展社区卫生服务是我国卫生服务体系改革的重要方面。大力发展社区卫生服务,构建以社区卫生服务为基础、社区卫生服务机构与医院和预防保健机构分工合理、协作密切的新型城市卫生服务体系,对于坚持预防为主、防治结合的方针,优化城市卫生服务结构,方便群众就医,减轻群众医疗费用负担,建立和谐的医患关系,具有重要意义。

(中国杭州. [2008-7-3]. http://www.hangzhou.gov.cn/)

7.1 社区卫生服务概述

社区卫生是社区建设的重要组成部分。社区卫生的核心工作就是要把卫生工作的重点放到社区，开展社区卫生服务，不断改善社区居民的卫生条件。社区卫生服务是随着社区服务的产生和发展逐步兴起的，是由社区机构及相关部门向社区居民提供范围广泛的促进医疗、预防疾病和康复服务、健康教育、保护和改善居民健康条件等基本卫生服务，是满足人民群众日益增长的卫生服务需求，提高人民健康水平的重要保障。

7.1.1 社区卫生的卫生服务的兴起与发展

1. 社区卫生服务的兴起

社区卫生服务起源于 18 世纪的全科医疗。所谓全科医疗是指受过一般医学训练且不分科的基层医生所提供的医疗服务。提供这种卫生服务的基层医生被称为全科医生。自 20 世纪 20 年代以来，由于医学迅速向专科医疗发展，全科医疗受到冲击而萎缩，但世界各地的全科医生也在困境中求生存、求发展。1945 年英国议会正式批准《国家卫生服务法》，该法提出英国实行"医院专科医疗服务、社区卫生服务和全科医疗服务"三位一体的国家卫生服务制度；同时，该法还规定基本卫生保健服务主要由全科医生提供。1947 年，美国成立全科医生学会，并于 1971 年改名为美国家庭医生学会，该学会提出了"家庭医师"或"家庭医生"以及"家庭医疗"这两个术语，力求把家庭医疗作为一种崭新的社区医疗服务模式。1958 年，澳大利亚创建皇家全科医生学院，在培训全科医生、促进社区卫生服务方面发挥了重要作用。在 20 世纪 60 年代以前，世界各国多用全科医生、全科医疗的称谓。伴随着现代全科医学学科的正式建立。

2. 社区卫生服务的发展

社区卫生服务兴起之后，世界许多国家和地区先后开展了社区卫生服务。1978 年，世界卫生组织要求世界各国大力发展社区卫生服务，并视之为推进初级卫生保健的重要方法和途径，这极大地促进了社区卫生服务的发展。目前，英国、日本、加拿大、澳大利亚的社区卫生服务在世界上处于领先地位。亚洲的韩国、马来西亚、新加坡、印度和中国，也都积极开展社区卫生服务。欧洲的一些国家建立全科医学示范学院和初级卫生保健研究发展中心。总之，社区卫生服务在世界范围内正在蓬勃发展。

3. 我国社区卫生服务的兴起与发展

我国的社区卫生服务在 20 世纪 50～60 年代，第一次卫生革命时期便开始起步，但直到 20 世纪 90 年代中期还没有获得长足的发展。同世界上其他国家和地区相比，我国（港台地区除外）的社区卫生服务起步比较晚。其根本原因在于，新中国成立后我国在计划经济体制下长期实行三级医疗预防保健制度，有效地解决了城乡居民的基本卫生问题，因此客观上没有条件，也没有必要发展社区卫生服务。

20 世纪 90 年代以后，随着我国市场经济的推进，原有的医疗卫生体制已不能适应新时期的经济社会的发展需要，已不能满足城市居民对卫生服务多样化的需求，城市卫生服务体系的改革、卫生资源的合理配置和利用、医药费用的过快增长、人口的老龄化以及疾病谱的改变等问题的出现都迫切要求发展社区卫生服务。1996 年 2 月，全国卫生工作会议把开展社区卫生服务确定为卫生改革的重要内容。1997 年 1 月，党中央、国务院联合颁发了《关于卫生改革与发展的决定》（以下简称《决定》）。该《决定》指出，改革城市卫生服务体系，积极发展社区卫生服务，逐步形成功能合理、方便群众的卫生服务网络。1998 年 12 月，国务院颁布《关于建立城镇职工基本医疗保险制度的决定》（以下简称《决定》)，该《决定》指出，要合理调整医疗机构布局，优化医疗卫生资源配置，积极发展社区卫生服务，将社区卫生服务中的基本医疗服务项目纳入基本医疗保险范围。1999 年 7 月，卫生部等十部委局联合印发的《关于发展城市社区卫生服务的若干意见》指出：社区卫生服务是社区建设的重要组成部分，是在政府领导、社区参与、上级卫生机构指导下，以基层卫生机构为主体、全科医师为骨干，合理使用社区资源和适宜技术，以人的健康为中心、家庭为单位、社区为范围、需求为导向，以妇女、儿童、老年人、慢性病人、残疾人等为重点，以解决社区主要卫生问题、满足基本卫生服务需求为目的，融预防、医疗、保健、康复、健康教育、计划生育技术服务等为一体的，有效、经济、方便、综合、连续的基层卫生服务。

2000 年 1 月 31 日，卫生部印发《关于发展全科医学教育的意见》（以下简称《意见》)，该《意见》指出：全科医学是以人为中心，以维护和促进健康为目标，向个人、家庭与社区提供连续、综合、便利的基本卫生服务的新型医学学科。2002 年 8 月，卫生部下发《关于加快发展城市社区卫生服务的意见》，指出了要建立以社区卫生服务为基础、合理分工的新型城市卫生服务体系，增加基层卫生服务的供给。2006 年 2 月，国务院印发《关于发展城市社区卫生服务的指导意见》，再次强调了社区卫生服务是城市卫生工作的重要组成部分，是实现人人享有初级卫生保健目标的基础环节，并指出要加大社区卫生服务的投入力度，切实发挥社区卫生服务在基础医疗保健中的重大作用。

当前，我国以全科医生为骨干的社区卫生服务队伍尚未形成，全科医学教育体系和全科医生规范化培训制度正在建立，对全科医学的概念、全科医生的作用等存在模糊认识，全科医生培养工作亟待规范。发展全科医学教育，建立适合我国国情的全科医学教育体系，造就一支高素质的社区卫生服务队伍，是贯彻落实党中央、国务院《关于卫生改革与发展的决定》、建设面向 21 世纪的社区卫生服务体系的重要保障。

7.1.2 社区卫生的含义与内容

1. 社区卫生的含义

社区卫生起源于欧美国家。英国现代社区卫生服务的发源地，其服务理念和模式不同于医院定向的专科服务，社区卫生服务是指以全科医生为主体的卫生组织或机构所从事的一种社区定向卫生服务。

1999 年，卫生部等国务院十部委在《关于发展城市社区卫生服务的若干意见》中，对社区卫生服务做出了以下的定义：社区卫生服务是社区建设的重要组成部分，是在政府领导、社区参与、上级卫生机构指导下，以基层卫生机构为主体，全科医师为骨干，合理使用社区资源和适宜技术，以人的健康为中心、家庭为单位、社区为范围、需求为导向，以妇女、儿童、老年人、慢性病人，融预防、医疗、保健、康复、健康教育、计划生育技术指导等位一体的有效、经济、方便、综合、连续的基层卫生服务。

社区卫生服务具有以下的特点：社区卫生服务的场所必须在社区；服务的项目必须以社区居民"需求"为导向，而不是以"需要"为导向；所提供的服务内容不仅仅是疾病的医疗，还应是集保健、康复、健康教育、计划生育为一体的全方位服务；服务必须是居民在经济上能够承担且能方便地接受。

总之，社区卫生服务以健康为中心，以人群为对象，以家庭为单位提供综合服务，其便捷、低廉、高效、连续，成为现代医疗保健系统的主要组成部分。

2. 社区卫生服务的内容

社区卫生服务的内容主要包括为社区居民提供医疗、预防、保健、健康教育、康复、计划生育等六位一体的综合服务。

（1）疾病预防

疾病预防是指社区卫生服务机构在政府领导、社区参与以及上级卫生机构指导下，广泛宣传，动员社区居民，采取综合措施，预防和控制疾病，保障和促进社区人群健康水平的过程。

从20世纪50年代开始，我国建立了三级医疗卫生预防保健网，这一模式在当时发挥了很大的作用。但是，随着经济体制的改革，三级预防体制已经无法适应社会的发展，体制的改革迫在眉睫。社区卫生服务就是在新形势下发展起来的新的健康预防模式，其内容非常丰富。社区疾病预防主要包括卫生宣传、计划免疫、预防接种、疫情监测、环境卫生、社区居民健康检查和社区居民健康状况评价、控制社区不良行为因素等。

1）疫情报告是指为传染病管理系统提供重要的信息，也是制定传染病防治措施的依据。社区卫生服务管理者就是要收集社区卫生状态和疫情信息，并按照有关规定向上级或者向公众报告。

2）预防接种又称人工免疫，是预防传染病的有效措施，也是当前传染病防治的最流行的方法。社区管理者在预防接种的管理上应该注意宣传和提供便利服务。宣传是为了让社区居民了解疫情，了解其病理；服务是为了让其接收免疫或接种，降低居民安全风险。

3）疾病监测是指通过长时期的观察某种疾病的发生和传播，调查各方因素，确定其发展动态和分布规律，及时采取措施，达到控制和消灭疾病的目的。这对于现代社会来说显得非常重要。现代社会经济高速发展，疾病同时也发生变异，产生了许多人类从未遇见过的疾病，对人类的免疫系统可能产生致命性伤害。

（2）社区医疗

社区医疗是社区卫生服务的核心内容，是指以社区卫生服务中心（站）为基地，在家庭和社区范畴内，以社区全科医生为主体，为一定的人群提供连续、有效、优质、经济的医疗服务，包括一般常见病、多发病和诊断明确的慢性病的医疗服务，内、外、妇、儿科等疾病的基本治疗，疑难病症的转诊，急危重症的现场紧急救护及转诊、家庭出诊、家庭护理、家庭病床等家庭医疗服务。

在社区医疗服务体系中，社区医生实际上就是社区居民的保健医生，社区医生要对社区内居民的病史有记录，对健康状况做长期而全面的观察。这就要求社区医生是一名全科医生，"全科"也是专科，是综合的专科，主要体现在常见病、多发病的综合防治上。社区医疗质量的好坏、水平的高低，以及居民的满意度如何，主要取决于社区医疗服务从业人员的素质。因此，加强社区医疗服务人员的培训指导，提升从业人员的专业素质和实践能力是社区医疗服务的关键所在。此外，社区医疗还有一个功能，那就是由社区医生为服务对象提供就医指导，帮助病人准确地选择医院和医生，明确告诉患者哪些费用是必要的，哪些费用是不必要的；哪些检查是应该做的，哪些检查是不需要做的，从而有效控制患者的医疗费用。

（3）社区保健

社区保健涉及社区内所有的人群和对象，根据不同的人群和对象，社区保健又可分社区儿童保健、社区妇女保健、社区老年保健。

1）社区儿童保健。对新生儿、婴儿、学龄前儿童保健系统的管理，要建立儿童保健登记卡，根据儿童不同时期的生理特点和保健重点，采取有效措施，促进儿童健康成长发育，提高健康水平。对产妇进行母乳喂养宣传，指导母乳喂养；根据被检查对象不同年龄段的生理特点，进行体格发育检测和疾病预查，参照儿童发育评价标准，将体检所测得的数据和标准值比较进行营养评价。对学龄儿童开展心理发育指导及咨询、生长发育监测、托幼机构卫生保健的指导，与家长配合开展性启蒙教育和性心理咨询等。积极防治儿童常见病、多发病，调查发病因素，制定社区防治措施，推广科学育儿，普及相关保健知识。

2）社区妇女保健。主要包括妇女婚前卫生咨询与指导，进行婚前医学检查宣传，开展婚后卫生指导与生育咨询。产前保健，即了解孕妇的基本健康状况和生育状况；早孕初查并建册；开展孕妇及其家庭的保健指导，预防和减少先天性和遗传性疾病，推广科学接生。产后保健，即开展产后家庭访视，提供产后恢复、产后避孕、家庭生活调整等方面的指导。

更年期保健，即提供有关生理和心理卫生知识的宣传、教育与咨询；指导更年期妇女合理就医、饮食、锻炼和用药。此外，还包括配合上级医疗保健机构开展妇科疾病的普查，防治妇女常见病、多发病，制定预防措施等。

3）社区老年保健。了解社区老年人的基本情况和健康状况；建立社区老年人健康档案，定期进行健康检查；指导老年人进行疾病预防和自我保健；指导老年人意外伤害的预防、自救和他救；搞好社区老年人的心理卫生，使老年人保持乐观的情绪；组织和指导老年人参加各种合适的健身活动，养成良好的生活、卫生习惯，积极预防心脑血管疾病等老年常见病；以及指导老年患者正确合理使用药物。对持有健康卡的老人，优先就诊、优先出诊、优先建立家庭病床服务。

（4）社区康复

社区康复是在社区范围内，使残疾人、慢性病人及老年病人得到全面康复的社会系统工程。社区康复思想产生于 20 世纪 40 年代，经历曲折发展，至 20 世纪 70 年代受到世界许多国家的广泛重视，世界卫生组织在阿拉木图召开的国际会议上予以确认。当时的提法是"以社区为基地的残疾预防与康复"。目前人们所说的社区康复，主要指残疾人在社区中的康复。

我国社区康复工作具有重要的现实意义，是衡量社会文明程度和进步程度的重要指标。社区康复工作的开展关系到人民的健康、民族的昌盛、国家的繁荣和社会的安定，是一项与人民利益、民族利益、国家利益都密切相关的重要事业。据 1987 年全国抽样调查显示，我国残疾人约有 5000 万人，约占全国总人口的 5%。残疾人的绝对量大，需求庞大。社会经济的发展，疾病也在逐步发生变化，一些慢性病取代急性传染病，位于发病序列之首。随着医学的发展，一些急性病的生存机会变得相对较小，但很多迁延为慢性病，如肿瘤、心脑血管及肺病等。中国卫生部 2012 年公布的数据显示，目前中国大约有 2.6 亿被确诊患有慢性病，出院后却很多人没有得到康复机会，缺口很大。老年人口也不断增加，老年人疾病增多，加上经济条件的宽裕，社区康复需求巨大。社区康复涉及面广，社会性强，是一项与国家、民族、社会和全民利益密切相关的重要事业，必须在各级政府的领导和调控下，协调有关部门，组织社会各阶层、各团体，动员全民参与，才能使其长足发展，适应社会经济发展的需要，满足康复对象和人民群众的需求。

（5）计划生育

计划生育是我国的一项基本国策，也是社区卫生服务的一项重要内容。社区计划生育服务主要包括以下几个方面：宣传优生优育知识和妇幼保健知识；开展遗传学咨询，解答群众提出的有关问题；为准备结婚的未婚男女提供婚前检查；发现有不适宜结婚的人；协助怀孕妇女提供产前检查，并给予饮食、用药、劳动等方面的指导；为育龄妇女提供计划外怀孕检查；为育龄妇女和幼儿提供健康体检；为不孕症夫妇提供治疗信息，或提供转诊服务。努力普及有关计划生育方面的知识，开展以居住地为主的计划生育管理改革工作，加强对社区流动人口的管理工作。在社区计划生育技术服务中要坚持三个不变的原则，即现行生育政策不变，既定人口控制目标不变，各级党政一把手亲自抓不变。同时，要坚持以宣传教育为主，避孕为主，经常性工作为主。以大力宣传和优质服务，为达到控制人口增长，提高人口素质，改善人口结构，促进人口与经济社会协调发展和实现可持续发展的目标做贡献。

（6）健康教育

社区卫生服务中开展健康教育的基本单位是家庭，对象是家庭中的成员，任务是使他们学习或掌握自我保健知识与技能。由于每个家庭成员的工作性质、年龄、性别都不相同，健康教育的重点也不尽相同，针对不同群体的特点和需求开展健康教育，才能使社区卫生服务中的健康教育效果更好。

1）健康教育的内容和形式可以多种多样

举办健康知识讲座、印发健康教育资料，健康教育专栏黑板报等都是很好的形式。通过为居民提供各种健康检查，建立家庭与个人健康档案，对不同居民家庭与个人进行有针对性的健康教育；通过开设社区卫生服务健康咨询电话或网上健康服务，开展社区居民的心理、疾病控制及自我保健方面的健康教育咨询服务；通过开设家庭病床与提供家庭保健医生或护理服务等方式开展家庭健康教育指导；通过为社区居民提供预约上门诊疗或提供专家预约门诊，进行随诊健康教育指导服务；定期举行某种疾病高发人群、重点人群的预防与保健指导性健康教育讲座。通过以上方式，开展面向群体和个人的健康教育，指导社区居民纠正不利于身心健康的行为和生活方式；配合免疫接种，预防性病及艾滋病、无偿献血、生殖健康、禁毒及控烟等活动开展宣传、教育。

2）健康教育的目标

普及健康知识（包括各种健康问题及解决方法）；转变对卫生保健问题的态度；转变行为，使人们重视并实行对卫生保健有益的事情，控制不良的行为。即：从知道、相信到行动，这"知、信、行"三者有机地结合起来才能达到健康教育的目的。因此，健康教育工作是使人们懂得健康知识，相信健康道理，从而产生健康行为的一项系统工程。

社区卫生服务的领域还涉及：开展精神卫生咨询、宣传与教育；早期发现精神疾患，根据需要及时转诊；配合开展康复期精神疾患的监护和社区康复；开展社区卫生服务信息的收集、整理、统计、分析与上报工作；根据居民需求、社区卫生服务功能和条件，提供其他适宜的基层卫生服务和相关服务等。

7.1.3　社区卫生服务的重要意义

1. 维护社会繁荣稳定

社区卫生服务通过多种形式的服务为群众排忧解难，解决了广大基层群众"看病难"、"看病贵"的问题，也使社区卫生工作人员与广大居民建立起了新型医患关系，以积极热情的态度和主动的服务赢得了广大群众的信任和支持，对加强社会主义精神文明建设起到了重要作用。积极开展社区卫生服务也是为人民办好事、办实事、为民谋利的民心工程，充分体现了全心全意为人民服务的根本宗旨，有利于密切党群、干群关系，维护社会稳定，促进国家长治久安。

2. 建立健全卫生服务体系

改革的推进和社会主义市场经济的发展使人民群众的生活发生了天翻地覆的变化，打破计划经济体制下对城镇职工在医疗卫生领域国家全包的局面，单一的医疗结构和体制机制已无法满足卫生领域发展的需要。社区卫生服务可以将广大居民的多数基本健康问题解决在基层。积极发展社区卫生服务，有利于调整城市卫生体系的结构、功能、布局，提高效率，降低成本，形成以社区卫生服务机构为基础，大中型医院为医疗中心，预防、保健、健康教育等机构为预防保健中心，长期以来，城镇职工基本医疗服务全部由大中型医院提供，服务的普及面不够广泛深入，等候时间过长，服务不到位等现象普遍存在，职工单位的负担也因成本较高而显得越来越沉重。而社区帮助参保职工合理利用社区卫生服务资源，并通过健康教育、预防保健，增进职工健康，减少发病率，既保证了基本医疗，又降低了成本，符合"低水平、广覆盖"原则，对职工基本医疗保险制度长久稳定运行，起到了重要的支撑作用。

3. 满足卫生服务需求

随着生活水平的提高，生活条件的改善，人们对健康的重视程度越来越高，保健意识也越来越强。社区卫生服务覆盖面广泛，服务内容丰富，服务形式灵活，方便群众，能使广大群众获得基本卫生服务，也有利于满足群众日益增长的多样化卫生服务需求。社区卫生服务强调预防为主、防治结合，有利于将预防保健落实到社区、家庭和个人，提高人民群众的健康水平和生活质量。

7.2　社区卫生服务的组织机构

国务院印发了《国务院关于发展城市社区卫生服务的指导意见》，明确了发展城市社区卫生服务的指导思想、基本原则和工作目标，提出了促进社区卫生服务发展的政策措施。

7.2.1　社区卫生服务的组织机构概述

1. 机构设置与执业登记

（1）社区卫生服务机构按街道办事处范围设置，以政府举办为主，属非营利性组织。

（2）设置社区卫生服务机构，须按照社区卫生服务机构设置规划，由区（市、县）级政府卫生行政部门根据《医疗机构管理条例》、《医疗机构管理条例实施细则》、《城市社区卫生服务中心基本标准》、《城市社区卫生服务站基本标准》进行设置审批和执业登记，同时报上一级政府卫生行政部门备案。

2. 社区卫生服务中心基本标准

社区卫生服务中心至少设有以下科室：

（1）临床科室：全科诊室、中医诊室、康复治疗室、抢救室、预检分诊室（台）。

（2）预防保健科室：预防接种室、儿童保健室、妇女保健与计划生育指导室、健康教育室。

（3）医技及其他科室：检验室、B超室、心电图室、药房、治疗室、处置室、观察室、健康信息管理室、消毒间。

（4）人员：至少有6名执业范围为全科医学专业的临床类别、中医类别执业医师，9名注册护士；至少有1名副高级以上任职资格的执业医师；至少有1名中级以上任职资格的中医类别执业医师；至少有1名公共卫生执业医师。

（5）房屋：建筑面积不少于1000m²，布局合理，充分体现保护患者隐私、无障碍设计要求；设病床的，每设一床位至少增加30m²建筑面积。

3. 社区卫生服务站

（1）床位：至少设日间观察床1张，不设病床。

（2）科室：至少设有以下科室：全科诊室、治疗室、处置室、预防保健、健康信息管理室。

（3）人员：至少配备2名执业范围为全科医学专业的临床类别、中医类别执业医师；至少有1名中级以上任职资格的执业医师；至少有1名能够提供中医药服务的执业医师；每名执业医师至少配备1名注册护士。

（4）房屋建筑面积不少于150m²。

7.2.2 社区卫生服务机构

1. 社区卫生服务组织管理体制

我国政府对社区卫生服务一般采取分级管理的方式，由各级人民政府成立社区卫生服务工作领导小组，卫生部门、财政、民政、人事、劳动社会保障、计生、药监、物价、残联等各部门支持和协助小组工作。街道按规定成立相关的社区卫生服务领导机构，各有关部门各司其职，各负其责，制定和完善有关配套政策与措施，及时协调解决社区卫生服务工作中遇到的问题和困难。

2. 社区卫生服务的组织形式

组织形式和机构是社区卫生服务的组织基础，对其建设方向的选择要遵循实际情况和具体要求，因地制宜，多样化发展。根据《城市社区卫生服务机构管理办法（试行）》规定，社区卫生服务中心原则上按街道办事处范围设置，以政府举办为主。新设置的社区卫生服务机构可由政府设立，也可按照平等、竞争、择优的原则，通过公开招标等方式确定社区卫生服务机构举办者，鼓励社会力量参与。目前，我国社区卫生服务的组织形式建设方向的多元化主要体现为以下几个方面：

（1）以医疗卫生单位医院为主体

以街道办事处为依据，以医疗卫生单位医院为主体，建立预防、治疗、康复为一体的社区卫生服务中心或服务站，使社区卫生服务规范化。医务人员和技术设备由医疗卫生单位负责配备，行政领导权由办事处行使，即社区卫生服务机构由一级医院或基层医疗机构整体转型而来。通过这种组织功能和机构的转变，既解决了基层医疗机构经营难的问题，又满足了社区居民的卫生服务要求，一举两得，成为目前大中城市社区卫生服务机构的主导建设方向。

（2）以二、三级医院为中心

以二、三级医院为中心，扩大服务范围，设立社区卫生服务部或家庭预防保健部，医务人员面向社区主动上门服务。社区居民对大医院一般是望而却步的，大医院一般的管理模式也是在院墙之内，坐等患者上门就医，其技术和设备的优势作用没能充分发挥出来。依托大中型医院提供社区卫生服务，有利于提高医疗质量，解决启动资金不足和人力资源匮乏的问题，使双向转诊成为现实。同时要处理好医院和社区卫生服务机构之间的产权关系，避免对公共卫生服务投入不足和效率低下。

（3）与地方卫生资源形成资源互补

依托有条件的企业卫生机构，与地方卫生资源形成资源互补，共同承担区域内的社区卫生服务。根据区域卫生规划，企业卫生机构经卫生部门审批，纳入社区卫生服务机构，并将企业医院的卫生资源进行整合，成立社区卫生服务中心和相应的站点，为企业职工和当地社区居民提供卫生服务。这种方式有助于盘活存量，提高卫生资源的利用率，有利于卫生资源的合理布局和服务延伸。不过，要注意区域卫生规划的整体协调以及"六位一体"综合性服务的到位。

（4）举办社区卫生服务机构

能满足提供社区卫生服务功能的基本条件，符合法律、法规，能独立承担民事责任的法人或自然人均可申请成立社区卫生服务机构。也可聘请离退休的医护人员或个体从业医生共同办站，街道办事处和卫生行政部门负责组织相关人员开展社区卫生服务。充分动员社会力量投入社区卫生服务建设中去，很多地方政府都支持和鼓励其发展。政府相关部门要加强监管工作，避免这些机构以医疗和经济利益为第一位，忽视公共利益。

（5）公办民营的建设方向

公办民营的建设方向，其基本思路是通过社区卫生服务中心产权职能的分离，确立非营利的组织性质不动摇，经营者以竞聘方式选拔，在合约中，资产所有者和经营者各自明确责权利关系及收益配置问题，确保国有资产的保值增值。民营化的建设方向能带来较好的经济效益和社会效益，社区卫生服务中心自身做大做强，社区居民满意度高，工作人员积极性有经济保障，实现了双赢。不过，这种建设方向难度较大，合约的周密、产权的明晰、监管的到位等都不容易做到，委托—代理的不对等和不对称，可能会造成不可弥补的损失。

（6）延伸家庭病床

家庭病床模式。在我国的一些中小城市，社区卫生服务还比较落后，在建设方面，可以考虑由二、三级医院将家庭病床科延伸到社区家庭。提供医疗型、康复型和综合型二级医疗服务。这种模式的优点是社区居民可以享受到较好的医疗资源，有利于双向转诊的实现。不过卫生服务的内容较单一，"六位一体"的综合卫生服务不到位。

7.2.3 社区卫生服务筹资体制

我国社区卫生服务中心及服务站的筹资和补偿机制是复合型的，国家的财政拨款、医疗收入、药品收入是其运作资金的来源，其中医疗和药品收入是主要渠道。

1. 政府补贴下享受税费优惠

(1) 政府财政补贴

社区卫生服务专项经费应纳入财政预算，设立社区卫生服务启动基金与社区卫生服务专项资金。公共卫生服务经费补助方式可分按社区卫生服务人口定额补助，以及按根据提供社区卫生服务的数量和质量进行考核，以奖代补两种形式。社区公共卫生服务对象包括流动人口，区财政应给予适当补助。

(2) 建立公共卫生补助经费

根据社区卫生服务机构覆盖人口、提供服务的数量和质量，安排补助经费。对社会力量举办的社区卫生服务机构提供的公共卫生服务，政府通过购买服务的方式予以相应补偿。

(3) 二、三级医院药品收支结余部分

二、三级医院药品收支结余部分的10％用于维持社区卫生服务发展。这样做有利于提高机构服务效率，但前提是要保证政府投入到位，按规定的服务数量和质量购买服务，同时做好监督管理工作，保证资金落到实处。

2. 使用者付费

社区卫生服务逐渐完善后，服务收费可成为其主要筹资方式。不过，目前大部分地区都是参照《全国医疗服务价格项目规范》及各省市物价局卫生厅（局）的有关规定来定价的，没有形成完备的服务项目价格体系。

3. 纳入职工医疗保险定点医疗机构和医疗保险报销范围

鼓励享受公费医疗和劳保医疗的职工利用社区卫生服务。现在一般规模较大的社区卫生服务中心都被定为医保定点单位，通过适当提高医疗保险基金对社区卫生服务机构的医疗费用支付比例，将符合规定的医疗服务项目纳入基本医疗保险支付范围，降低其支付的比例。社区能诊治的常、多、普疾病如去大医院就诊要加大个人支付比例。

4. 业务用房补偿

当前大部分地区社区卫生服务机构业务用房由市、区两级政府及街道办事处、居民委员会负责解决，包括无偿提供和房租减免等方式。

5. 社会捐赠

随着经济和社会的发展，我国公民的社会公益意识得到了提高，社会捐赠以及慈善组织捐赠也成为社区卫生服务机构的筹资来源。例如，厦门市将社区卫生服务中心确定为"红十字惠民门诊"的定点机构，免费的费用由红十字会提供资助。

7.2.4 社区卫生财务的运行机制

社区卫生财务的运行机制、动力机制和约束机制组成了财务机制。

1. 建立健全"收支两条线"制度

社区卫生服务的收、支应该进行分开核算。社区卫生服务管理中心设置独立财务账户，对下属社区卫生服务机构收支进行统一核算和管理，管理中心及下属社区卫生服务机构的所有开支均由该账户统收统支。

2. 盈亏相机调节

收入减支出不足部分由政府进行补贴，收入减支出盈余部分用于社区卫生事业发展。一切经济决策要有财务部门参与。

3. 建立现代会计管理机制

管理中心财务办配备会计、出纳人员各一名，对下属各社区卫生服务机构进行财务管理，并可按需增设统计复核员。下属社区卫生服务机构依据规模大小，按实际情况设立专职或兼职收费员。各机构财务人员由财务办统一派遣与领导。

7.2.5　首诊与双向转诊机制的建设

1. 社区首诊制建设

社区引导、鼓励居民首先选择到社区卫生服务机构就诊，如有需要，则由社区卫生服务机构根据居民的实际情况进行转诊。

根据具体情况，分阶段推行首诊制度。

第一阶段：利用现有政策制度设计，首先在特定人群中试行，制定政策约束，规定或引导初诊必须到社区。

第二阶段：根据第一阶段试点的经验，逐渐扩大首诊覆盖人群。

第三阶段：根据第二阶段经验，逐渐实行部分病种社区首诊制，将试点人群扩大至全人群。

2. 双向转诊机制建设

综合医院专科医生主要从事危急重症、疑难病症的诊疗，并结合临床开展教学、科研工作。

根据区域卫生规划及城镇职工基本医疗保险定点医疗机构管理规定，结合患者需求，社区卫生服务机构与上级医院、专科医院建立双向转诊关系，在此基础上建立本区域内双向转诊网络。

明确双向转诊的具体指标，建立由社区与上级医疗机构/专科医院的双向转诊流程与相应的规章制度。

7.2.6　物流机制的建设

物流机制部分主要涉及药品和办公用品等的采购及管理制度，以及检验样品的社区采集及配送管理工作。由社区卫生服务管理中心委托物流办代表各社区卫生服务机构统一进行社区药品及办公用品的集中采购。根据安全有效、质优价廉的原则选择社区用药。为体现社区卫生服务的便民性，物流办承担社区内行动不便的患者、老年患者和残疾患者以及集中体检居民的检验样品送检工作。

7.2.7　民主监督机制的建设

成立社区卫生服务民主监督委员会，实行民主监督制，行使民主监督职能。委员会由社区居民、区卫生行政部门代表、街道办事处代表、相关行政单位和机构负责人、居委会代表等组成。其主要职责是履行社区卫生服务监督工作，对社区卫生服务相关规章制度的制定与修改提出意见和建议；对社区卫生服务进行监督检查；调研社区居民社区卫生服务利用以及需求状况，提出对社区卫生服务工作的意见和建议；对社区卫生服务进行定期评议与考核；对社区卫生管理中心定期评议与考核。

对社区卫生服务的监督方式的建设也应多样化：居民患者等可就社区卫生服务的有关问题进行投诉的投诉处理制度；居民及患者的满意度调查制度；社区居民代表、社区卫生服务民主监督委员会对社区卫生服务工作分别定期开展的民主评议制度；涉及社区卫生服务的重大事项所举行的听证制度。

7.3　社区卫生服务的工作方法

7.3.1　社区卫生服务的现状

伴随着社区人口的老龄化和广大居民的保健意识不断增强，社区卫生事业在社区建设中更显突出，特别是 2003 年初春出现的非典型肺炎疫情更显出社区卫生工作的重要性。我国城市有 600 多万残疾人口，他们也需要社区提供医疗康复服务。在系统开展社区建设的过程中，要把发展医疗卫生保健和康复事业作为一项重要任务来抓。

（1）进一步完善基层社区医疗卫生网络，逐步形成街道社区有医院（卫生院），居民小区或居委会辖区共同体内有医疗站的网络格局，方便群众就医保健。

（2）动员社区医疗单位和医务人员开展巡回医疗服务活动、设立家庭病床等，解决部分居民群众尤其是老年人外出就医的困难。

（3）通过社区医疗卫生组织与居民群众的通力合作，逐步建立起居民家庭保健档案，为提高群众的医疗保健水平服务。

（4）通过多种形式向居民宣传卫生保健知识，开展预防疾病的经常性活动。

（5）深化社区康复工作。社区康复是指对那些需要从生理上、心理上特殊关怀的残疾人、精神病人、弱智儿童等进行社会矫治，力争使他们的生理、心理、肢体、听力、视力、智力等方面恢复到正常或良好状态。

社区康复的方式是多种多样的。例如，通过手术、服药进行医疗康复；通过兴办弱智学校、康复培训班等进行教育康复；通过建立康复站，配备一定的康复器械，组织各类伤残者开展文化体育康复锻炼，以及组织外伤矫治进行伤残康复；通过建立医疗站、活动室、娱乐室等对精神病人进行精神康复等。各地应结合自己的实际情况，深化这方面工作。

我国的社区卫生服务经过十几年的探索和发展，已经取得了初步进展，总结起来有以下几个方面。

（1）社区卫生服务理念广为传播。据 2005 年在部分城市社区的调查，城市居民对社区卫生服务的知晓率达到 70％以上，城市社区卫生服务的理念和某些做法，正在被越来越多的农村地区借鉴。

（2）社区卫生服务网络正在形成。至 2005 年年底，全国已有 95％的地级以上城市、52％的县级市开展了社区卫生服务，通过资源重组、结构和功能改造等措施，设置城市社区卫生服务中心和社区卫生服务站，社区卫生服务中心（站）年增长速度在两位数以上，平均每个中心覆盖居民 4.9 万人，每个站覆盖 1.5 万人左右。目前已基本达到卫生部要求的社区卫生服务中心一般以街道办事处所管辖范围设置，服务人口约 3～5 万人的标准。

（3）社区卫生人才素质得到提高。目前全国已有 11 万余名医师、近 8 万名护士和数万名其他卫生技术人员从事城市社区卫生服务工作。各地对社区医生、护士等专业技术人员进行了多种形式的培训，近 80％的社区卫生服务中心和 62％的社区卫生服务站参加了全科医师岗位培训，65％的中心和 47％的服务站参加了社区护士岗位培训。全国已有 2000 多名社区的医师通过了卫生部和人事部举行的考试，取得了全科主治医师技术资格。

（4）社区卫生服务功能逐步完善。各地社区卫生服务机构普遍开展了社区门诊、家庭出诊、家庭护理、家庭病床等便民医疗、护理服务，有的还开展了照料老年人等相关的延伸性服务。社区预防保健功能也得到加强。一些社区卫生服务机构有计划地开展了社区诊断和社区干预；绝大多数社区卫生服务机构不同程度地开展了健康教育等工作。据统计，至 2005 年年底，有 95％以上的社区卫生服务机构采取免费发放宣传品、定期讲座、咨询等多种方式开展健康教育；多数机构开展慢性病的管理；80％以上的机构开展计划免疫、妇幼保健等工作；69％的社区卫生服务中心和 36％的社区卫生服务站已建成计划生育部门认可的技术服务机构。

7.3.2　社区卫生服务面临的挑战

1. 社区卫生服务市场有待进一步开发

社区卫生服务市场远未开发、启动，检查手段落后，但对一些服务项目收取的费用，多数人却难以接受。医疗卫生部门对社区卫生服务投入远不到位，同时在经营指导思想上还未真正把重点转移到"六位一体"的新型服务模式中来，认为社区卫生服务只有社会效益，不会产生较好的经济效益，看不到社区卫生需求中蕴藏着的巨大潜力，没有积极主动地去开发社区卫生服务市场。

2. 社区卫生服务缺乏支撑系统和补偿机制

各级政府对社区卫生服务缺乏必要的投入和政策支持，如启动资金及社区卫生服务专项资金缺乏、相应的物价政策不到位、公费医疗及劳保医疗项目不予报销等；各级政府对卫生事业的投资取向不尽合理，大医院投入过多，社区基层机构长期得不到补偿。其次是群众花钱对自身健康进行投入的自我保健意识尚未形成，使社区卫生服务得不到合理补偿。

3. 社区卫生服务机构缺乏统一规划

一些新建的居民小区卫生机构不配套、不落实，作为社区卫生服务网络的卫生服务站，无论是新城区或老城区都很难按区域医疗机构设置的规划给予落实。许多城市社区敬老院建了不少，但社区康复院与护理院寥寥无几，这一现象与群众的需求远不相适应，从而影响了整体功能的发挥。

4. 合理的双向转诊机制尚未建立

在中、小医院与大医院之间只有单向转诊，病人不愿意在社区就诊，80％能在社区解决的健康问题都涌向大医院，使得大医院"人满为患"，多数中、小医院门诊量逐年下降。

5. 缺乏接受系统培训的全科医护人员

从事社区卫生服务的医护人员，虽经过一些全科医学知识培训，但远远满足不了群众的需求。高素质的、适应社区群众多元化服务需求的全科医护人员队伍严重缺乏，已成为制约社区卫生服务进一步发展的主要原因之一。由于在开展社区卫生服务工作中存在着上述种种问题，严重制约了社区卫生服务的深入发展。针对社区卫生服务发展中出现的矛盾和问题，卫生部门必须加大重视力度，认真研究，采取有效措施加以解决，以推进社区卫生服务健康发展。

7.3.3　社区卫生服务的方法

社区卫生服务是社区建设的重要内容，是政府实行一定福利政策的社会公益事业的具体体现，积极推进社区卫生服务是政府的重要责任，因此，各级政府要切实加强对社区卫生服务的领导。

1. 加强政府对社区卫生服务的领导

社区卫生服务是政府实行一定福利政策的社会公益事业的具体体现，积极推进社区卫生服务是政府的重要责任，各级政府要切实加强对社区卫生服务的领导。要把积极推进社区卫生服务列入政府的工作目标，纳入当地经济与社会发展总体规划和城市社区两个文明建设规划，作为社区建设和社区发展的一项重要内容予以统筹规划、组织实施。

各级政府要成立社区卫生服务协调组织，卫生、计划、财政、物价、劳动和社会保障、民政、人事、教育、建设、计划生育、中医药等有关部门，要按照各自的职能完善有关配套政策与措施，为社区卫生服务工作提供良好的环境，及时协调解决社区卫生服务工作中所遇到的各种具体问题和困难。

街道办事处作为政府派出机构，对推进社区卫生服务、提高本社区全体居民健康水平负有重要责任，要积极协调辖区内各方力量，在卫生行政部门指导下，支持和帮助社区卫生服务机构解决必需的业务用房和工作中遇到的困难，切实支持发展社区卫生服务。

2. 社区动员

社区动员是一项社区居民广泛参与，并依靠自己的力量来实现特定社会发展目标的群众活动，是一个寻求社会改革与发展的过程。社区动员需要诸多条件，它离不开各级政府的重视和支持，离不开有关部门的合作，离不开社区居民的广泛参与，离不开非政府组织的参与，离不开医生与动员对象的有效互动。

各级政府的重视和支持是社区卫生服务能否顺利开展和持续发展的重要保证。因此，要通过多种方式和途径，向各级政府领导宣传社区卫生服务在保护人民健康和发展社会经济中的重要意义，争取使各级政府将发展社区卫生服务、改善人民健康和生活质量作为其职责列入议事日程。

社区卫生服务的宗旨是维护人的健康，而单靠卫生部门不能解决与健康有关的各种问题。因此，必须同工商、教育、民政、人事、建设、环保、财政、计划、传媒等部门加强合作，共同保障人民健康。

社区是促进健康的基本场所，社区卫生服务离不开社区居民的广泛参与。街道办事处和居委会是社区动员的重要力量，应积极协助社区卫生服务机构开展社区动员，使社区内的家庭及其成员积极参与，充分了解开展社区卫生服务的重要意义。非政府组织（如妇联、共青团、老龄委、宗教团体、学会、协会、志愿组织等）在社会中发挥着重要作用，应通过各种形式发挥非政府组织在社区卫生服务中的作用。社区动员成功与否在很大程度上取决于社区医生与动员对象是否建立了良好的人际关系。因此，社区医生应该学会人际交流技巧、传播艺术和公关技能。

3. 健全社区卫生服务体系

社区卫生服务是城市卫生服务体系的基础。要在区域卫生规划指导下，充分发挥现有基层卫生机构作用，引入竞争机制，统一规划社区卫生服务机构，逐步建立健全结构适宜、功能完善、规模适度、布局合理、有效经济的社区卫生服务体系，使社区居民都能够拥有自己的全科医师。

健全社区卫生服务体系要依托现有基层卫生机构，形成以社区卫生服务中心、社区卫生服务站为主体，其他医疗卫生机构为补充，以上级卫生机构为指导，与上级医疗机构实行双向转诊，条块结合，以块为主，使各项基本卫生服务逐步融合到基层卫生服务网络中。

社区卫生服务中心和社区卫生服务站的设置，应当以当地规划和群众需求为根据。社区卫生服务中心一般根据街道办事处所辖范围设置，可由基层医院（卫生院）或其他基层医疗卫生机构改造而成。社区卫生服务中心服务区域过大的，可下设适量的社区卫生服务站。上级医院及疾病控制中心（卫生防疫站）、妇幼保健院、健康教育所等预防保健机构，要在当地卫生行政部门领导下，加强统一协调，发挥对社区卫生服务机构的指导作用。

4. 社区诊断

社区诊断是参照临床诊断思维，对社区居民的需要和需求进行调查研究，掌握有关信息，分析社区健康问题产生的原因，了解解决社区问题的资源，提供适应社区需要与需求的资料，制定社区卫生计划的过程。从这个定义中，我们可以看出，社区诊断的步骤是：确定需要的信息→收集信息→分析信息→做出诊断。

（1）确定需要的信息

不同的工作需要不同的信息。社区诊断需要的信息通常有背景信息、人口信息和卫生信息。其中，背景信息包括社区的地形、地貌、位置、自然资源、经济发展水平、风俗习惯、交通通信、政府机构、人民团体、学校、企业等状况；人口信息包括社区人口的性别构成、年龄构成、职业构成、教育构成、残疾人构成、人口流动、高危人群等状况；卫生信息包括卫生机构、人员、服务范围、服务对象、服务内容、各种疾病发病率、死亡率、就诊率、转诊率、参加医疗保险率、安全用水普及率、健康教育普及率、卫生经费占社区财政开支的比例等状况。

（2）收集信息

收集信息时，一方面要利用现存的资料，既包括各卫生局、卫生防疫站、医院、计划生育指导站、统计局等处的统计年报资料、疫苗接种资料、人流资料、出生死亡资料、发病率和患病率等，又包括有关健康检查、慢性病普查、医院病历记录、卫生监测记录；另一方面要通过访谈、问卷调查、专题讨论、民意调查等手段获取新的资料。需要指出的是，上述各种调查都要注意培训调查人员，规范调查行为，尽量减少资料的误差。

（3）分析信息

收集好信息之后，就要分析信息。分析信息常用统计学方法作比较分析、分布分析和发展分析。比较分析或以目标作比较（如安全用水普及率），或以平均水平作比较（如平均每人每年门诊次数），或以条件相似的社区作比较（如传染病发病率）。分布分析按时间、人群和地理划分，如社区高血压人群的分布。发展分析是从时间的维度对社区卫生服务现象进行分析，如历年婴儿死亡率的下降情况。此外，收集的信息大多是绝对数，往往要通过相对数、平均数等的计算来说明问题，这些经过处理的数字表现为各种指标，如出生率、死亡率、婴儿死亡率、孕产妇死亡率、期望寿命等。

（4）做出诊断

这是社区诊断的终极目的。社区诊断的要点包括：发现社区主要卫生问题；确定高危人群；估计社区卫生服务的可行性；制定社区干预措施。通常，社区诊断的结果应该形成社区诊断报告，以便向政府有关部门反映存在的卫生问题。报告的内容主要包括基本情况、调查的内容和方法、调查的结果和分析、发现的问题和原因、解决问题的方法和策略。报告的内容要有针对性，要突出重点；问题的描述尽可能具体化，并采用生动形象的图表；提出的建议和对策具有可行性。

5. 社区计划

社区计划是在社区动员、社区诊断的基础上，针对社区存在的健康问题，根据社区卫生资源等条件，决定未来社区卫生服务工作的过程。社区卫生服务计划应当吸收社区领导、居民代表、群众团体代表、医务人员和有关专业部门（如环保、交通、物价、城建等）代表参加，这样做不仅有助于集思广益，也有助于同心协力实现计划。社区计划一般要经过以下步骤：

（1）明确现存的卫生问题

现存问题是从社区诊断结果或监测评价中发现的问题，如安全用水普及率低、卫生厕所少、就医距离远、高血压病人多等。明确现存问题后，就要确定优先解决哪些问题。确定优先解决的问题时，应考虑问题的重要性、问题牵涉范围的大小、性质的严重程度（如死亡和致残）。

（2）确定解决问题的目标

在明确了现存问题之后，还应明确要在多大程度上解决问题。到底是从根本上解决问题，还是缓解问题，必须做出选择。社区卫生服务的目标不能过高，也不能过低，它应该是经过努力后可以实现的目标。此外，目标还可以分解到每个部门、每个单位甚至每个成员，以便起到自我控制和激发潜能的作用。

（3）制定实现目标的策略

在明确了现存问题和解决问题的目标之后，应着手制定解决问题的策略。制定策略时，应从大局出发，着眼于未来，不要纠缠于细枝末节。分析社区卫生问题产生的原因，有助于制定解决问题的策略。社区卫生服务问题的原因多种多样，如资源短缺、地理位置偏僻、技术落后、人员不足、时间不够、文化习俗限制等。把这些原因按主次排列后，就能找出实现目标的策略。

（4）提出解决问题的办法

办法是落实策略的措施，它是可操作的，应比较详细。其内容应包括制定计划的理由、具体工作、实施计划的地点、实施计划的时间、实施计划的主体以及实施计划的方法。

（5）确定工作日程

在提出各种办法的基础上落实工作计划，要具体落实到日程安排，包括每项活动的具体内容、所需资源（人员、资金、设备、交通）、活动及其完成时间与进度等。

6. 加强社区卫生服务的规范化管理

卫生行政部门是社区卫生服务的行业主管部门，负责业务上的组织、指导、监督和管理。发展社区卫生服务必须改善服务态度、保证服务质量、提高服务水平。加强社区卫生服务的标准化、规范化、科学化管理，逐步建立健全社区卫生服务机构的基本标准、基本服务规范和管理办法，完善各种规章制度。加强社区卫生服务人员执业资格管理，规范服务行为，进行基础理论、基本知识、基本技能的培训与考核，竞争上岗，树立要求严格、组织严密和态度严谨的良好作风。要依法加强对社区卫生服务机构和执业行为的监督管理，逐步建立社区卫生服务的管理信息系统，完善社区卫生服务的计划、实施和评价的全程管理。

7. 完善社区卫生服务的配套政策

政府有关部门要认真研究，积极完善有关配套政策，支持发展社区卫生服务。

（1）发展计划部门要将社区卫生服务纳入区域卫生规划和社会发展总体规划，合理布局社区卫生服务机构。

（2）财政和卫生行政部门要调整卫生经费的支出结构，按社区卫生服务人口安排社区预防保健等公共卫生服务所需工作经费。

（3）劳动和社会保障部门要把符合要求的社区卫生服务机构作为职工基本医疗保险定点医疗机构，把符合基本医疗保险有关规定的社区卫生服务项目纳入基本医疗保险支付范围。

（4）物价部门要建立和完善社区卫生服务的价格体系。要规范社区卫生服务项目的名称、服务内容，合理制定社区卫生服务收费标准，促进社区卫生服务的发展。

（5）民政部门要将社区卫生服务作为指导各地进行社区建设和开展社区服务工作的重要内容，把支持开展社区卫生服务作为考核和表彰模范街道、居委会和社区卫生服务中心（站）的条件。

（6）人事行政部门要支持和指导卫生行政部门加强社区卫生服务专业技术人员和管理人员队伍建设。

（7）教育行政部门要支持和指导卫生行政部门建立以毕业后医学教育为核心的全科医学教育体系。

（8）建设行政部门在新建或改建城市居民居住区时，要把社区卫生服务设施纳入建设规划。

（9）计划生育行政部门在制定与落实人口计划、推行优质服务时，要积极支持城市社区卫生服务的发展；社区卫生服务机构应当根据基层计划生育工作的需要、居民的需求和自身条件，开展计划生育与生殖保健宣传教育和适宜的技术服务活动。

（10）各级政府和有关部门要解放思想、更新观念、抓住机遇、大胆探索、勇于实践，促进社区卫生服务工作健康发展。

【特色案例】

银川"零利润"药品进社区试点解决群众看病难

"平价药店"、"平价医院"……轰轰烈烈的"药品降价风暴"仍然熄不灭药价"虚高"之火。为了从根本上遏止药价虚高，切实解决当地老百姓"就医难"，银川市在全国率先实行药品"零利润"进社区，采取政府集中招标采购药品，扣除运作成本后，政府对社区医疗服务机构进行行政补贴，社区医疗服务机构对患者治疗药品"零利润"的做法，为缺少药品支付能力的基层群众构筑了一道"社区医疗服务网"。

2005年9月，卫生部部长高强专程参观了银川市社区卫生服务的发展，并对银川市在社区卫生服务方面的积极探索和所取得的成绩给予了充分的肯定。

1. 银川市的具体做法

（1）政府主导，政策、机制配套，按实际成本购买社区卫生服务，药品"零利润"销售。

2005年银川市政府下发了《关于加快发展银川市社区卫生服务的实施意见》，把社区卫生作为卫生事业的重点领域优先发展，确定社区卫生服务机构的公益性地位，由政府主导，通过出台政策、建立机制、完善补偿等方式，积极组织、引导社区卫生服务的发展。

银川市卫生局副局长马如林告诉记者，银川市采取鼓励、支持市属公立医疗机构在原有基础上继续参与社区卫生服务、药品"零利润"进社区，卫生服务机构由政府埋单的办法发展社区卫生服务。2005年在财力十分困难的情况下，银川市对市属医院设立的社区卫生服务机构实行全额预算拨款，统一各医院对社区卫生服务机构的补助政策，统一工资发放项目，按标准安排社区公共卫生服务经费，2005年投入社区卫生服务的费用达453.8万元。同时，银川市卫生局对市属各医院承办的社区卫生服务机构统一管理模式。社区卫生服务机构自主经营、自负盈亏，而各医院不得再向社区卫生服务机构收取管理、设备折旧等费用。

在政府主导下，有了政策和机制的保障，2005年7月25日，银川市开始在19家社区卫生服务机构对所有前来就诊的居民实行"零利润"销售，随后在其他社区卫生服务机构推广开来。

银川市对社区卫生服务机构的药品、耗材、二类疫苗进行集中议价采购，大幅度降低药品价格，实现零利润销售，切断社区卫生服务机构的药品利益驱动，有效减轻老百姓的疾病负担。2005年银川市社区卫生服务机构所用的243种药品都是政府集中议价采购，扣除3%～5%的药品损耗，采购药品价格比有关部门对医院药品最高零售限价平均低38.15%，比药店的零售价格低5.52%。银川市城市贫困人口到社区卫生服务机构就诊的次均处方费用也由2003年的112元降到14.5元，降幅达87%。

自治区副主席郑小明认为："某种程度上来说，这是城市医院过剩医疗力量向社区下沉，实现了医院和社区的双赢。既加强了社区医疗卫生力量，又为医院过剩医疗力量找到了出路。"

（2）合理配置资源、强化公共服务职能。

社区卫生服务机构是城市卫生服务体系的重要组成部分，是城市预防保健和基本医疗的网底。银川市在社区卫生服务网络建设中，注重利用现有资源，合理规划设置社区卫生服务机构，不搞重复建设。根据银川市的社区卫生服务整体目标，银川市在现有街区、居民小区布设服务网点的基础上，根据城市发展规划预留社区卫生服务点；伴随城市化进程的推进，适时将进入城市范围的乡镇卫生院转型为社区卫生服务中心。规划到 2010 年银川市社区卫生服务机构由现在的 39 家增至 78 家，确保居民步行 15 分钟都可以就近到达一个社区卫生服务机构。

"诊所"是以前不少市民对社区卫生服务机构的印象。为避免银川市社区卫生服务机构再走老路，银川市采取五大措施突出社区卫生服务机构的公共卫生职能：一是理顺工作体系，将原先由各地段医院承担的计划免疫和妇幼保健工作统一划转社区卫生服务机构开展。二是采取政府购买公共卫生服务的方式，按项目进行付费，鼓励社区卫生服务机构向基本医疗以外的预防、保健、健康教育、康复训练等服务领域延伸。三是倡导人性化服务，对社区老年人、残疾人、妇女、儿童等重点人群给予更多关注，为他们建立健康档案。四是开展特色服务，有的社区以慢性病防治为切入点，成立"高血压、糖尿病患者俱乐部"；有的社区以妇幼保健为切入点，开展"母子保健一条龙"服务；有的社区以康复为切入点，对残疾人进行康复训练。五是推行电话医生、家庭责任制医生及健康合约式服务，越来越贴近老百姓的需求。通过大力加强公共卫生服务，使社区卫生机构实现了"小院落"向"大社区"的转变；实现了"为病人服务"向"为健康服务"的转变；实现了"坐堂行医"向"送医上门"的转变，有效地把预防为主的卫生工作方针落到了实处。为激励社区卫生服务机构实行公共服务的积极性，银川市对社区卫生服务机构开展的除基本医疗以外的公共卫生服务，由市卫生局根据其所提供的公共卫生项目、服务人口数量及服务质量等统一考核，根据结果以政府购买的方式予以补助，这些补助由社区卫生服务机构自行支配。人均补偿 5 元，确保计划免疫、妇幼保健、慢性病管理、家庭健康管理等公共卫生服务落到实处。

（3）药品"零利润"迎来社区卫生服务机构第二春。

很长一段时间，社区卫生服务机构漂浮在政府"全额拨款体制"之外，艰难维持，难以发挥其健康守门人的作用。而药品"零利润"销售后，前来社区服务机构就诊的病人大增。银川市安秀社区卫生服务机构负责人冯秀娟告诉记者，"零利润"药品进社区后，该站搬到了人口相对集中的唐徕小区，如今每天接待患者五十多人，而以前每天也就十多人。记者在安秀小区看到，一些周边小区的居民也来到这里看病输液。

李菊花是银川市中医院副主任医师，在通过医院的全科医生资格考试后，来到这里为居民看病。她给记者算了一笔账：一个高血压患者如果在医院看病到药店买药，好的药品一天至少要花 7 块多钱，但社区医生会为每个慢性病患者建立健康档案，并制定一个治疗方案，一个高血压患者每天的费用在 8 分钱左右，极大地减轻了患者的经济负担。此外，医生还会针对患者做一些生活干预措施，告诉他们怎么样吃饭、运动，并定期随访，检测其各种身体状况指标，以调整下一步的治疗方案。

在安秀社区卫生服务站，前来吊瓶的 82 岁老人曹华山说，社区卫生服务站方便了老年人，现在看病都不用子女送，自己散步五六分钟就走过来了，这里清静，空气也好，病人也不多，医生照顾得过来，也不用家人陪床，自己过来挂了 5 次吊瓶，花了 200 多元，如果到医院就得四五百元，便宜了一半，还得打的挂号，每次还得花十多块钱。

众多前来社区医疗机构就诊的患者表示：服务质量比大医院没有降低，药品价格还优惠了不少。在银川市康乐社区卫生服务机构，康复室一大早就有在此等待的患者。负责人吴维林是银川市第一人民医院康复科的医生，他告诉记者，这里不仅是药品零利润，其他各项服务也比医院收费便宜得多，仅收取成本费。作为社区卫生机构居民健康的"守门人"，医院和社区联动，可以尽快将重病病人转诊，让患者在享受优惠价格的同时，也能享受到及时的治疗。带着妹妹前来就诊的裴卓文告诉记者，在这里花的钱虽然少，医生的服务态度还是和医院的一样好。记者走访了 7 个社区服务站，患者普遍反映，社区站的医生态度比医院好。

2. 对解决"就医难"的思考：解决"就医难"仍需要多方配合

嘉园社区卫生服务站负责人游海鹰告诉记者，目前社区卫生服务机构遇到的最大问题就是老百姓长期以来形成的就医"偏见"。现在服务站提供的药品目录已经达到 512 种，基本可以满足老百姓日常用药需求了。可一些老百姓来到这里以后，说一句"药这么便宜，没有什么好药"就走了。

银川市卫生局中医药管理科科长汤齐生说："这些年来药价'虚高'，许多人产生了'贵药'才是好药的偏见。事实上，我们多年从医的人都知道，许多常用药里，新药和旧药的药效区别并不大。"

记者先后在 6 家社区卫生服务站采访发现，前来就医的人群里，老年人和低保人口占多数。其中一个重要原因就是，社区卫生服务不健全。

（医药网．［2006-4-23］．http：//www.39kf.com/）

【复习思考题】

1. 我国的社区卫生服务是怎样兴起的？

2. 我国社区卫生服务的基本内容有哪些？

3. 在你看来如何才能有效地开展社区卫生服务？

4. 我国社区卫生服务的基本内容有哪些？

5. 开展社区卫生服务有哪些重要意义？

第8章 社区教育

【关键词】社区教育；社区教育建设；学习型社区

【案例导读】

"四点钟学校"构建黄海路社区教育大平台

5月6日下午，记者走进烟台市莱山区黄海路街道清泉寨社区实地探访"四点钟学校"，手工教室里的孩子们正在老师的指导下，做着京剧脸谱，四周的柜子放满了孩子平日里做的各种作品，风筝、手抄报、水彩画、昆虫标本、恐龙模型等琳琅满目……除此之外，舞蹈室、声乐室、图书室、乒乓球室、琴房、教室整整13间，小学生正在写作业或看课外书籍，间或有辅导老师对他们的作业进行辅导……

社区居委会委员林梅介绍，他们社区绝大多数学生家长都在社区集团公司上班，小学生下午4点钟放学，而家长要5点多才下班，这段"真空管理"时间让许多家长头痛。2007年开始，他们腾出几间办公用房，就在居委会楼下开办了"四点钟学校"，从一开始仅仅为放学的小学生提供去处，后来附近工商学院和烟台大学的志愿者们轮流担任老师，除了为学生提供作业辅导，还传授一些科普、手工、歌舞等知识和才艺内容。"四点钟学校"在开办之初，只在下午4点才开放，但遇到寒暑假期，学生照样无处可去。于是，到了寒暑假，社区专门聘请了专业的绘画、声乐、器乐老师，举办暑期特长班，每天的开放时间也延迟到晚上7点以后甚至8点。

随着孩子越来越多，而且双休日也照常开学，学生有时候能达到上百人，他们每天安排一名社区工作人员担任班主任管好孩子，让家长放心。四年级的小学生张依婷说："我特别喜欢这里，一年级开始，每天下午都在社区'四点钟学校'到晚上6点左右。"因为父母忙于工作，她的家庭作业都是在这里完成，这里的大学生志愿者可以帮助他们检查作业、课后辅导。而且有许多好看的课外书籍，可以参加喜欢的特长班，这里有许多小同学，寒暑假里也不觉得孤单了。回家基本上就做些自己喜欢的事。依婷的妈妈也很喜欢这种模式，她认为，"四点钟学校"帮了大忙，把孩子送到社区里来感觉特别放心。

据黄海路街道有关负责人介绍，近年来，黄海路街道针对辖区内流动人口多的特点，结合文明城市创建和未成年人思想道德建设，不断丰富"四点钟学校"内容，整合社区、学校、周边高校志愿者，使"四点钟学校"不只是一幢房子、一间教室，还是一个教育平台，成为集思想教育、道德实践、文体活动、兴趣培养等多种形式为一体的未成年人教育和实践基地，形成一个完整有序的社区教育网络，使孩子们学习到了许多学校和家里没学到的知识，无论是在校园还是家园里，都能感受到全社会的关爱和呵护，达到了让孩子开心、家长放心、干部尽心、社区和谐的多赢目的，深受社区居民群众的欢迎。

（中国社区教育网．[2011-05-12]．http://www.ccedu.org.cn）

8.1 社区教育概述

8.1.1 社区教育的形成与发展

当代社会已逐渐进入一个知识型、学习型社会，人们在接受了正规的学校教育之后，还要在自己的社区和工作岗位上不断地学习，不断地接受教育。随着人们物质生活水平的提高，人们对精神生活质量，自身素质和社区文明程度的要求也随之提高，并激起对学习的渴望。社区是社会发展的基本单位，是一定地域空间内的人们生活的共同体。现代人的一生，从生长到发展都离不开社区。社区在人们社会生活中的地位和影响的不断提高，社区教育的作用也将日益突显。于是，以社区为载体而开展的教育活动，即"社区教育"就应运而生。

社区教育（Community Education）一词最早源于美国的杜威，他于 1915 年提出"学校是社会的基础"的思想。不久，曼雷（E. L. Man1cy）和莫托（C. S. Mort）在美国的密歇根州对这一思想进行了实验。这一实验通过加强学校与社区之间的沟通，使学校成为社区的一种资源，可以为社区所利用，为社区服务。负责推行社区教育的不仅有教育部门，还有社区其他部门和各方力量的协作和参与。社区教育在不同国家的发展历程不同，所以形成了不同的模式，如北欧的现代民众教育模式、德国的社区成人教育模式、美国的社区学院模式、日本的公民馆模式、新加坡的社区中心模式等。

中国现代意义上的社区教育形成于 20 世纪 80 年代中期，一般认为 1986 年上海市真如中学成立的"社会教育委员会"是社区教育开始的标志。该委员会由学校作为牵头单位，由社区的工厂、商店、部队、镇政府为理事单位。1988 年 3 月，上海出现了街道一级社区教育委员会，即闸北区共和新路街道和彭浦新村街道的"街道社区教育委员会"。该委员会由街道办事处牵头，由街道辖区内的工厂、商店、机关、学校、派出所等单位参加，其目的是支持和促进本地区教育事业的发展。社区教育委员会的形成和发展不仅带动了上海市社区教育的发展，还在全国产生了影响，并最终使社区教育在全国范围内得到普及和发展。1994 年，上海创办了第一所经市政府批准试办的"社区学院"（上海市金山社区学院）。1996 年，上海市"社区教育研究中心"成立。北京、天津等地也都开始试办社区学院，推行社区教育。与此同时，对社区教育内涵的认识产生了许多质的升华。

现代社区教育在我国的发展进程大致经历了 4 大阶段：

（1）理念引进期（20 世纪 70 年代末～20 世纪 80 年代初）

这一时期，国内专家、学者集中引进了国外先进的终身教育、社区教育理念，翻译和编著出版了一批著作，同时发表了一批介绍性、研究性论文。

（2）探索实验期（20 世纪 80 年代中期～1999 年）

这一时期，京津沪辽等省市率先开展社区教育。其特点是各地"各自为战"，很少相互沟通联系。社区教育内容以青少年校外教育和老年人教育活动为主。

（3）扩大实验期（2000 年 4 月～2007 年）

这一时期的社区教育呈现出 3 大特点：一是从中央到地方，政府教育主管部门开始全面介入。二是社区教育的推进与"十五"国家教育科学课题研究紧密结合，互相促进。三是各地实验区社区教育的推进工作有了统一部署与交流互动。2000 年 4 月，教育部部署了社区教育实验工作：确定了 8 个社区教育实验区；建立了教育部社区教育工作联席会议制度，就社区教育实验工作及社区教育工作的重大问题进行统筹协调；推进社区教育的日常工作由职业教育和成人教育司负责。自 2001 年以来，教育部先后确定了 4 批 114 个全国社区教育实验区，成为全国及各地发展社区教育的先行和主干力量。

（4）推广示范期（2008 年以后）

目前，我国社区教育已经形成了以京津沪等大城市为龙头，以东部沿海发达地区为主干，以中西部地区为重点的紧紧跟上的梯度发展格局；各地出现了一批社区教育发展力度大、发展进程快，乃至大面积推进的城市；出现了一部分城市先行、以城带乡、城乡联动、协调发展的地区；出现了中国成人教育协会社区教育专业委员会、长三角社区教育论坛、环渤海社区教育协作会等群众性、区域性研究推进社区教育的民间协作组织；涌现出了一批整体素质及品位较高、特色优势突出、示范引领作用明显的社区教育典型单位。

2008 年 2 月，为落实党的十六大、十七大关于"构建终身教育体系、建设学习型社会"的要求，教育部在各地政府对社区教育实验区进行评审和推荐的基础上，组织有关专家进行评审，确定了北京市西城区等 34 个单位为第一批全国社区教育示范区。2009 年 8 月为大力开展社区教育实验，深入贯彻落实党的十六大、十七大的要求，教育部重新公布了调整后的《全国社区教育实验区名单》，北京市顺义区等 98 个区（市）列入。2010 年 7 月，全国教育工作会议公布的《国家中长期教育改革和发展规划纲要（2010～2020 年)》中提出"广泛开展城乡社区教育，加快各类学习型组织建设，基本形成全民学习、终身学习的学习型社会"。2010 年 11 月为贯彻纲要的有关精神，教育部进一步确定北京市东城区等 34 个区（市）为第二批全国社区教育示范区。要求各地要以加强社区教育实验区、示范区建设为抓手，深入贯彻落实全国教育工作会议精神，大力发展新时期社区教育工作。各全国社区教育实验区、示范区要进一步加大工作力度，努力推动社区教育工作不断取得新的成绩，为建设全民学习、终身学习的学习型社会做出新的贡献。

8.1.2 社区教育的含义和特征

在社区教育发展的过程中，不同的国家走过了不同的历程，体现了不同的特色，形成了对社区教育的不同理解。

1. 国外对社区教育的定义

（1）社区教育即是"民众教育"。此为北欧诸国的提法。社区教育发端于丹麦柯隆威等人于 19 世纪中叶创办的"民众中学"，体现"为民众启蒙、为民众教育"的宗旨，以青年与成人为教育对象，实施以提高人文素质为主要目标的、灵活多样的教育活动。发展到今天，尽管北欧五国已各自形成特色，内涵已大大超越了初始的民众教育，形式更是丰富多样，但在北欧却少见"社区教育"的提法，而"民众教育"则耳熟能详。

（2）社区教育即是社会教育。此为日本的提法。在日本，社会教育几乎是社区教育的同义词。1949 年颁布的《社会教育法》就明确把社会教育定义为除《学校教育法》所规定的学校教育活动之外，面对全体社会成员所实施的有组织的教育活动。

（3）社区教育即是向社区提供教育服务的非正规教育。此为美国的提法。在美国，社区教育被普遍认为是为社区不同种族、性别、年龄、职业、状况的所有成员提供的非正规的社会教育服务。在社区学院内，社区教育的内容宽泛，完全根据社区居民的实际需要来组织课程，教学形式与方法灵活多样，但一般不计学分、不发文凭，不授予学位。英国对社区教育的理解与此相近。在苏格兰，社区教育被认为是影响个人学习的方法或过程。

2. 我国学者对社区教育的定义

从 20 世纪 90 年代起，我国教育学、社会学方面的学者和社会工作者从不同的角度对社区教育的概念进行了探讨。主要观点如下：

（1）把社区教育看成是社区发展的途径与形式的定义。袁方主编的《社会学百科辞典》一书认为社区教育是"一种教育工作形式，跨出学校或学院的范围，请社区其他人参加，既可作为学生也可作为教师，或兼任两者。教育意图完全是为整个社区的利益服务"。黄云龙教授认为，社区教育是"以社区学校（院）为主体（实体）的一种形式化、组织化的教育形式。"民政部主编的《社区工作指南》认为，社区教育是"以社区为依托，以全体社区成员为教育对象，以社会主义教育、政治思想教育和科学文化教育为主要内容的一种教育形式，是社区文化建设的基础工程"。

（2）把社区教育看成是社区发展的教育活动的定义。厉以贤教授认为，社区教育是"提高社区全体成员素质和生活质量，以及实现社区发展的一种社区性的教育活动过程。"教育部原副部长王湛在 2001 年全国社区教育实验工作经验交流会议上指出，社区教育是"在一定地域范围内，充分利用各类教育资源，旨在提高社区全体成员整体素质和生活质量，促进区域经济建设和社会发展的教育活动。"

（3）大教育观指导下的定义。娄成武等主编的国家"十五"规划教材《社区管理》认为，"社区教育是在一定区域内，利用社区各种教育资源开展的旨在提高区域内全体社会成员的整体素质和生活质量，服务于区域经济和社会发展的教育活动，其实质是人人参与教育、人人接受教育的社会大教育。"

（4）把社区教育与终身教育、学习型社会结合起来的定义。叶忠海主编的《社区教育学》一书认为，"社区教育是指以社区为范围，以社区全体成员为对象，旨在发展社区和提高其成员素质和生活质量为目的的教育综合体。"梁春涛认为，"社区教育的内涵应以社区为本，以社区内人的发展为本；并把社区教育与学习化社会在内涵上统一起来"。

（5）国家标准对社区教育的定义。在上述的研究成果基础上，2003 年 10 月由中国标准化研究院牵头组织国内有关专家、学者起草，于 2006 年 12 月由国家标准化管理委员会发布了《社区服务指南第 3 部分：文化、教育、体育服务》（中华人民共和国标准）。该国家标准对社区教育作了下列定义："在社区中，开发、利用各种教育资源，以社区全体成员为对象，开展旨在提高成员的素质和生活质量，促进成员的全面发展和社区可持续发展的教育活动。"

由上可见，对社区教育虽有不同的理解，但综合大家的看法可认为社区教育：是一项在社区开展的教育活动；是一项旨在提高社区全体成员素质和生活质量的教育活动；是一项贯彻终身教育理念的教育活动；是一项促进社区成员的全面发展和社区可持续发展的教育活动。本书即采用国家标准对社区教育的定义。

3. 社区教育的特征

叶忠海在《社区教育学》一书中，对不同学者关于社区教育活动的特征的观点进行了整理归纳，认为我国目前关于社区教育的特点有四性说、五性说、七性说等几种不同的观点。所谓"四性说"即指社区教育的教育性、地域性、群众性、灵活性，或全员性、终身性、综合性、地区特色性等；"五性说"则指的是社区教育的地缘性、整合性、开放性、互补性及广延性；"七性说"指的是育员性、地域性、广参性、即需性、多样性、组织性和共管性等。

以上几种观点从社区教育活动的内容、形式、对象或组织结构层面对社区教育作了归纳分析，本书在进一步考虑社区教育与其他形式的教育活动的本质差异的基础上，将社区教育的主要特点概括出以下几个方面：

（1）地域性

地域性是社区教育活动最显著的特性之一。社区教育的地域性决定了社区教育活动的开展，必然要以本社区的问题、本社区的发展目标作为依据；社区教育活动必然以服务和服从于社区成员的素质和生活质量的提高，促进本社区的发展为宗旨；必然以促进本社区的社区教育发展为主要目的。其组织实施亦在特定的区域环境下进行，受到本地客观实际的制约，要融入并且服务于社区的实际需要。因此，社区教育活动必然带有着明显的本土化、草根化特色。社区教育是及时、准确、真实满足社区居民需要的本土化教育。

（2）全员性

社区教育的目的不是为了培养专门的人才，更不是为了培养精英，社区教育是一种面向全体社区居民大众的教育活动。全员性具体体现在全员构成的层次性上。全体社区居民在性别、文化程度、职业等构成上的层次性，要求社区教育以不同层次的社区居民的需要为核心开展各种社区教育活动，如女性生理健康教育、就业技能培训、特殊技能教育等；全体社区居民在年龄上的层次性，要求社区教育活动设计由婴幼儿、青少年、中年人一直延伸到老年人的面向人的终身的社区教育活动，如中小学的社区实践教育、老年的健康保健教育等。社区教育活动有别于学校的年龄层限制，只要是社区居民均可以享用，使教育成为人的多次性和连续性的行为，为人的终身发展服务，以达到提高社区全体成员素质和生活质量的目的。我国 1999 年提出了全民教育和终身教育的目标，社区教育正是实施全民教育和终身教育的基本途径。

（3）多样性

社区教育内容应该与社区教育的目标和社区教育的对象的特点相一致。只有符合社区居民特点，满足社区居民各方面需要的教育内容，才能真正地为社区居民所接受，也才能发挥积极的作用。社区教育不同于学校教育，它是一种大众性教育，在教育内容上，不能只有单一的内容，必须要满足社区居民多样性的需求，如道德教育、身心健康教育、婚姻家庭教育、法制教育、审美教育、科学技术知识教育等。要求社区教育既要满足各类在职人员更新知识、提高水平的需要，也要满足失业人员学习新技术、寻找新的就业机会的需求，通过多样性的教育内容，切实解决社区居民的生活和发展中所关心的问题，以促进社区居民的发展来促进社区的发展，进而促进整个社会的发展。

（4）灵活性

面对纷繁复杂、变化多样的社区建设和社区教育需求，封闭式、围墙式、填鸭式、应试式的"正规"学校教育肯定不能适应蓬勃发展的社区教育需要。社区教育必须是"目标开放、形式灵活、项目实用、受众广泛"的教育。这就要求社区教育从教育形式上要灵活实用，除了社区课堂教育外，还可以采用论坛、展览会、讲座、竞赛、演讲、参观、网络视频等多种灵活的教育形式，满足社区居民的不同教育需求。

（5）自主性

社区教育与学校教育的一个很大的不同在于它是由社区居民自主决定并组织的一种教育，居民的积极参与是社区教育的特色，居民的权利更是不同于专业技能培养型学习的场合。这种活动是社区居民自发形成的、自下而上的教育活动。社区教育虽然原则上面向社区内的全体成员，但它却还有一个自愿前提，即参加者的意愿，这不同于"义务"教育。社区教育的主角是社区居民自己，政府职能部门可以对此提供指导，却不能强制性地干涉或全面介入。这种自主性与当今世界备受关注的人的学习权利保障息息相关，并成为学习型社会的基础。

（6）公益性

社区教育是基于全体社区居民对精神生活的追求，是一种非营利的教育活动，它特别强调的是活动的公益性和社会效益。由于它不以营利为目的，许多活动都是免费的，即使收费也很低廉，这就保证了大多数居民只要愿意，都有能力与机会参与社区教育活动。

（7）社会性

社区教育是一项涉及社区内各部门、各单位及社区内全体成员的社会性系统工程。在管理体制上，需要"政府统筹领导、教育部门主管、有关部门配合、社会积极支持、社区自主活动、群众广泛参与。"在政府统筹领导下，把社区教育纳入区域经济建设和社会发展规划，纳入教育事业改革和发展规划。教育、民政、人事、劳动、文化、卫生、公安、司法、财政、工商、税务、共青团、妇联、科协等部门都负有社区教育的责任，各部门都要共同关心，积极配合，发挥各自的职能作用。在教育资源共享和建设学习型组织上，需要社区内各教育机构、机关团体和企事业单位共驻共建、共驻共教、共驻共学。在教师队伍建设上，要建设一支以专职为骨干、兼职为主体、专兼结合、能适应社区教育多层次、多形式办学、掌握社区教育规律、特点的教师队伍，更要建立一支数量众多、质量较高的成千上万的社区教育志愿者队伍，使社区内人人是学员，人人也可以是教员，形成全社会处处、时时、事事、人人学习的氛围。

8.1.3 社区教育的内容

社区教育是以"教育、培训"为主要手段，以"修身、谋生、乐生"为主要目的而进行的全员终身教育活动。其内容主要包括：

1. 道德教育

社区教育最基本的任务就是提高社区居民的个人素质，而个人素质的基本内容就是思想观念与道德素质。随着社会的发展和全球化对我国的冲击，社会生活中的各种思潮对社区居民的思想观念与道德素质形成很大的冲击。如何提高社区居民的道德素质，使社区居民形成良好的道德伦理观念，就成了社区教育的主要内容之一。1991年，新加坡政府在公民的道德教育方面确立了五种共同的价值观，即国家至上，社会为先；家庭为根，社会为本；关怀扶助，尊重个人；求同存异，协商共识；种族和谐，宗教宽容。同时将其编入学校教科书，要社区居民及全体公民执行。这种做法非常值得我们借鉴。上海目前在各社区进行的百万家庭网上行、百万家庭学礼仪活动也是以社区为基本单位，对公民进行的思想观念教育与素质教育的好例子。

2. 科普教育

科普教育主要包括科学知识普及和经济常识教育。科普知识教育主要包括计算机知识、外语知识、卫生保健知识、环境保护知识等。组织广大社区居民学习各种基础性、普及性的科学文化知识，提高居民的知识修养，树立尊重科学，反对迷信的风尚。随着市场经济的发展，人们的生活质量的高低往往与他们所掌握的经济常识有关，比如证券市场知识、家庭理财知识等。为此，可以组织社区居民学习有关市场经济的各种基本知识，了解市场经济的一般规律和金融、债券、股票等有关投资理财的基本知识等，提高社区居民当家理财的能力和水平。

3. 法制教育

我国在现代化的建设中，需要不断地完善民主政治体制，健全法制。目前，广大市民在民主与法制知识与观念的普及方面，还存在着许多问题，对法律知识的掌握和法制观念的理解还有许多误区，对民主的理解还处于比较低级的层次。因此，进行民主与法制教育就成了社区教育的重要内容。我国长期以来所进行的普法教育就是通过社区教育来进行的，这种教育形式在我国的民主法制建设方面发挥了重要作用。

4. 婚姻家庭教育

家庭生活是人生的重要领域。现代人在家庭关系与婚姻关系方面面临着越来越多的挑战与困境。由于我国第一代独生子女进入婚龄与育龄，独生子女不会处理家庭关系的问题也越来越突出。另外，许多父母在与成年子女交往方面、年轻的父母在教育孩子方面也出现了许多问题。这些问题的解决，都有赖于现代家庭知识的普及，有赖于现代家庭关系调节能力的增长。而这种知识与能力的增长需要通过教育这种途径来实现。社区教育就是为社区居民提供这种教育的最佳途径。所以婚姻家庭教育应该是现代社区教育不可忽视的重要领域。社区可以通过举办各种家庭关系讲座的方式，通过开展居民座谈的方式、通过居民自我教育的方式，给居民进行婚姻家庭教育。这种教育的具体内容主要包括：（1）家庭关系调节的知识、观念和技能。（2）子女教育方法和与子女沟通的技巧。（3）建立与维持婚姻关系的各种知识。这 3 个方面的教育是现代社区婚姻家庭教育的主要内容，受到世界各国的普遍重视。在德国就成立了专门的社区机构，对成年人进行家庭婚姻教育。通过这种教育，可以增强成年人的家庭责任感，为避免社会问题的出现提供帮助。

5. 生活常识教育

体育健身、卫生健康、烹饪技能、家电维护、花草盆景栽培以及环境保护、资源利用等这些生活常识和生活情趣的教育，往往可以通过社区内居民之间的交流完成。通过这样的社区教育引导社区居民养成科学文明的生活方式，提高社区居民的生活质量。

8.2　社区教育的目标和模式

8.2.1　社区教育的目标

有关社区教育的目标与宗旨的问题，国内的不少学者都进行过论述。目前国内有关社区教育目标的观点有下列几种：（1）社区成员素质论。即社区教育的主要目标就是提高社区居民的素质。（2）建设发展社区论。即社区教育的主要目标是促进社区的发展。（3）居民生活质量论，即社区教育的主要目标是为了全面提高社区居民的生活质量。（4）学习社区论。即社区教育的主要目标是为了建设学习型社区。以上各种观点都有一定的合理性。但单纯强调某一方面又是不够的。为此，我们把社区教育的目标分为总体目标、近期目标与长远目标进行探讨。

1. 社区教育的总体目标

我国城镇社区教育的总体目标就是为社区居民提供教育服务，进而提高社区居民的综合素质与生活质量，使终身学习的理念通过社区教育的方式得到落实，为建立学习型社区和最终建立学习型社会发挥积极作用。

2. 社区教育的近期目标

就近期目标而言，社区教育主要是服务于社区的建设与发展，满足社区居民的教育需求。社区教育之所以被社区居民所认可和接受，就是因为它能服务社区居民，满足居民需要。作为社区教育活动的组织者与指导者，应该把这一特点充分的利用与发挥出来，为居民提供各种教育服务，陶冶居民的情操，提高居民的素质和生活质量。

3. 社区教育的长远目标

社区教育的长远目标应该是为建设学习型社区并进而为实现学习型社会的理想打下基础。由于建立学习型社会是终身教育所倡导的终极目标，因而开展社区教育实际上也是为实现终身教育理念奠定扎实的基础。

社区教育，就个人而言，学习将成为终身的自由自觉的主体生命活动。而社会则要建立起统合正规教育、非正规教育和非正式教育的终身教育体系，各种社会组织和社会群体都将成为学习型组织。发展社区教育、建立学习型社区、构建终身教育体系的任务是十分复杂、艰巨的，是一个持续的过程。随着科技的进步、生产力的提高、社会的变革、生活条件的改善，人们对知识经济及开发智力的教育问题的认识也将越来越充分，终身教育和终身教育的理念将逐渐深入人心。同时人们将获得更多可自由支配的时间，这就为人们接受更多的教育提供了条件。而作为实现终身教育理念的有效途径——社区教育必将会得到迅速发展。

社区教育具有提高全体国民素质的功能和维持地区社会安定的作用，从它出现的时候起，就受到了中央及地方各级政府的高度重视。国家教育部从 2001 年起，广泛开展的社区教育实验和示范工作，明确把开展社区教育实验与"逐步建立和完善终身教育体系，努力提高全民素质"的目标联系在一起。在教育部的试点中，建立学习型社区成为十分重要的社区教育目标。

8.2.2 社区教育模式

所谓教育模式主要是指根据教育规律和定位为现实教育目标而采取的运行机制、方式和方法的集成系统。所以社区教育的模式是一个涉及面广泛的系统问题。一般包括社区教育的组织系统、社区教育内容与课程体系、社区教育的资源整合与开发、社区教育的人力资源管理系统以及社区教育的质量监督与评价系统等。社区教育模式，作为一种标准式样，它既反映社区教育的本质，也能体现出社区教育的多样性。根据我国的社会实际，专家学者对我国社区教育模式的研究一般是按地域分类模式研究，即根据我国城市和乡村以及不同区域的实际情况，提出社区教育的不同模式，勾画出区域社区教育运作的轮廓和发展路径，帮助我们形成关于区域社区教育的规律性认识。

1."政府统筹型"的组织管理模式

所谓"政府统筹型"组织管理模式，是说由社区内的党政机关、企事业单位、群体组织出面，或相互联合，来对本社区教育进行统一组织、协调、筹划的社区教育模式。在我国，社会运行机制的特点决定了社区教育主要是由党政牵头，联合社区内的其他单位对社区教育进行组织领导。所以，在我国，"政府统筹型"是社区教育组织管理的主导模式。

(1)"城区街道统筹型"的组织管理模式

1)"街道统筹型"组织管理模式。我国城市社区教育，主要采用的是"街道统筹"的组织管理模式。如上海社区教育模式是：街道办事处及其主要党政领导是社区教育的直接参与者并承担社区教育的协调组织工作，社区成员以实现共育人才、学习先进技术、提高文化和道德素养为社区教育的定位，形成以社区学校为核心的"三教统筹"的教育体系。这种模式的优点是：街道辖区是城市进行人口管理的具体单位，人口集中，各项社会生活相对稳定。人们生活于街道社区之中，一般较容易对其产生一种归属感，而且通常与街道社区内的公共事业有着直接的利益关系。另一方面，街道党政机关是上级党委和政府的派出机构，街道辖区民众把街道党政领导看成上级党和政府的代表。街道党政领导担负着宣传、贯彻执行党的路线、方针、政策，发展地区两个文明建设的责任。

2)"城区统筹型"组织管理模式。在社区教育组织管理的实践中，也有一些城市的社区教育，采用由区委、区政府统一组织领导的管理模式。具体做法是建立区一级社区教育委员会，由区长或区委书记挂帅，下设办公室，统一规划全区的社区教育工作，对全区内的教育资源统一配置，把社区教育纳入区总体工作当中。如天津社区的教育模式，即是以区政府的社区办公室为领导核心，统筹协调区内的教育资源，以区内的一流学校为社区教育中心，形成以社会教育和社会活动为主要方式的教育系统。

3)"城区街道统筹型"组织管理模式。为了更好地优化组织管理效能，可以采用"城区街道统筹型"组织管理模式，调动城区和街道两个积极性，充分发挥城区街道两级社区教育委员会在社区教育活动中的组织协调、优化教育环境和督导管理等功能，最大限度地整合、利用社区教育资源，实现社区教育效能的最大最优化。

(2)"县乡统筹型"的组织管理模式

目前我国农村教育的管理体制，实行的是地方分级管理，主要是县、乡镇两级重点负责，其中县级是主导，乡镇是主体。由于我国农村乡镇一级社会资源与组织力量不足，县级统筹成为组织管理的主导模式。另一方面，农村教育事业的社会性、群众性特点要求重视发挥乡镇，以至行政村的作用，乡镇一级是落实农村各项事业的重点环节和"主体"所在。

1)"乡镇统筹型"组织管理模式。乡镇是实施社区教育的基层政权机构，并负责领导乡镇以下的村庄社区。乡镇一级政府在负责对教育事业统筹规划和管理的同时，还必须切实调动各个企业、各个村庄和各种团体组织等各方面的力量，来协同兴办教育和办好教育。因此，以乡镇为"龙头"，统筹地方的社区教育已成为我国农村社区教育的主要模式。此模式主要适用于经济较发达的地区。

2)"县乡统筹型"组织管理模式。由于我国特殊的"城乡二元"发展格局，我国乡镇农村社区及其教育比较落后，中西部地区更加落后，有的只在县一级开展了社区教育，有的只限于若干乡镇或若干村，许多地区还处于起步探索或者摸索阶段，甚至有些还处于"空白"阶段。所以，农村社区与农村社区教育，由县一级统筹，就成了他们的必然性的选择。比如，四川省乐山市农村社区教育，采取的是"县为主体、乡为基础"的统筹型组织管理模式。

2. "多元辐射型"的教育运作模式

所谓"辐射型"教育运作模式，是说社区内的各企事业单位或组织，以自我为主体、为中心，使自身的教育功能向四周辐射、外化，使社区教育活动得以现实开展的社区教育模式。

（1）"学校中心辐射型"的教育运作模式

1）"中小学辐射型"教育运作模式。城市、农村所有的中小学，都可以为它所在社区提供自己的教育服务。比如北京市西城区裕中中学每周六上午向社区成员开放，开放期间校内一切体育设施可免费使用；每周六晚还免费放映爱国主义教育题材影片，请社区居民观看。临沂市很多的中小学成立了家长学校，对家长进行家庭教育方法和理论培训。

2）"大学辐射型"教育运作模式。大学是其所在地区的"人才科技"高地和"知识文明"中心，为区域社会发展服务，也是大学的基本职能。大学对社区教育的辐射，无论从高度、广度还是力度，都是中小学无法比拟的。譬如，吉林师范学院充分利用自身教育资源，帮助在押犯人改造，他们通过为犯人做报告，举办联谊会，捐赠优秀图书，开办狱中大学等形式，走出了一条"使自己的教育力量辐射到监狱"的社区教育新路。

3）"社区学院辐射型"教育运作模式。专职专门的社区教育实体，在城市社区教育的起步阶段，主要是各种类型的职业培训中心、家长学校、区街开办的社区学校等，随着城市社区教育的发展，社区教育实体也向更高层次的社区学院大学发展，成了社区教育中心、社区学校、社区学院为龙头的实体型社区教育体系。社区学院日益成为社区教育的核心与龙头，"社区学院辐射型"教育运作模式，代表着社区教育运作模式的主流和发展方向。

（2）"文化中心辐射型"的教育运作模式

1）"城区文化中心辐射型"教育运作模式。在城市，社区文化部门通过组织丰富多彩的文体活动，使其社区教育功能外化，是非常普遍的做法。譬如，长沙市采用政府投资和群众集资的办法，先后筹集八千多万元，修建了青少年宫、科技馆等一批文化娱乐场所，在全区的所有街道都建有文化站，和数目众多的居民文化室，初步形成了社区大文化格局，促进了社区教育的发展。

2）"农村文化中心辐射型"教育运作模式。我国农村地区一般都在县上设文化馆、图书馆，在乡镇设置综合文化站，作为公益性的文化机构，承担政府文化管理和提供公共文化服务的职能，成为乡镇社区教育的重要文化实体。比如，临沂市设置乡镇综合文化站，就具有以下功能空间：多功能活动厅：主要用于开展小型演出等活动；书刊阅览室：主要用于图书、报刊的借阅；培训教室：主要用于举办各类文化艺术培训和农村实用科技知识培训；信息资源共享服务室：可以作为文化信息资源共享工程的微机室；管理用房：乡镇综合文化站工作人员用房。

（3）"合作互惠辐射型"的教育运作模式

"合作互惠辐射型"的教育运作模式，是指由两个或两个以上单位实体，根据自身需要，本着互利互惠和自愿的原则，联合举办社区教育的模式。其最主要特征是"合作互惠"，因而更有利于发挥办学者的自主性和主动性，更能促进大社区教育体系的建立。

1）"城区合作互惠辐射型"运作模式。在城市的大型工商企业，为了加强经营管理提高经济效益，为了技术升级和进行经济结构调整，需要对转岗和新上岗的各级各类人员进行教育培训；企业自己办学不仅需要大量的资金，而且还必须有充足的师资；而一些相关院校或成人大学，也因生源和经费原因，希望寻找合作伙伴；于是，"在自愿基础上、通过市场运作、互惠双赢"的办学模式开始创建，并逐步成长为"为周围社区提供教育服务"的重要教育实体。

2）"乡镇合作互惠辐射型"运作模式。对于乡村而言，大量的乡镇企业的崛起，需要一批职业技术工人和技术、管理人才，受资金和师资的限制，也必然要求他们与相关学校合作，联合培养、培训所需人才。另一方面，学校具有师资、教学设备、场地等育人优势，但多数办学经费紧缺。假如校企合作，企业为学校提供部分经费和学生实习、实践场所，学校为企业定向培养部分管理及技术人才，并使自身的人力、信息、文化、文明等辐射于社区，使学校、企业和所在社区互惠互利，优势互补，不失为"三全其美"的良方。

（程建荣. 经济导报. http://www.47365.com/2011/11/3b94ec6039108d3c.html）

8.3　学习型社区的建设

随着 20 世纪 90 年代以"终身学习"取代"终身教育"浪潮的兴起，"终身学习"概念及理论为不同社会制度的国家广泛接受并成为各国发展经济，增强社会凝聚力的中心策略，世界各国都不约而同地把加强学习型社区建设，作为推进落实终身学习政策的重要战略性和基础性工作来抓。社区建设从这个时候开始从建设教育型社区转向建设学习型社区。党的十六大强调要构筑全民学习、终身学习的学习型社会，学习型社会的基础是学习型社区，要通过建设学习型社区，提高居民素质，使人的素质和城市发展相适应。

8.3.1　学习型社区的相关概念

1. 终身教育

"终身教育"概念是法国著名教育学家保罗·朗格朗在 1965 年首次提出的。他认为，数百年来，人们把人生分为两半，前半生用于受教育，后半生用于劳动，这是毫无根据的，教育应当是伴随每个人一生的过程，终身教育概念的提出被誉为是"教育史上最惊人的事件之一，可以与哥白尼的日心说带来的革命相媲美"。近 30 多年来，终身教育的思想被广为传播，不论在时间、空间还是目标上，人们对终身教育的看法大体一致，认为终身教育是贯穿于人生命整个历程的教育，它打破了传统意义上的教育就是学校教育的局限思维，把教育扩展到社会的方方面面，同时，终身教育打破了传统中教育仅仅是传递知识的观念，突出强调教育是对人进行全面培养的复杂系统。终身教育的最终目标是培养全面发展的人，促进整个社会的繁荣发展，最终建立起学习化社会。

2. 学习化社会

美国学者赫钦斯在对以往的传统教育进行了批判性的研究后，于 1968 年在《学习社会》一书中首先提出"学习化社会"一词。所谓学习化社会，"也许就是任何时候不只提供定时制的成人教育，而且以学习、成就、人格形成为目的而成功地实现价值的转换，以便实现一切制度所追求的目标的社会"。1972年5月，联合国教科文组织国际发展委员会又发表了一篇著名报告：《学会生存——教育世界的今天和明天》，该报告把学习与生存直接联系在一起。这篇报告进一步指出："如果学习包括一个人的整个一生（既指它的时间长度，也指它的各个方面），而且也包括全部的社会（既包括它的教育资源，也包括它的社会的和经济的资源），那么我们除了对教育体系进行必要的检修以外，还要继续前进，达到一个学习化社会的境界。"从这份报告不难看出，在未来的学习化社会中教育和社会将逐步实现一体化，这将是未来的教育模式和社会形态，从而引起世人的瞩目，并得到了广泛的认同。

3. 学习型组织

1990年彼得·圣吉在《第五项修炼——学习型组织的艺术与实务》一书中提出了"学习型组织"的理论。彼得·圣吉认为，建设学习型组织是全球管理的新趋势。在全球化所带来的激烈的全球竞争中，全世界在管理上正在酝酿一个新趋势。"在过去，低廉的天然资源是一个国家经济发展的关键，而传统的管理系统也是被设计用来开发这些资源。然而，这样的时代正离我们而去，发挥人们的创造力现在已成为管理努力的重心。"在彼得·圣吉看来，"管理体制将决定企业、政府和教育机构的特质。而这些机构的特质将会塑造未来社会的形貌。现代社群的精神生活，与其所处的许多大机构的精神生活息息相关。"

学习型社区是教育学中的"学习化社会"理念和管理学中的"学习型组织"理论相结合的产物，是终身教育思想和社区教育思想相结合的一个新概念。除此之外，学习型社区的关键词是"社区"，而"社区"是一个典型的社会学概念，既然"社区"研究与社会学密切相关，那么用社会学的相关理论来作为学习型社区的理论基础也是十分必要的。由此可见，学习型社区概念的形成，是在终身学习思想影响下，以学习型组织理论为依托，学习化社会为形态的社区建设发展理念。

4. 学习型社区

2001年5月15日在亚太经合组织人力资源建设高峰会议上，江泽民总书记发出了"构建终身教育体系，创建学习型社会"的号召。中共中央十六大报告中，江总书记再次把"形成全民学习、终身学习的学习型社会，促进人的全面发展"列入全面建设小康社会的目标之一。十六届三中全会通过的《中共中央关于完善社会主义市场经济体制若干问题的决定》中再次强调"建设学习型社会"。我们的社会要成为"学习型社会"，我们的城市要成为"学习型城市"，我们的单位要成为"学习型单位"，我们的各级领导干部也要成"学习型领导"，我们的社区要成为"学习型社区"等活动在我国蓬勃开展起来。

学习型社区是指以社区终身教育体系和学习型组织为基础，以整合、优化社区多种教育资源为依托，发挥各类机构、组织社会教育职能为纽带，以完善社区终身学习阵地和网络为载体，能保障和满足社区成员学习基本权利和终身学习需求，促进社区成员素质和生活质量的提高，促进社区可持续发展的新型社区。

8.3.2　学习型社区的基本标志

学习型社区具有下列几个基本标志：

1. 社区发展目标成为全体成员的共识

一个社区之所以能成为"学习型社区"而不是一般的生活型社区，首先在于它有着凝聚力量，有着时代精神，是一个鲜活的"生命体"。它有自己的奋斗目标，有光明远大的发展前景，而且，这种奋斗目标、发展前景得到全体社区成员的认同，内化为每个成员学习、奋斗、发展、创新的不竭动力，再汇聚成社区旺盛的生命力和强劲的竞争力。

2. 自主终身学习成为每个社区成员的责任

在学习型社区中，学习不再是强制的、被动的，学习已经成为每个社区成员为了自我价值的实现、为了社区的可持续发展而自觉承担的人生责任；这种学习不是外加的、受他人控制的，而是社区成员按照自身学习基础、条件、兴趣和社区发展需求自我选择、设计的；这种学习不是阶段性一劳永逸的，而是持续的、伴随学习者整个生命历程的。

3. 社区各类资源整合提供无障碍学习平台

社区内一切教育资源（包括公有的、民办的，正规的、非正规的、非正式的）都得到有效整合，搭建起多序列、多层次、多类型、多样化的无障碍学习平台，为全体社区成员学习权利的公平享有、学习机会的平等获得、学习资源的合理分配、学习目标的方便实现提供最充分的保障。

4. 浓郁的社区终身学习文化的形成

如前所述，社区终身学习文化的形成，是学习型社区的根本性标志。这种学习文化植根于社区组织深层次之中，深植于社区成员的头脑之中，使社区的单位、组织和个人均具有强烈的学习意识，并转化为自觉的学习行动。社区形成浓郁而互动的氛围，学习活动成为社区时尚。社区成员互帮互学、共同探讨、集思广益、创新突破。

5. 社区学习型组织得到普遍充分发展

学习型社区是由有着共同奋斗目标、能够互动学习、思考、创造的学习型组织构成的。在学习型社区中，学习型组织的发展是普遍的，它包括社区中原有的各类公办组织（机关、学校、企业等）、民间组织（各种社团、协会等）以及其他的社区长期性、临时性的自治组织等。各种学习型组织的发展是充分的，各种组织在"共同愿景"的建立、共同价值观的形成、团队精神的强调、互动式学习的推动、智能共享的达成、组织智能和组织文化的形成、自我超越的实现等方面都在不断发展并取得明显实效。

6. 全社区参与学习服务

在学习型社区中，为全体成员提供学习服务、教育服务的不再仅仅是各级政府、教育部门、各类教育实体，社区的所有部门、企业、社会团体、中间组织等在做好本职工作的同时，都应积极参与社区的学习、教育活动。这些组织结合本部门、单位的专业特点、知识技术特长为社区成员的学习、教育提供各具特色的周到服务。

归结起来，有共识的社区发展目标、有自主终身学习的责任、整合无障碍学习平台、形成社区终身学习文化、学习型组织充分发展、全社区参与学习服务等特征，是学习型社区所独有的，同时是其他类型、范畴的教育、学习活动所不可能具有的，也是生活型社区不会具备的。所以，这六点应该是学习型社区的基本标志。

8.3.3　学习型社区建设的关键

在我国建设学习型社区的条件已经成熟，尤其是在城市社区，已经具备了建立学习型社区的各种有利条件。创建学习型社区应该是我国城市社区教育的一个重要的目标与任务。

学习型社区的建设具有非常丰富的内涵。它既包括学习环境的创立，学习体系的完善，也包括教育思想与学习观念的改变等。具体来说，学习型社区一方面强调人对环境的依赖和环境在人的成长与发展中的作用；另一方面强调人在学习中的作用，强调人的积极性与主动性，强调学习对社区建设的推进作用。通过学习可以提高人的素质，而人的素质的提高将有助于推动社区的建设与发展。

学习型社区建设的关键包括两个方面：

1. 环境建设

环境建设即建设良好的环境，使人在环境中得到陶冶与发展。

（1）标志性学习景观建设

景观建设是学习型社区的外部环境和氛围建设。标志性学习景观建设就是要在社区内建设一些既具有地方色彩，符合当地文化风俗习惯，又能体现先进文化和思想底蕴的学习景观。它的主要目的是通过景观，使人能感受到学习型社区的文化科学内涵，使学习景观成为学习育人的重要资源。

（2）学习型公共设施建设与资源整合

学习型公共设施建设是学习型社区环境和社区教育的硬件建设，如图书馆、博物馆、社区活动中心、社区学校等，还包括道路交通、居民住宅、环境绿化、教育设施等。它要求在社区建设过程中，充分考虑硬件建设的风格、位置及相互之间的影响和空间布局等，做到社区、居民和基础设施相融洽而不是相冲突，满足居民就近学习的需要。

2. 组织建设

创立适合于人学习的组织，使每个人都愿意学习、善于学习和乐于学习。

（1）学习型家庭建设

家庭是影响人的发展、成长和提高的最基本和最重要的因素，学习型家庭的创建是实现学习型社区这一目标的最直接、最重要的途径。学习型家庭建设的主要目的是建立良好的家庭学习氛围，使父母、子女和所有的家庭成员都具有不断学习的愿望，在学习中所有的家庭成员能相互理解、相互帮助，使家庭充满对知识的渴望与学习的热情，在共同的学习气氛中，建设幸福美满家庭，以家庭建设来促进社区建设，从而营造出全社区的学习气氛和和谐的社区关系，增强社区居民对社区的归属感。

（2）学习型单位建设

在社区里，一个人从大的方面来说，归属于社区，从具体的方面来说可能归属于某一个具体的社区组织和单位，社区里的组织与单位也就承担着强化本组织部门和单位员工的学习意识的功能。这样就使学习型单位建设成了学习型社区建设的另一个重要方面。学习型单位建设主要是指在社区管辖范围之内的各个单位中，以培养人的现代素质和创新能力为根本，促进员工敬业爱岗，不断提高党政工团和企事业单位的政绩、业绩或经济社会效益，创造学习育人、学习兴政、学习兴业的单位工作新模式。

（3）学习型产业建设

学习既需要动力、外在环境等的支持，也需要教育体系的支持。要建立学习型社区，需要社区里面具有能承担教育责任、为社区居民提供系统教育条件的支持力量。这种支持力量就是学习型产业。学习型产业建设是要把学习作为发展社区经济的"引擎",建立有地方特色的学习型产业体系。学习型产业涉及教育、文化、科技、娱乐、休闲诸领域,包括产品生产、知识生产和人才生产等诸方面,既可选择大专院校在社区开设学习与休闲专业,培养专门人才,如学习与休闲产业设计、休闲经济统计学等,又可利用市场杠杆,不断加大社区学习与休闲产业的投资力度,刺激学习与休闲消费,形成学习型生产与消费的良性循环。

学习型社区建设目标的实现,是依靠学习型家庭、学习型单位与学习型产业等具体的实践来进行的。无论是家庭、单位还是产业组织都属于社区的组成部分。因此,学习型社区的建设最核心的内涵就是学习型组织的建设、学习型环境的建设。有了良好的景观与环境,再加上内在的、发自于每一个社区居民内心的学习愿望就保证了学习型社区建设的目标的实现。

8.3.4　学习型社区建设的原则

1. 以人为本的原则

建设学习型社区首先必须遵守以人为本的原则,必须以人的发展为中心。这是因为整个社会的发展都是必定以人为中心。必须克服传统教育中仅仅重视知识和智力发展而忽视学习者情意系统发展的缺陷,注重学习者非智力因素和学习动力系统的培养;降低学习者学习成功对教师和教材的依赖,使之更依赖于学习者个人的能动的选择和创造性的发挥。如果不能够从人的发展的角度来理解和确定教育的意义,学习型社区的发展方向就有可能与学习型社会的理念相偏离,学习型社区的建设就无法达到预期的目标。

2. 国际化与本土化结合原则

伴随着中国逐渐融入国际体系:一方面,中国社会经济和教育越来越面临着许多发达国家曾经或正在面临的挑战,从而决定了我们建设学习型社区所面临的问题必然与发达国家具有很大的一致性和共同性;另一方面,国外许多国家学习型社区的研究比我国早,有的国家已经形成了相当的规模,值得我们学习,因此,借鉴国际经验是必然的。但是,在经济全球化趋势迅速发展的情况下,本土化问题也日益凸显出来。"具体问题具体分析"的哲学原理告诉我们,国外的经验不能照搬照用,文化的民族性与各国国情的差异及其对社区发展的不同需要,必须结合我国甚至是各个省市的特点制定学习型社区建设的方略。因此,在建设学习型组织的过程中,必须兼顾国际化与本土化两个方面。任何一个社区的塑造与发展都是内部条件与外部影响共同作用的结果,在学习型社区形成的一些根本方面如文化特征、发展模式和指标体系的建立等方面都要首先考虑内部条件的作用与影响,必须充分体现本民族的文化特征。

3. 政府主导原则

一方面,我国的市场经济欠发达、社会管理和服务体系还不健全,政府应作为建设学习型社区的"第一推动力量"发挥主导作用,因为合理科学的政府行为能够缩短学习型社区"生长"和演进的过程,通过宏观调控和微观管理,克服和纠正其在发展过程中的错误和偏差,保证学习型社区的良性发展;另一方面,我国社区建设的重要特色就是"行政力量融于社区之中……社区规划的制定和实施,都是由政府主持的。"这个特色决定了在目前我国建设学习型社区的过程中,各级政府扮演着特殊的角色,它必须在学习型社区的规划、发展、投入、管理和协调等方面发挥主导作用。

4. 可持续发展原则

可持续发展是当代人类一种新的发展观，学习型社区的建设应遵循综合的可持续发展的原则。应综合考虑 3 个方面：一是人的可持续发展。二是文化、教育资源的合理配置。三是社会或社区教育系统与其他系统的资源共享与交流。也就是说真正的学习型社区应该以学习为纽带，把个人需要与社会发展有机结合起来，在人的整个生命范围内最大限度地利用、开发社会资源和每一个人自身的自然资源和智力资源，从而最有效地通过教育和学习手段推进人与社会的可持续发展。

5. 标准动态化原则

所谓"标准"就是指学习型社区建立起来的各项指标，换句话说就是达到什么样的条件一个社区才可以称之为学习型社区。那么标准动态化原则就要求在建设学习型社区过程中，最初要依据社区基本情况制定一个最低的量化指标，在此基础上依据社会发展的需要、社区发展状况，不断提出更高的标准，用理想化、动态化标准体系有序地引导学习型社区的建设。

8.3.5 创建学习型社区应注意的问题

全球都市"学习型社区"经过 30 年的历程，积累了不少经验，取得了不小的成绩，尤其是 20 世纪 80 年代以来，"学习型社区"在解决社会问题的同时更注重于提高社区生活质量，更集中于培养社区情感、社区凝聚力、社区责任感和归属感，重视社区的居民组织和人际关系的协调。目前社区建设应注意以下几点：

（1）要紧紧围绕提高居民群众文明素质这一重点，开展创建学习型社区活动，通过社区活动来构筑学习型社区基础和内容。目前，有不少城市或城区成立了社区教育学院，社区建立市民学校更为普遍，这些都是建设学习型社区的重要资源，应充分加以运用；成立社区老年人协会、老年人大学，组织老年人开展书画、棋类、健身等；设立社区再就业培训中心，组织下岗职工开展再就业培训；开办社区家长学校，组织居民学习电脑、科普、家居、卫生保健等知识；建立社区青少年之家，开展兴趣小组、电脑培训、夏令营等。要根据形势变化、居民群众需求变化，积极拓展新形势下，开展群众性文化活动的内容、形式，把文化活动提高到一个新水平。

（2）建设学习型社区要符合居民的需求，不搞概念学习，不做不切合实际的教育，更不搞应试教育。要区分层次，兼顾爱好，着眼多数，自主自愿，体现群众性，要根据居民群众的不同爱好、不同需求，组织开展健康有益、丰富多彩的社区文体、科教等活动，丰富居民群众精神文化生活。

（3）建设学习型社区，要坚持以爱国家、爱人民、爱劳动、爱科学、爱社会主义为基本要求，以社会公德、职业道德、家庭美德为基本行为准则，加强对社区成员的社会主义教育、政治思想教育和科学文化教育、公民道德行为教育。倡导科学、文明、健康的生活方式和崇尚先进、团结互助、扶正祛邪、积极向上的社区道德风尚，形成健康向上，文明和谐的社区学习氛围。

8.3.6 全国学习型示范社区——泰兴市泰兴镇鼓楼社区先进事迹

泰兴市鼓楼社区居委会成立于 2001 年 11 月，社区地处泰兴市中心地段，面积约

0.22km²，有辖区单位 10 个，社区总人口 4778 人，作为一个新生代社区，社区干部注重精神文明和物质文明同步发展，坚持以"三个代表"重要思想为指导，以家庭为单位，以增强家庭成员综合文化素质为目标，以提升家庭成员文化水准为抓手，注意加强社区群众性文化活动，培育精品文化，促进社区三个文明，构建和谐社区，发挥越来越重要的作用。

1. 加强组织领导，搞好投入建设，是创建学习型家庭的基础

（1）成立了鼓楼社区学习型家庭、学习型社区创建工作领导小组，明确统管此项工作的职责权利，对此项学习创建工作进行整体规划、宏观指导和监督检查。同时，进一步明确各职能部门在创建学习型家庭、学习型社区创建活动中的责任，为建设学习型家庭、学习型社区提供强有力的保障。

（2）建立和完善内在激励机制。制定激励政策，激发居民不断学习、终身学习的热情和自觉性。如对学习型家庭定期开展大课堂培训，每个家庭选派一名成员参加培训，定期评选表彰学习型家庭，给予精神和物质奖励。同时，制定规章制度和营造竞争氛围，引导和鞭策社区居民主动学习。

（3）强化投入机制。建设学习型家庭、学习型社区，硬件建设是必不可少的，如各种教育培训设施、文化设施、学习场所等，这是建设学习型社区的支点和物质基础。

2005 年，为了更好地方便居民阅读，鼓楼社区出资设立了社区学习园地，藏书达5000 册以上，图书室借阅率达 90％以上。2007～2008 年投入建设社区服务中心，于 2009年建成投入使用，中心内设有图书馆、书画室、健身房、多功能厅，社区居民都可以到中心参加活动，中心的建成为社区居民提供了一处交流学习的好场所，收到了广泛的好评。

2. 整合外界资源，创造学习环境，是创建学习型家庭的保障

调动社区和社区各方力量参与社区教育和培训是鼓楼社区的一大特点。积极协调辖区单位教育资源主动向社区开放。

（1）利用社区学校、阳光驿站、社区文化中心、社区服务中心、社区保障中心等教育载体，开展适应居民需求的各类培训。辖区内中心小学、中心幼儿园、育红幼儿园等学校的校舍、场地，甚至是师资，都成为创建工作的主要资源，在学校资源闲置的时候用来为创建学习型家庭、学习型社区服务，这种资源共享的做法为创建工作奠定了良好的基础。

（2）逐步开放图书阅览、电子阅览等公益活动类场所，为居民提供了良好的学习设施和活动场所，解除居民学习的后顾之忧，为构建和谐社会打下良好的基础。

3. 加强教育引导，开展特色活动，是创建学习型家庭的重心

社区通过各种调查访问，倾听居民的心志，了解他们的所需所好所惑，以此为依据来确定教育内容，开展了以下活动：

（1）"美在身边"艺术展示活动，插花艺术鉴赏，工艺品制作表演，书画作品展，以此引领社区居民审美意识，提高审美水平，提升社区品味。

（2）主题教育活动，如在青少年中以"读书、奋进、做新世纪的主人"为主题，在老年人中以"老有所学、老有所教、老有所为、老有所乐"为主题，在妇女中以"新时代、新女性"为主题，在下岗失业人员中以"学习技能、转变观念、自强不息"为主题，开展形式多样、富有实效的"知识武装工程"，组织不同群体的群众多读书、读好书，全面提

高素质，提升能力。

（3）各类比赛活动，红歌大赛、摄影比赛、舞蹈比赛、体育比赛以及征文演讲比赛等。通过这类活动，在社区内形成"比学赶帮"的良好氛围，让素质教育真正走进家庭、走进社区。

（4）知识讲座活动，邀请专家学者面向各家庭开展法律知识讲座、健康知识讲座、育儿知识讲座、时事报告等，辅导、引领社区成员的终身教育，人人学习的良好氛围。同时，建立健全学习阵地，为学习型家庭的学习创造必要的环境和条件，引导群众养成自觉读书的良好习惯，形成浓郁的学习风气。

4. 加强精品培育，丰富家庭文化内涵，是创建学习型家庭的关键

将创建学习型家庭纳入社区精神文明建设的重要组成部分，在精神文明建设中发挥重要作用。与"平安家庭"、"和谐家庭"创建活动结合起来，提高家庭成员的法制水平，教育家庭成员认真学习国家的法律法规，依法行使和履行公民的权利与义务，懂得依法维护自身权益；教育引导家庭成员崇尚科学，反对迷信，拒绝邪教，拒绝毒品，拒绝赌博，营造清廉家风，建立健康、文明、科学的生活方式；教育家庭成员尊老敬老，依法维护老年人在家庭中的合法权益。倡导为国教子，以德育人，重视对子女的思想品德、行为习惯、自理自立能力等方面的培养；倡导夫妻互相忠实、互相信任、互相关爱及家庭成员间宽容谦让、互帮互助的良好家风，推动建立平等、融洽的家庭关系；倡导邻里相识、相知、相爱、相助的互帮互助、团结和睦的乡亲关系。

通过开展创建学习型家庭活动，社区逐步形成政治稳定、治安良好、家庭和睦、邻里团结、环境优美的良好社会氛围。学习型家庭和学习型社区创建工作任重道远，还有许多新情况、新问题需要研究解决。我们将巩固已有成果，积极探索，在内容、机制等方面加强实践与创新，努力创造良好社区学习条件，营造浓郁社区文化环境，把学习型家庭创建工作提高到更高水平。

（中国社区在线. http://www.tzwomen.gov.cn/ReadNews.asp? NewsID=5083.）

8.4 国外社区教育的状况及启示

8.4.1 国外社区教育的实践

现代意义的社区教育是伴随着社会化大生产的发展而陆续出现和不断发展的，它孕育于率先揭开工业化帷幕的欧洲，继而向拉美国家拓展，而后在东南亚及其他地区得以生存和发展。由于经济、社会和文化等方面的差异，各地对社区教育也有着不同的认识和理解，采用多样的、特色的开展方式。

1. 社区教育的主要组织形式

（1）北欧的民众学校和学习小组

北欧的民众学校分为民众中学和民众大学，民众中学是一种实施成人普通文化教育的机构，包括成人中等普通教育、成人中等职业教育，以及少量的中学后成人教育，无须入学资格证明，不设入学和结业考试，学生最终可获得继续升高等学校深造的资格。民众大学是以实施成人高等教育为主，兼施成人普通教育的社区成人教育机构。北欧的学习小组

是一个自主学习单位，拥有自己的教师和领导，采取自学和研讨的学习方式，自定科目、内容和教材，无统一模式，并可申请政府补贴。

（2）美国的社区学院

美国社区学院面对的是社区各界立体式的教育需求，普遍具备职业技术教育、补偿教育、非学历教育、大学转学教育和普通教育五大职能。职业技术教育比重最大，主修职业技术学科的学生约占全体社区学院学生的一半以上；补偿教育在提高成人基础文化程度、扫除功能性文盲方面起着重要作用；大学转学教育是为有志进大学深造成才者开辟通道；社区非学历教育是指那些不计学分、不发文凭、不授学位的教育服务，内容包罗万象；普通教育的目标主要是使学生获得行使公民权利与义务的能力，培养独立思考和自行解决问题的能力。

（3）日本的"公民馆"

"公民馆"是日本最具代表性的社区教育综合设施，作为普及民主主义、搞活地区文化生活、振兴地区产业、提高居民教养、增强健康、陶冶情操，充实社会福利等各种活动的基地。根据日本《社会教育法》的规定，公民馆开展的事业主要有如下几项：以青少年为对象的文化补习，举办青年学级；开设各种内容的定期讲座；举办讨论会、讲习会、讲演会、实习会、展览会等；置备各种书籍、记录、模型、资料等，供居民利用；组织文娱、体育活动，举办有关体育、文娱活动等集会；谋求与各种团体、机关经常性的联系；将其设施提供给居民集会及其他公共目的利用。

2. 社区教育的运行特点

（1）北欧民众教育注重人文精神，采用民主办学

民众教育崇尚人文精神的办学理念，实行人文教育与知识教育和职业教育相结合的方式，注重人的发展，发挥其创造潜力，增强其自信心和在工作、社团生活中积极发挥作用的能力。民众中学享有最大限度的办学自主权，每一所民众中学都可以有自己的办学方式，开设多种多样的课程。有的是为提高工作技能开设的，有的开设音乐、艺术、社会问题研究，以及环境问题等方面的课程，还有的开设以旨在继承本民族传统工艺为特色的课程。每个学校都可以自由安排课程，没有统一的教学大纲和强制性指令，教学的内容和方法灵活多样，常常是由老师和学生商量后确定。并且民众中学对教师质量要求比较高，大部分教师是获得文学士或理学士的大学生并且具有从事教育的经历。在教学方法上，除采用传统的演讲、讨论、辩论外，还创造了富有特色的学习班、组织旅行等。此外，北欧各国政府既有不干预民众教育组织活动的传统，又有在立法和经费上对民众教育给予坚定支持的责任。

（2）美国社区学院管理规范化，运作市场化

美国宪法规定教育是地方政府管辖的事项，发展社区教育的主要责任在州政府，联邦政府和国会主要通过立法施加影响。经费主要是从联邦政府、州政府以及当地税收而来，平均来说大概39％的经费来自州政府的税收，18％来自当地政府拨款，30％来自联邦政府拨款，其余来自学费、企业资助、校友捐赠，或者是在社区内开征社区税，发行债券等多种多样的途径。州设有社区学院理事会，负责审批、管理和指导全州的社区学院。而对社区学院内部管理产生重要影响的管理机构是负责聘任与考核学院院长、审议学院经费预算、发展计划和重要人事安排的董事会，董事一般由学院服务区内的居民选举产生。社区

学院招生基本无"门槛"，但日常教学管理是非常细致、严格的，教学根据学生的基础进行，开设菜单式的课程，学生自由选课，考试没通过可不计次数重修。学院从开设的课程中配套组合成不同的证书，学员完成相应的课程之后，可向学院申请结业证书、学历文凭，或准学士学位证书。学院对教师也有着严格的管理制度，教师由专兼职两支队伍组成，兼职教师一般占一半以上，承担一些专业性、职业性强，以及需求数量不多的课程。社区学院追求高质量和效率的管理制度，正是其适应地方经济和社会发展的重要保障。

（3）日本社会教育法制性强，基础设施完善

日本社区教育的成功运行主要在于完善的立法和社区教育设施。1945年日本发布了《有关振兴社会教育的通知》，1947年颁布的《教育基本法》第七条"社会教育"一项明确规定：国家及地方公共团体必须鼓励家庭教育以及工作场所和其他社会所进行的教育活动；国家及地方公共团体必须以设置图书馆、博物馆、公民馆、利用学校设施或以其他适当的方式来努力推广教育活动。该法律还规定：家庭教育以及在劳动岗位和其他社会场所所进行的教育，国家和地方公共团体应该予以奖励。此后日本又陆续制定了《社会教育法》（1949）、《图书馆法》（1950）和《博物馆法》（1951）三部基本确立日本社会教育初期框架的法律。这些法律明确规定公民馆、图书馆、博物管等基本社会教育设施从地区教育经费中拨款建造，供居民免费使用，确定市民参与社会教育委员会的制度，保障社会教育团体的自主办学权，以及确立学校教育与社会教育的关系等一系列规定。随着社会和教育事业的迅速发展，日本对《社区教育法》进行了五次修改，逐渐走向完善，为保障社区民众的学习权奠定了坚实的法制基础。近年来，日本还制定了《特定非营利活动促进法》（1998），《男女共同参与社会基本法》（1999），为社会教育的发展继续注入新的活力。

8.4.2 国外社区教育的启示

改革开放后，我国人民的生活方式发生了巨大变化，实践呼唤社区教育必须迅速在我国土地上扎根、生长。从某种意义上说，今日美、日、欧社会经济的发达正是作为基础工程的社区教育长期经营和潜移默化的结果，从他们的经验中，可以得出对我国社区教育的一些启示。

1. 社区教育应以人为本，积极促进每一个居民的健康发展

尽管各国对社区教育认识角度不同，实践的方式也不一样，但其根本目的都是为了提高居民的素质和生活质量，关注社区的建设和发展，尽量从教育服务的角度积极参与其中。我们提倡教育要尊重人的个性，对个性加以修正、提炼和完善，具体到社区教育就是要最大限度地尊重每个居民的个性，致力于每个居民的独特性、创造性和审美性的培养。先把每个居民培养成有知识、有品德、有个性的个体，然后才能把社区建设成有特色、有亲和力、有凝聚力的社区。只有以人为本的教育，才能激发居民参与的欲望，实现社区教育成本的最小化，效益最大化；只有社区教育发达了，不同文化背景的居民才能在社区交往的舞台上融为一体，从而形成社区向心力，产生归属感和团结互助精神，形成健康向上、文明活泼的社区生活方式，才能实现社区教育和社区发展的良性互动，才能为社区乃至社会的可持续发展提供强大的人力资源和智力资源。随着以知识、信息、创新为特征的知识经济时代的来临，强化以人为本的社区教育，更具有紧迫的现实意义。

2. 社区教育应有一定数量的实体为开展依托

无论是北欧的民众学校、美国的社区学院，还是日本的公民馆都在其国民的社会生活中起到不可忽视的积极作用，可以看出一定数量的、特定的社区教育实体是成功开展社区教育必不可少的因素。在日本，面积仅有 37.8 万 km^2 的国土上建有公民馆 17525 个，公共图书馆 2172 座，博物馆 861 座、少年自然之家 294 所、儿童文化中心 72 所、青年之家 410 所、妇女教育设施 221 所，这些设施为日本社会教育的蓬勃开展提供了坚实的基础和保障。北欧的民众中学和美国的社区学院也是遍布全国，使每一个想接受教育的人都可以方便就近学习。当前，我国社区教育进展缓慢，很大程度上也是由于社区教育实体太少。根据经验，提供教学实体可以因地制宜，通过建立专门的社区学院，或者依托社区内的高等院校、中小学，职业院校设施，逐步向各层次社区居民开放而形成社区教育基地；也可以通过加强图书馆、博物馆、纪念馆、青年之家、老年人活动中心等文化机构整合和新建，加强它们的社区教育功能而成为社区教育中心，以固定的社区教育中心推动社区教育的开展和实施。

3. 社区教育应建立科学、合理的运行机制

科学、合理的运行机制是社区教育成功发挥作用的关键。我国要改变社区教育现状，加快推进社区教育，使其从开始就步入健康发展的轨道，就必须充分重视运行机制的建设。

（1）政府要积极推动和保障社区教育的开展

政府的重视对于树立社区教育的思想和地位，促进民众思想观念的转变有着极为重要的作用，政府的投入与支持，更是一种实质的推动。首先，政府对社区教育要提供立法保障。社区教育的地位得到明确的定位，才能充分发挥其对个人、对社区、对社会的重要功能。目前，由于法律的缺失和滞后，我国社区教育还处于一个比较混乱无序的状态。我国应顺应时代要求，及时制定与之相适应的法律法规，对社区教育的相关内容做出科学合理的规定，立法过程中要着重注意明确社区教育的性质和立法意图、对象及其权利、义务的认定、管理体制和保障机制、工作人员及其资格认定、资金的筹措和落实、教育内容的确定，督导评估机制等。其次，政府应积极投入资金支持社区教育。从国外社区教育的实践来看，能够良好运转、规范作业以至迅速发展都离不开政府在财政方面的大力支持，政府是社区学院最大的投资者。长期以来，我国教育投入偏低，占 GDP 的比重还不到 4％，国家的教育经费更是主要投资在"学历性"的高等教育学校，忽视对社区教育的投资。因此，在我国社区教育发展的初级阶段：一方面，政府应加大投入力度，兴建社区学校、公共图书馆等多形式的社区教育资源中心，为学习者提供全方位的咨询、信息、教育服务；另一方面，政府也要将吸引更多民营资本的投资兴趣作为我国社区教育经营的发展方向，为了鼓励民营资本的介入，政府可以降低民营资本投资社区教育的门槛，实行税收优惠或其他方面的优惠政策。

（2）提高社区教育的地位，建立健全社区教育管理机构

社区教育是一种开放式教育，教育对象广泛，包括全体居民。教育内容和形式灵活多样，既可以是全日制学习也可以是非全日制，既有学历教育、技能教育，也有丰富居民业余生活的各种文化活动。但是不能因此把社区教育当作一种不重要的非正规的学习活动或者是传统教育的补充，而应该明确社区教育的地位。社区教育不是其他教育的补充，其本

身就是一种重要的终身教育形式。应像基础教育和高等教育一样赋予其"正式"的地位，建立规范的管理体系，经费来源渠道等。只有把社区教育的地位提升到一定的高度，才能更好、更快的推进其发展。譬如，北欧的民众教育，美国的社区学院都在他们的教育体系中占有重要的地位。根据国外经验在对社区教育的管理中，中央政府、地方政府、社区教育委员会，居民自治监督管理机构和各种协会都发挥着很重要的作用。我们应明确规定各级政府对社区教育的管理权限和管理机构，并成立赋予居民选举权和被选举权的社区教育管理委员会、监督委员会等。比较切实可行的做法是扩大、明确和强化现有教育局、教育委员会的社区教育职能，在社区居委会的基础上建立社区教育管理和监督委员会。这样不仅可以有效地开发利用已有的教育管理人力资源和物力资源，而且也避免了机构的重复设置和资源的闲置浪费。

（3）最大限度地对现有资源进行有效整合，快速推进社区教育发展

社区教育属公益性、福利性事业，它无疑要占用相当数量教育资源。国外社区教育无须过多的额外投入，只是对现有教育资源进行重组、改造与再分配，以实现社区教育低成本扩张与发展。就我国而言，一是要动员社区附近的各类学校积极拓展社区教育，学校资源有组织有计划地向居民开放。我国有不少普通中小学，教育质量不高，不可能走精英型、学术型发展之路，加之实行计划生育后，我国人口增长大大放缓，不少学校的入学学生人数锐减，教师面临下岗失业的窘境，其盈余的教育资源与其闲置不用，不如转向社区教育，用以培植新的教育增长点。二是社区要主动接纳社区教育，大胆利用社区外资源。目前职业学校、电大、函授学校成人学校等教育机构已意识到了社区教育的巨大潜力，试图拓展社区教育市场，为社区提供低收费的教育服务，但社区缺乏利用社区外资源的主动性。三是在师资来源上，除了安排一定比例的专职教师外，可大量聘用社会上有实践经历、实践能力的人来充当兼职教师，组成一支庞大的师资队伍，投入到各种专业的教育工作中去，如企业经理教管理，律师教法律，会计师教财会等。大量的兼职教师赋予社区教育的不仅是办学效益的提高，更为重要的是赋予了强大的适应力和灵活的办学机制。

（4）社区教育课程内容设置上要丰富多样，适应市场需求

社区教育可办成"教育超市"，提供大量供居民自由选择的课程。既要开办以学历教育为目的的基础教育也要开办以培养某种专长和技能为目的的实用型的成人职业教育培训，如职前、职后教育以及不断适应企业需求的就业和再就业教育，与企业联合开办的专业培训等；开设具有审美性乃至休闲性的课程，如音乐、美术、娱乐、保健等，对社区所有成员进行终身教育；开办具有联谊性、交往性的课程，如各种文化沙龙、兴趣专题讲座，主要为居民交往活动提供一个健康文明的场所，为建立社区精神、营造社区文化创造条件。当然，社区教育的具体内容，必须根据居民的教育需求、市场需求以及社区的经济状况、资源状况，职业结构设计等因素决定，可采用问卷调查法，专家座谈法，充分吸收社区居民和教育专家学者的意见和建议，进行统计、分类、整理，然后依据居民不同的兴趣需要组织课程，以收到满意的效果。

4. 鼓励社会各界积极参与社区教育

社区教育作为区域性的大教育，要想蓬勃开展，就必须有社会各界的广泛积极参与，需要有各种志愿者组织，需要有高度社会责任感和公益心的企业型组织。我们要逐步形成支持教育和热心公益的良好社会风尚，除加强宣传外，还需要各级政府机构采取政策措

施，鼓励和吸引企业、团体、组织和个人投身于社区教育。从国外的实践来看，可通过发动社会知名人士、政府领导人对社区教育观念广泛宣传，发挥社区教育成功典型的示范作用；鼓励社会各界关心和支持社区教育，争取基金会和企业提供资金资助或教学设施赞助；吸引政治派别和群众团体重视社区教育，积极参与建立社区教育组织或直接兴办社区教育等方式，以最快的速度，最广的范围，最低的成本，最好的成效努力促进我国社区教育大发展。

【特色案例】

案例一：苏州河畔的学习圈

波光粼粼的苏州河蜿蜒辗转，在上海市普陀区的版图上描出了十八道弯。每一道弯，都有一个故事；每一道弯，都是一段历史；每一道弯，都是一番风景；每一道弯，都有一种趣味。普陀区是民族工业的陈列室，也是红色文化的摇篮。岁月为普陀带来了一份厚重的文化积淀，也为普陀平添了一股勃勃的生机。如今的苏州河畔绿柳成荫，洋溢着科学与人文的韵味。如何让每位市民便捷地享受普陀区这些丰富的资源，普陀区着力在构建优质社区教育资源圈方面做了有益探索，形成"30—20—10"社区教育资源圈。

1. 均衡布局　提高覆盖

普陀区整合资源，把区内各学校、文化馆、博物馆、图书馆、体育馆、科普馆以及各类民办非学历教育与培训机构、职介中心、社区服务中心等设施纳入社区教育资源圈范畴，构建机制，实现共享。区有关部门要求这些设施向社区开放，为社区服务。目前社区学院、9 所社区学校、225 个社区学校办学点、65 所中小学、22 个文体科普类场馆以及老年大学、老干部大学等设施均已向社区成员开放；将各相关单位向社区开放教育资源作为考核内容，定期检查、树立典型、表彰奖励，使社区教育资源共享得到了制度保证；将各种社区教育资源的具体活动场所、开放时间、活动项目等汇编成册，印制了《普陀区终身学习资源信息手册》，免费发送，提高了居民知晓率。

"社区教育资源圈"的均衡布局，实现了区域学习空间的全覆盖，为社区成员的学习提供了便捷的服务。

2. 发挥优势　普及培训

"社区教育资源圈"以社区学院为中心，为全区社区成员提供高层次、高品质服务，同时指导全区社区教育的业务工作，为社区学校专兼职教师开展实务培训，例如在 2010 年上海世博会来临之际对全区 9 个街道（镇）社区学校及其办学点的专兼职教师进行了"世博知识"系列培训；每年开展专兼职教师教学技能培训和竞赛活动；深入社区企事业单位，开展心理讲座；面向社区成员，开设红楼梦鉴赏等课程。

"社区教育资源圈"以社区学校为基础，根据社区成员的需求，开展各类培训，面向社区老年人群，开设闲暇生活教育；针对下岗失业人群，开展汽车维修、保卫人员、美容美发等专业技能培训；针对外来务工人员，开展烹饪、电工、家政等职业技能培训。普陀区曹杨新村街道金岭园居委会管辖周边，居住着许多从外省市到上海打工的进城务工人员，其家属平时在家看管小孩做家务，空闲的时间比较多。他们都不知道社区学校提供的课程。曹杨街道的终身学习推进员就耐心地将社区学校的各项招生情况以及办学理念介绍给他们，社区教育组织形式灵活，内容丰富多样，开放性程度高，通过学校—家庭—社会间的连接，志愿者和各种社区教育团体力量的整合，能够满足社区不同人群的学习需求。当得知有许多适合他们的课程时，他们都愿意报名参加，丰富自己的文化生活。社区的课程让这些进城务工人员了解所在小区的情况，给予他们共享社会资源的机会，提高自身的文明素质和文化素养，提升他们的社会适应能力。

"社区教育资源圈"以社区学校办学点为补充，从小区居民的需求出发，开展教育活动。社区学院、社区学校及其办学点平均年培训上百万人次。"社区教育资源圈"以各类办学机构为延伸，开展各种文化教育和中高级职业资格培训，全区 97 家民办非学历教育与培训机构在人员培训方面充分发挥了他们的作用，平均年培训 20 万人次以上。

"社区教育资源圈"的优势发挥，实现了区域学习成员的全覆盖，大大提升了社区成员的参与率和培训率。

3. 依托载体　推进学习

"社区教育资源圈"的架构，大大推动了学习型组织的培育和学习型社会的建设。区学习委各成员单位依托资源圈的教育机构，开展多种类型的宣传和教育，促进了学习型社区、学习型机关、学习型企事业单位、学习型家庭的创建和发展。区社区办、区机关党工委、区总工会、区妇联等部门，分别制定了各类学习型组织的创建标准和评估方案，逐年推进，努力形成多模式、广覆盖的学习型组织创建格局。

在创建中，各机关以《普陀区学习型机关创建评估暂行办法》为指导，以 10 月"技能月"活动为抓手，不断提升机关干部能力，推进中心工作。企事业单位以"创建学习型组织，争做知识型职工"活动为载体，以"学技术、比技能、创一流"活动为抓手，开展各类学习、培训、竞赛、展示活动，仅社区职工教育中心开展的农民工培训一年就达 122 场，培训人次达 38948 人次，全区职工中有 15546 人次通过技能培训提升就业竞争力。先后涌现了上海市学习型企业十佳标兵单位复星高科技集团有限公司、全国学习型班组区安监站、全国知识型职工张隆等一批先进集体和先进个人。全区 30 万户家庭和 42 万名妇女积极参与学习型家庭和其他各类文明家庭创建，仅去年创建区级学习型家庭示范户就达 100 户，创建街镇级学习型家庭示范户达 1000 户。9 个街道（镇）积极创建学习型社区，长寿路街道等 4 个社区已成为"上海市学习型社区创建单位"，长征镇等 5 个社区成为"普陀区学习型社区创建单位"。

普陀区"社区教育资源圈"中丰富的各类载体，为各类人群提供了良好的学习条件，大大推进了学习型社区的建设。

（成才与就业，2013，（03.））

案例二：美国社区大学对我国国际高中教育的 5 点启示

随着国际化教育的普及，国际课程在国内遍地开花，此前上师大附二外开设的专业对口美国社区大学直升课程班引起社会不小的反响，美国社区大学是什么样的教育机构，他对我们的教育有什么启示呢？记者专访了上师大附二外国际高中的杨主任，杨主任为我们介绍了美国社区学院对我国国际高中教育的 5 点启示：

1. 明确社区教育课程主体，强化为社区服务的意识

什么课程是学生最需要的？什么课程对学生最有益处？学校应该明确该问题。因此，设置课程需要明确社区学院教育课程主体的地位。社区学院的生命之源就是社区，它从教育服务的角度出发，为社区培养人才，尽最大努力为社区服务。那么我国的高等教育是否

也能达到这样的教育需求呢?

2. 运用现代教育技术和手段

美国社区学院利用在线的教育服务系统,提供了一系列的在线职业训练课程,使学生能够在各自的职业领域得到专业的训练。为广大学子提供了灵活、自由的学习空间。我国的网络资源利用得不是很普遍,国家也欠缺对网络化学习的规划,若政府能建设整合网络教育教学资源,将能更好地改变人们学习习惯,并带动我国进入学习型社会。

3. 专业设置要灵活化

社区学院的课程设置广泛,每一个社区学院大都有十几种人才培养计划和可供选择的课程表。我国高等职业教育主要定位在培养实用型人才上,因此,在优化课程设置方面也应像美国社区学院那样灵活。在课程设置上应增加选修课、适当减少必修课,让学生有足够时间自学、思考以及参加各种实践活动。另外高职院校每年应该组织团队进行社会调研,加强与企业沟通对话,掌握社会和企业的最新用人需求,开设满足企业用人需求的课程。

4. 具有适应社会需求的多样化、终身化教育职能

现阶段,高职人才培养模式,应以能力为本的职业教育培养目标,要求高职教育人才以就业为导向,以能力提升为本位,适应社会需求。终身教育也就是我们常说的活到老学到老,这个词在国内外使用非常普遍,学习也是对精神的充实,在学的过程中,会思考,人性会得到升华。在短暂的一生中,需要突显自己的价值。年轻时,学是为了理想,为了安定;中年时,学是为了补充,补充空洞的心灵;老年时,则是一种意境,慢慢品味,自乐其中。所以,在信息技术高度发达的知识经济时代,惟有把学校教育延长为终身的学习才能适应社会发展的要求。

5. 学校应了解社会,并培养实用型人才

我国现在出现一种现象:毕业生学习了专业课程毕业却找不到满意的、专业相对的工作,产生这种现象的原因是学校与社会脱节。学校应该了解市场,研究市场,以市场为导向,根据企业和社会的要求培养具有比较广泛学术基础能适应新的环境变化的劳动人才。开设相关专业;教学内容方面,应以培养岗位专业技能为中心,强调实用性、专业性、实践性,应向美国社区学院那样创造条件,让学生到生产一线真刀真枪演练、实习,让学生从"做中学",以提高学生的职业能力。

(中国社区教育网. http://www.ccedu.org.cn/news/edu/2013/07/20/111518.html)

【复习思考题】

1. 社区教育的含义与特征如何?
2. 社区教育的目标和模式有哪些?
3. 学习型社区的概念与标志是什么?
4. 学习型社区建设原则有哪些?
5. 国外社区教育的状况及启示有哪些?

第 9 章　社 区 文 化

【关键词】社区文化；社区环境文化；社区精神文化；社区文化建设

【案例导读】

　　　　小区文化墙　服务社区居民——发布政策信息　搜集民生建议

　　"有小区大门钥匙的居民，晚上12点前能不能不锁小区大门，这样很麻烦。"10月12日上午，在解放区焦北街道幸福街社区龙光楼院里的民生信息墙上，居民李先生在民生栏下方的空白处，写下了自己对小区管理的建议。小区的网格管理员随后在回音栏中答复："小区的安全需要大家维护，打开小区大门后必须随后上锁，无论时间早晚。"

　　"为了小区的安全，咱们用几分钟时间锁个门，不算啥。"大部分居民对网格管理员的答复都很赞同。

　　其实，民生信息墙只是小区五面文化墙的一部分，此外，还有展示社区老党员为社区义务服务的事迹，发布就业、养老、计生政策信息等内容的文化墙。

　　"从文化墙上了解政策信息，解决了我们老年人出门难的问题。"73岁的赵大妈说："不光是办事容易了，超市、理发店、裁缝店的电话也都留在墙上，有事不出门打个电话就中了，特别方便。"

　　"无论是信息发布，还是了解民情，网格化服务只能满足大多数居民的需求，要让服务更细致入微，还需要网格管理员定期走访入户调查。"幸福街社区党工委书记史伟波说，为了和居民零距离沟通，从街道到社区，再到网格管理员，所有人员的照片，联系方式，全部公布在信息墙上，并明确写出了每个负责人每周走访入户的次数。

　　"利用小区资源，把网格化管理和惠民点服务相结合，在服务居民的同时，美化小区环境，营造文化氛围，从今年三月份到现在，这项工作一步步在推进，下一步我们仍将不断探索，让小区文化墙发挥更大的作用。"史伟波说。

　　（解放区焦北街道幸福街社区. ［13-05-22］. http：// www. 47365. com/content/51450ea7f0e2b111. html）

9.1　社区文化概述

9.1.1　社区文化的含义

　　文化是一个群体（可以是国家，也可以是民族、企业、家庭）在一定时期内形成的思想、理念、行为、风俗、习惯、代表人物，及由这个群体整体意识所辐射出来的一切活动。广义的文化是指人类创造的一切物质产品和精神产品的总和。狭义的文化专指语言、文学、艺术及一切意识形态在内的精神产品。

社区是人类社会文化的空间状态和人文形态，社区文化是通行于一个社区之内的特定的文化现象。社区文化是特定地域的人群，在长期的社区实践活动中形成的具有鲜明地域特征的物质形态、价值观念、生活方式、行为规范、道德习俗等文化现象的总和。它构成社区独特的人文气质，并以此将此社区与其他社区区分开来。

从社区文化的含义可看出，社区文化不可能离开一定的形态而存在，这种形态既可以是物质的、精神的，也可以是物质与精神的结合。因此，社区文化的内涵包括环境文化、精神文化、制度文化和行为文化 4 个方面的内容。

1. 环境文化

环境文化是人们在社会实践过程中，对自然的认识、对人与自然环境关系的认知状况和水平的群体性反映样态，由"环境认知文化"、"环境规范文化"、"环境物态文化"和"民俗环境文化"构成，四种文化交融互摄、循环扩展，形成一个动态的复合体。社区环境文化是社区物质生活的体现，是社区文化活动的基础，它是由社区成员共同创造、维护的自然环境与人文环境，是社区精神风貌的折射和具体体现，是一个社区文明程度的重要标志。就拿社区的建筑物和文化设施来说，如果社区里的建筑物缺乏科学设计、合理布局和艺术化的造型；缺乏绿化、美化、亮化雕塑等人文景观；缺乏文艺、体育活动设施、场所、设备；建筑物与周围环境的配合不协调，那么，这样的社区，文化是很难发展的。因此社区物质文化主要包括社区的外观和形象，如独特的建筑景观、别致的雕塑、美观的壁画等；休闲和娱乐环境，如图书阅览室、诗书画活动室、棋牌活动室等；文化体育设施，如文娱活动广场、休闲健身器材等；生活环境，如幼儿园、餐厅、残疾人无障碍通道等。怡人的绿化园林、舒心的休闲布局、干净整洁的社区环境都可以营造出理想的环境文化，为社区成员提供轻松愉快的生活、学习和工作场所。通过社区环境，可以感知社区成员理想、价值观、精神面貌等外在形象。

2. 精神文化

精神文化主要指哲学和其他具体科学、宗教、艺术、伦理道德以及价值观念等，其中尤以价值观念最为重要，是精神文化的核心。精神文化是文化要素中最有活力的部分，是人类创造活动的动力。没有精神文化，人类便无法与动物相区别。价值观念是一个社会的成员评价行为和事物以及从各种可能的目标中选择合意目标的标准。这个标准存在于人的内心，并通过态度和行为表现出来，它决定人们赞赏什么，追求什么，选择什么样的生活目标和生活方式。同时价值观念还体现在人类创造的一切物质和非物质产品之中。社区的精神文化是社区文化的主导和核心，是社区独具特征的意识形态和文化观念，它对于培育有理想、有道德、有纪律的社会主义公民，提高社区居民的思想道德素质和科学文化素质至关重要。精神文化主要包括社区精神、社区道德、价值观念、社区理想、行为准则等。这是社区成员价值观、道德观生成的主要途径。充分利用社区内的文化设施，经常性地开展社区内的各类文化活动，是社区精神文化工作的重要任务。这里，特别将那些指向性强烈、精神性突出的活动等也算作精神文化建设的范畴，如社区升旗仪式、评选文明户、学雷锋演讲等。由于精神文化具有明显的社区特点，所以往往要多年积累，逐步形成。

3. 制度文化

制度文化是社区成员在生活、娱乐、交往、学习等活动过程中形成的，与社区精神、社区价值观、社区理想等相适应的规章制度、组织机构等。它们对保障社区文化持久、健康地开展具有一定的约束力和控制力。制度文化可以粗略地分为两大类:一类是物业管理企业的各种规章制度;另一类是社区的公共制度。企业的规章制度和社区的公共制度都可以反映出社区价值观、社区道德准则、生活准则等。如奖罚分明可以体现出社区的严谨风格,规劝有加可以体现出社区的人性感悟,条分缕析可以反映出社区的细腻规矩等。为保障社区文化活动深入持久地开展下去,现在很多小区物业管理部门都成立了专门社区文化部,负责社区文化活动建设工作。社区文化部在引导、扶植的基础上成立各种类型的社区文化活动组织,如艺术团、协会、表演队等,同时还对社区文化活动开展的时间、地点、内容、方式、程序等予以规范。

4. 行为文化

行为文化也被称为活动文化,是社区成员在交往、娱乐、生活、学习、经营等过程中产生的活动文化,即通常所说的文艺演出、娱乐休闲、民俗节庆、科普专题等社区文化活动。这些活动实际上反映出社区的社区风尚、精神面貌、人际关系模式等文化特征。如"中国城市文明第一村"深圳市莲花北村的物业管理者——万厦居业公司,自 1994 年以来,就在该小区组织开展了 300 多场大中型社区文化活动,涉及娱乐、健身等各个方面,如广场交响音乐会、元旦千人舞会、重阳节文艺汇演、趣味家庭运动会、游泳比赛、新春长跑等。

9.1.2 社区文化的特征

社区文化是一定地域下的社会共同体所共同拥有的文化,社区文化的特点较深地受到社区特性的影响,综合起来看,社区文化有如下几个特征:

1. 地域性

社区是地域文化特色形成、保持、传承和创新的基地,是地域文化的发源地。社区文化是社会文化、民族文化、国家文化的集中体现,如果社区文化超越地域性和共同体范围,它就不再是社区文化。不同的社区其文化特征不同,尤其是具有民族风情、具有历史文化积淀的社区,其社区文化的地域性就更加突出。社区文化的地域性主要表现在如下 3 个方面:

(1) 特殊地区气候对社区文化的影响。气候对人的体格、性格、心理和生活方式产生很大影响,从而对社区文化产生根本性的影响。在我国北方地区,冬季天气寒冷,那里的人体格健壮,性格粗犷,因而北方文化具有雄浑苍凉的特点。南方气候潮湿温暖,形成南方文化柔和婉丽的特征。

(2) 地区特别地貌对社区文化的影响。地区地貌对社区文化的影响具有特别的作用,如地处高寒山区的居民较为强悍,地处江南湖河边的居民较为温和,正反映了特殊的地貌特征对社区居民性格和社区文化的影响。

(3) 地区特有生态对社区文化的影响。地区生态是社区文化、社区居民生活方式形成的重要基础,从而在生态上构成社区文化的地域性。

2. 群众性

社区文化的基础是群众广泛参与,首先要把推动社区居民积极参与社区文化建设中的"居民化"放在第一位,脱离社区居民的实际需求而盲目发展社区文化是没有生命力的。

社区文化是普通社区居民的文化，体现在两个方面：第一，从个体与群体的关系来看，尽管每一个体都对社区文化产生影响，但都不能单独代表区域群体的文化，而群众共同参加的文化活动才能构成社区文化的主流。第二，从文化活动的主体和客体来看，活动组织的主体、表现的主体都是社区群众，而作为客体的被组织者和观摩者也都是社区居民，因而社区文化是属于社区居民的本土文化。

（1）群众是社区文化活动的组织者和参与者。社区文化的很多活动都由社区成员自己创意，自己组织。这些文化活动内容反映的就是群众自己的生活，符合群众的实际需要。

（2）群众是社区文化活动的受益者。社区居民既是进行文化活动的主体，又是社区文化服务的对象。百姓在各种文化活动中，自娱自乐，健体养生，增进友谊，提高品德修养和文化艺术素养。而政府、社会团体和企事业单位组织的社区文化活动，目的也是要尽可能使群众普遍受益，使群众满意。社区文化活动要与家庭文化、街道文化、科技文化、校园文化、老年文化、青少年教育等有机结合，通过文化娱乐、休闲健身、科技普及、网络咨询、艺术培训等形式，把社区居民充分吸引到社区文化活动中来，减少不良文化对社区居民的影响。

3. 多样性

多样性的社区文化是当前社区文化的发展方向。不论是老人、年轻人和少年儿童，还是少数民族，他们都应该享受到丰富多彩的、"百发齐放"的城市社区文化。社区文化的多样性表现在：

（1）社区文化服务对象的多样性。社区居住着不同年龄、不同性别、不同民族、不同职业、不同阶层的人群，因此，社区要尽量建立多元化、多层次的社区文化，以满足社区内不同层次群众文化多样性的需要，培养人群共同的社区意识。

（2）社区文化设施多样性。有文化宫、活动室、俱乐部、体育健身房和设施、社区信息等。

（3）社区文化活动的多样性。社区许多文化活动就是人们日常生活的一部分，诸如读书看报、唱歌跳舞、下棋弹琴、跑步打拳、养花养鱼等活动，都是怡情养性，有助于健康的文化活动。社区文化活动可以划分成 3 个方面：①衣食住器。服装文化、饮食文化、居住文化和器物文化都是社区文化的重要组成部分，这些文化既是生活基本需要，也是社区居民文化追求的一部分。②花鸟虫鱼。花鸟虫鱼在中国传统社区文化中占有非常重要的地位，也是现代社区居民接近自然，寄情山水的重要替代物。③琴棋书画。琴棋书画在中国传统文化教育中占据重要位置，是文化品位的重要象征。也是现代社区文化生活的重要组成部分。社区文化的多样性表明，社区文化要充分发挥社区内人力、物力、财力、设施的整体优势，要尽量适合各种人群的需要。

4. 共享性

社区文化建设成果应该平等地面对生活在社区中的全体居民，不论何种身份、何种职业、何种民族、何种年龄阶段的居民。当前我国社区文化建设主要推动力来自于政府推动和政府的财政支持，因此，社区文化建设更应该体现平等性。凡是为我国社会主义现代化建设做出了贡献的公民，为社区发展献力献策的社区居民，都应该平等的享受到社区文化带来的精神愉悦，即使是生活在社区的农民工和流动人口。

社区居民在自娱自乐中愉悦身心，在相互观摩和切磋中增强人与人的沟通，在互帮互助中创造良好的社区氛围。正因为社区文化能为它的成员所共享，其中富有特色的优秀部分特别是风尚、礼仪、民俗和民间艺术，才得以保留和传承。社区文化的实践同时也表明，社区文化的共享性越多，社区的凝聚力就越强，社区成员的归属感就越强。社区应努力通过社区文化的丰富多彩，促进社区出现居民共享文化大餐的和谐景象。

9.2 社区文化的类型和功能

9.2.1 社区文化的类型

社区文化的内容十分丰富，根据不同人群、不同类别、不同形式、不同地点、不同作用可以划分为多种类型。这些类型总结起来主要包括社区环境文化、社区精神文化、社区民俗文化、社区文艺文化、社区体育文化等。

1. 社区环境文化

社区是其成员生活和工作的地方，社区文化环境的好坏对社区居民的生活质量、身心健康、精神气质等许多方面都起着重要的作用，是社区文明程度的标志之一。因此，搞好社区环境文化建设意义非常重大。社区文化环境是城市大环境的组成部分，要建成健康优美的城市环境，必须建设好每一个社区的环境。

社区环境文化是指建设一种适宜人生活和发展的自然生态环境和人文社会环境。文化起源于自然，社区文化与自然环境有着千丝万缕的联系。人们要休憩，需要宁静的自然环境；人们要审美，需要优雅的自然环境；人们要锻炼，需要空气清新的自然环境。人们对自然的重视程度，影响人对自然环境的态度。社区要努力建设优美的自然环境，使人们的心灵不断得到净化、升华，培养出一种大自然情结，更加透彻地理解自然、热爱自然、保护自然。社区应该开展各种与自然环境相关的文化活动，号召人们继承古人"天人合一"的文化，即自然文化；号召人们崇尚人与自然和谐共生的文化，即生态文化；号召人们自觉保护和美化社区自然环境，推动社区在与大自然的共生共荣中朝着更高层次的文明进化。

社区文化环境是社区形象的直观展示，文化环境不仅仅是与建筑在某一区域聚集而呈现的外在景观，还是社区文化的重要内涵，因为社区文化环境与社区成员的文化素养、生活习惯、环境意识、法规意识等有直接的关系。人们吸烟、餐食野味、随地吐痰、践踏绿地、乱丢废弃物、丑陋字牌、无序张贴、乱鸣喇叭、衣着不整、随意在室外晾晒衣物等不良行为习惯，都会造成空气污染、视觉污染、生态失衡和对生物多样性的破坏。社区要通过各种环境保护活动的开展，使社区居民充分认识这些不良行为习惯的潜在的危害性，努力提高文明素质，有意识地培养和增强自己对自然的情感，对周围环境的重视，从自己做起，从现在做起，彻底戒除一切不良的行为习惯。只要人人都有环境保护意识，社区的环境定会变得越来越好。

社区的自然生态环境美好，社区成员举止文明，待人礼貌热情，会给来访者留下美好的印象。高雅的社区环境所呈现的良好的社区形象，可以对住户、游客和投资者产生很强的吸引力，使社区经济和文化充满活力，繁荣昌盛。努力营造良好的社区环境，可以增强人们对社区的认同感和归属感。

环境保护是我国的一项基本国策，坚持可持续发展是我国社会经济发展的一项基本战略。21世纪的环保是大众的环保，而大众的环保必须植根于社区，植根于民众。绿色社区建设在中国是一个新生事物，深圳市的实践对在全国范围内开展绿色社区建设做出了开创性的贡献。建设绿色社区的根本目的，就是把环境保护落实到社区，让环保走进每个家庭。

围绕"环境文化"这个主题，深圳经济特区特色的绿色社区模式，提出"自然环境、人文情怀"的环保理念，开展绿色社区建设活动，使环境宣传教育进入屋村、家庭，组织了一系列贴近居民生活、强调参与意识的社区活动，促进了居民环境意识和居民环境质量的提高。如每年世界环境日和全市环境宣传月期间，各项绿色社区活动成为小区居民积极参与的一种自觉行动。举办"资源再利用——生活垃圾有奖回收"活动；"居住环境与健康"和"禁止使用含磷洗衣粉"等为主题的环境论坛活动；举办"推崇绿色社区，建设21世纪模范城区"的大型纪念活动；举办以环境为主题的文艺晚会和有奖竞赛活动；组织"绿色植物认养"活动等。通过这些活动，激发了居民"绿化小区，保护生态"的热情，极大地调动了小区居民的积极性，使他们踊跃地投身到绿色社区活动中去。深圳市的绿色社区建设把环境管理作为社区管理的重要内容，建立了社区层面的公众参与机制，创造了一种绿色生活的道德氛围和社区文化，鼓励居民选择有利于保护环境的生活方式，如节能、节水、绿化、美化，垃圾分类，污水处理，少用一次性制品，不吃野生动物等，使环保国策较好地落实到社区和个人。深圳市绿色社区建设作为可持续发展的一种微观模式，蕴含着深刻的历史内容，它使环境保护植根于社区、落实到基层、深入于民众，具有广泛的社会经济效益。

2. 社区精神文化

社区精神文化是社区建设的重要内容，是城市文明的缩影。社区精神文化建设对于促进社区和谐发展，丰富城市社区居民精神文化生活，加快城市化进程，促进城市经济社会和谐发展都具有深远的意义。

社区精神文化的目标，是在社区内努力创造有利于社会主义现代化建设的舆论力量、价值观念、道德规范和文化条件，使广大社区成员逐步达到思想健康、精神充实、热情礼貌、人际和谐、关爱社区、热心公益、帮困扶贫、维护法制的文明程度，快乐幸福地生活在共同的家园之中。

社区精神文化建设的内容，包括社区成员综合文化素质的培养，法律、民主、教育、科技、生态和审美等意识的加强，家庭美德、职业道德和社会公德水平的提高，社会福利、社会保障和社会救济的实施，居住环境的美化，以及人际关系的改善等。

社区精神文化活动是社区成员的思想、观念、道德等意识的体现，在活动形式上，应力求做到富有情趣，喜闻乐见，贴近生活，与时俱进。如大力开展社区广场文化活动；举办茶文化节展示；科技节展示活动；五一歌会、七一歌会、十一歌会；全民健身节展示；家庭艺术展示活动；教师节活动；社区京剧大家唱；暑期纳凉晚会；社区文艺团队展示等。

上海闸北区北站街道社区精神文化建设在实践中取得了一些成效。

（1）从"栖息之所"到"精神家园"，有效激励打造和谐文化。在开展文化活动过程中，树立创新意识，实施激励手段包括情感激励，挖掘有益的活动形式，想办法鼓励居民走出家门，吸引他们参与到社区文化活动中来。

（2）从"银发产业"入手，搞好社区精神文化产业。众所周知，从1999年开始，中国步入老龄化社会，目前我国老年人口有约 1.3 亿，老年人的公共支出是年轻人的 3 倍，已成为占第三产业比重很大的产业。社区可以根据老年人口的特点和需要，为他们提供特殊文化产品和服务，包括娱乐、旅游、老年教育等多种精神文化服务。取之于"银发"用之于"银发"，以老年产业来带动社区文化产业的发展，对构建和谐社区，和谐社会大有裨益。

（3）实施人文关怀，带动中青年上班族的情感参与。社区从人文关怀入手，开展愉悦身心的健康会所，开展专门针对中青年上班族的健康讲座，比如瑜伽和健康操，有氧拉丁等活动；社区中的各居住小区在一定时间段提供温馨晚餐，让上班族充分感受到回家的关怀；为小区上班族，定期提供一些资讯，内容可以包括小区新闻、动态，健康资讯等。社区在实施人文关怀之下，再邀请上班族开展文化活动就会使他们很顺利的参加。

3. 社区民俗文化

社区民俗文化，指的是社区居民生活的风俗和习惯，包括饮食衣着、待人接物、节日庆典、婚丧嫁娶、宗教信仰等。社区民俗文化的内容大致可以分成 5 类，即生产型民俗、生活型民俗、社会型民俗、信仰型民俗和愉悦型民俗。生产型民俗是指当地所特有的农业和手工业的劳动方法、技巧和经验，劳动工具的发明制造和改进等。生活型民俗包括饮食、婚恋、服饰、居住、医术等风俗习惯。社会型民俗有交际、结社、道德、礼节、贸易、节庆、家规、族规等。信仰型民俗包括图腾、祭祀、宗教、迷信等形式。愉悦型民俗包括文艺、游艺、手工艺、杂艺等活动。

民俗的起源是文化，本质是文化，形式是文化，功能还是文化。民俗是人类群体历史传统的因袭、传承和演变，是特定地域自然环境的产物，是民众物质生活方式和精神寄托、追求和享乐的方式。民俗是习惯使然，自然而然。约定俗成的生活习惯和文化心态一旦形成，就产生较为稳定的心理定式，可以在群体内部起到同化作用，对外部起到异化作用，形成自己的特色。

民俗文化有 4 个基本特性，即地缘性、民族性、传统性和时代性。

（1）地缘性是民俗文化的本原特性。地理环境特点对于人种的形成、民族的形成起着决定性的作用。人文地理和生态环境、社会环境、建筑环境等各种环境因素构成社区的总体地域特征，对社区成员的物质生活、思想意识和行为习惯产生影响，对社区民俗文化产生影响。由于环境对人产生潜移默化的巨大而又持久的影响，所以认识社区民俗的地缘特性非常重要。社区不但应该努力保护本地的自然地貌和生态环境，还应该努力改善当地的各种人文环境。

（2）民族性是民俗文化的本色特性，其特质包括民族信仰、民族精神、民族智慧、民族性格、民族心理等。每个民族的民俗文化都有本民族的特色，在思想观念、思维方式、道德原则、行为准则、文艺形式、生活习惯等方面都会表现出来。重视社区民俗的民族特性，有利于民族团结和社会稳定，有利于保持和发展特色，有利于弘扬民族精神和繁荣民族经济。民俗是属于民族的，又是属于历史的，因此民族性与传统性是密切相连的。

（3）传统性是民俗文化的恒常特性，没有传统也就无所谓民俗。民俗传统主要表现在语言传统、风俗传统、艺术传统和宗教传统 4 个方面。民俗文化的传承过程是一种文明进化、文明演变的过程。继承优良民俗传统是维护民族文化的需要，是满足人们怀旧心理的需要，是丰富历史审美情趣的需要。然而，民俗的静止却是相对的，发展变化才是绝对的。民俗存活于当代社会，在保持传统的同时，总要接受当代文化的影响。所以说，民俗既有传统的本质，又有时代的容貌。

（4）时代性是民俗文化的变异特性。既然历史上每一个时代都会给民俗打上烙印，当代社会也必然会对民俗产生影响。当今社会已经进入知识化、信息化、国际化时代，新事物的出现和外来文化的传播越来越快，人们的思想变得越来越开放，眼界越来越开阔。现在，很多新的时尚都是国际性的，像时装、流行歌曲、现代体育等，这些都已成为人们的共同爱好，尤其受到年轻人的青睐。毋庸置疑，这些时尚肯定也会融入社区民俗之中，这是世界文化大同的一种发展趋势。民俗文化具有时代性，社区要发展，必须重视民俗文化愉悦、保健、信仰、整合、经济等功能的发挥。但是，社区在接受现代文化的同时，应该有意识、有策略地使原有的民俗特色得以保持。

俗话说，"一方水土养一方人"，"千里不同风，百里不同俗"，就是指民俗文化的地域特点，例如，少数民族文化、北京的胡同文化和四合院文化、江南的水乡文化和园林文化、西北的黄土文化、东北的黑土文化等。从某种意义来说，社区民俗文化就是民族文化传统和特色的具体表现。

社区民俗文化具有维系信仰、继承民族传统、发展民族经济、改善生活质量、形成社区特色等重要功能。中国是多民族的文化古国，民俗文化传统非常悠久，内容丰富，例如：小吃、菜系、酒类等饮食形式；评书、相声、京剧等曲艺形式；剪纸、刺绣、编织、泥面、糖塑等手工艺形式；国画、书法、对联、篆刻等艺术形式；秧歌、旱船、高跷、风筝、舞狮、舞龙等舞蹈形式；武术、气功、象棋、围棋等体育形式；赏花、听鸟、观鱼等环境形式等，其种类之多，内涵之深，风味之浓，艺品之高，在世界上也是绝无仅有的。开展社区民俗文化活动，对于继承民族文化传统具有十分重要的意义。社区的吸引力来自其独特的文化风貌，一个好的社区必然是一个有文化底蕴的社区，一个有着共同文化喜好、文化传承的社区。将优秀的民俗文化引进社区，这是社区建设的重要组成部分和必要手段，中国优秀的民俗文化将成为凝聚社区居民的黏合剂。

4. 社区文艺文化

社区文艺是指社区成员所从事的业余文化艺术活动。社区文艺有自娱自乐、丰富多彩、雅俗共赏的特点，有娱乐、审美、教育、宣传、装饰、交际、经济等多种功能。社区文艺包括娱乐、欣赏、创作和表演等活动内容。按照娱乐活动的时间、内容和形式，可以分成节庆型、竞赛型、自娱型 3 种类型。节庆型是在节日庆典中为营造喜庆欢乐的气氛而开展的活动，这类活动大都带有民族性、民俗性、传统性、奔放性等特点，如花会、庙会、灯会、歌会、舞会等活动，以及踩高跷、扭秧歌、跑旱船等节目。竞赛型活动有对歌、对诗、对对联、对酒令等。自娱型包括讲故事、说笑话、猜谜语、书法、绘画、唱歌等。文艺欣赏、创作和表演涉及的内容极多，文学方面的有小说、诗歌、散文、剧本、回忆录、报告文学等；艺术方面的有音乐、舞蹈、戏剧、曲艺、美术、书法、雕塑、篆刻、插花、奇石、电影、电视剧等。社区文艺是形成社区认同感和归属感的主要途径，是形成社区吸引力、感化力、凝聚力和创造力的重要方法，是社区艺术风格、民俗特色和经济活力的直接或间接的展现。

社区文艺活动有许多形式，但最基本、最常见的形式是文艺细胞活动、文艺剧场演出、文艺作品展览和文化广场集会等。

（1）文艺细胞活动。社区文艺细胞，顾名思义，就是社区里比较小的文艺组织，即文艺之家、楼院文艺小组、小区文艺团队等。文艺细胞具有内容多样和各具特色的特点，他们活跃在社区之中，这些细胞组织都是群众自我生成、自我定位、自我发展的，生命力很强，是社区活力的体现，政府和社区应该创造条件，使他们得到培育，健康成长。

（2）文艺剧场演出和文艺作品展览。文艺剧场和文艺作品展览对于社区文艺上水平、出精品有重要意义。

（3）文化广场集会。20 世纪 90 年代以来，城市社区文化广场活动逐渐兴起，而且有"愈演愈烈"之势。社区广场是社区成员的文艺活动中心，人们在广场之上，没有任何拘束，或亲自表演民间艺术，自娱自乐，或近距离观看名人演出，欣赏高雅艺术，既满足了参与、表现的欲望，又达到了交往、沟通、联谊的目的。广场文艺活动的形式很多，例如群众杂技、曲艺、武术传统表演节目、音乐会、卡拉 OK 等。

5. 社区体育文化

体育文化，是一切体育现象和体育生活中展现出来的一种特殊的文化现象，是人类本身需求的特殊反映。它是人类在体育生活和体育实践中创造出来的，并通过有形的身体形态、动作技能、运动器材、物质以及无形的与社会属性相关的意志、观念、时代精神反映出来，显现了各具特色的存在方式。体育文化和其他文化一样反映了一个时代、一个国家或民族的特征，并规范着人们的体育行为，也影响着人们的价值观念。例如，南方人由于灵巧而善于技巧性运动，而北方人由于体力充沛而善于摔跤、马术；南方人由于身体单薄而需要比北方人更多的相互协作，因此在体育运动中表现为集体项目的倾向，北方人由于个高力大及性格上的特征，表现了较多的个性化项目的属性等。

健康是人类的基本需求，长寿是人类的永恒愿望。社区体育健身是人们在闲暇时所从事的一项重要活动。世界卫生组织认为，"体育生活"是一项促进人类健康的可靠投资。一个热爱运动的社会，其益处已经超过健康本身，已经形成"体育生活方式"的社区，可以降低医疗保健费用、提高劳动生产率，形成一个健康自然的精神状态和良好的社会环境。世界卫生组织提倡开展"体育生活"运动，其目标包括：在全世界范围内加强体育健身理念的宣传；为建立社区体育设施和开展社区体育活动提供支持；建立健康学校、健康社区、健康城市等社会工作网络，强调跨部门之间以社区为依托的协作行动；培育体育生活运动的人才，制定培训专业人才的计划等。世界卫生组织希望各国政府使所有公民参加体育活动的愿望得到满足，并将满足公民健身愿望列为实现"健康为大众"运动目标的重要措施。体育不仅有健身的功能，还有审美享受、智力开发、性格培养和促进环境建设的功能。

中国是古代体育文明的重要发祥地，我们的不少体育项目都有很深的文化内涵，如围棋、太极拳、气功等。开展具有民族特色的体育活动，还具有传承中华民族文化的重要意义。

在现代社会中，人们越来越重视健身活动，因为锻炼身体与身体素质、生活质量、工作效率、精神面貌、体形健美、智力水平、反应速度、文化底蕴、心理素质都有直接的关系。现代体育健身活动已经从单一的健康需要，变成了娱乐、休闲、交际等多种目的融为一体的复合需要，并且已经成为一种新的社会时尚。

社区体育包括大众健身和竞技比赛两个部分。

大众健身的形式多种多样，我国传统的健身项目，如太极拳、太极剑、秧歌、气功、武术、象棋、围棋等，在国内一直经久不衰，在国际上影响越来越大；从国外引进的体育项目，如乒乓球、羽毛球、篮球、排球、台球、网球、保龄球、滑板、轮滑、桥牌、国际象棋等，也很受国人欢迎，发展非常迅速。

社区竞技比赛是检验大众健身结果的一种方式，也是为城市和国家培养选拔体育后备人才的主要途径。竞技比赛可以激发人们的进取心，增强竞争意识、法规意识和集体意识，培养不畏艰辛、不怕失败、公平竞争、不骄不躁、文明礼貌的品质。竞技比赛的观赏性很强，人们可以欣赏运动员的体形美、动作美、力量美、气质美、战术美，可以被运动员不怕困难顽强拼搏的精神所感动，为自己喜爱的队员或队伍的胜利而陶醉，为他们的失败而悲痛，也可以对因为运气、天气等偶然因素所引起的胜败局势突变而津津乐道，回味无穷。

高水平的竞技比赛可以带来很好的经济效益，社区体育产业对于发展社区经济，促进社区繁荣有非常重要的作用。

9.2.2　社区文化的功能

社区文化融环境、精神、民俗、文艺、体育为一体，其功能是非常多的。随着我国城镇化进程的加快，社区文化在整个社会生活中的地位和作用越来越突出。由于社区文化贴近群众、贴近生活、贴近现实，因而其功能是很多其他形式的文化难以取代的。充分发挥社区文化的功能，为社区发展营造良好的文化氛围，是社区工作的重要内容，也是中国特色社会主义文化建设的一个重要方面。一般来说，社区文化的功能集中表现在社会沟通、心理凝聚、价值导向、行为规范、文化传承、和谐稳定等6个方面。

1. 社会沟通功能

社区文化不仅具有增强社区内的人际沟通的功能，还有助于社区与社区、社区与社会之间的沟通。社区文化是社区居民之间互相联络、增进感情、加深了解、沟通关系的纽带和桥梁。现代生活方式与传统生活方式相比，劳动分工越来越细，与社会的接触面越来越窄，人际关系趋于淡化，社会交往相对减少。社区文化的各种活动方式易于把社区成员吸引到一起，易于使社区的居民们投入到更为广阔的人际交往空间中去，通过各种文化活动共同创造一种亲善、和谐的氛围，密切人与人之间、人与社区之间、社区与社区之间的联系。在社区文化的娱乐健身活动中，人们可以敞开心扉，倾吐心声，沟通思想，交流情感，建立并巩固友谊，使人际关系更加和谐。

2. 心理凝聚功能

在社会系统中，将个体凝聚起来的主要是一种心理的力量，而不是生物的力量。社区文化是一种黏合剂，把社区内的成员"黏合"在一起，社区通过多种文化活动吸引居民参与，使他们从生疏到认识，从认识到熟悉，增加认同感和归属感，从而产生一种凝聚力，形成共同的理想和希望。在社区内培养和激发人们的群体意识，形成"我为人人，人人为我"的社区风尚。特定的社区文化，有助于人们认识自己对社区应负的责任和应尽的义务，并通过自己的亲身体验，增强居民间的相互信任和相互关爱，逐渐培育出互帮互助的和谐的社区人际关系，产生出对本社区的自豪感和归属感。社区文化的组织形态通常是各种团体。由于这些团体主要是靠类似的经历、境遇、思想、心理、爱好等自发组成的，社区文化对相互的思想和行为有着巨大的影响，产生特殊的团队氛围。居民在这些团队中自觉形成了相互配合、相互理解和关心的集体主义观念，具有了主人翁的责任感，他们乐于参与社区的事务，发挥自己的才能和智慧，为社区的繁荣做出贡献。

3. 价值导向功能

文化对历史的反思和对经济生活的深刻影响，催生着新的价值观念。社区文化因其巨大的吸引力和渗透性，起着引导社区居民社会化进程的导向作用。尽管在社区中个体的行为方式和价值观念呈现出多元化的现象，但社区文化所包容的主导性行为方式和价值取向对社区居民的行为与价值选择起着不可低估的影响作用，它不断地引导和归并着个体的行为方式和价值取向，使之逐渐趋向一致。因而可以说，在社区居民的信仰选择、道德选择、职业选择、婚恋选择和生活方式选择等诸多方面，无不渗透着社区文化的影响。社区文化通过价值导向功能将社区成员的思想和行为取向引导到符合社区的理想和目标，这种导向作用之所以能够实现，是因为一个社区的社区文化一旦形成，它就会建立起自身系统的价值和规范标准。如果社区成员在价值取向和行为取向上与"标准"产生不符时，社区文化将发挥导向作用，使之与标准相符合。当然，这种导向是潜移默化和自觉自愿的，是主动认同基础上的接受和融洽。

社区可以通过开展以为人民服务为核心、以集体主义为原则的社会主义道德教育，帮助人们树立正确的人生观和价值观，克服拜金主义、享乐主义和极端个人主义的影响，净化心灵、陶冶情操，塑造具有健全人格和良好道德的社会主义公民。在社区文化建设中，通过爱国主义、集体主义和社会主义教育，能够培养人们热爱国家、热爱集体、热爱社会主义的情怀；通过社会公德、职业道德和家庭美德教育，能够培养人们爱岗敬业、忠于职守、乐于奉献和关心他人的高尚精神；通过文明单位、文明小区、文明街道、文明窗口、文明楼组以及"五好家庭"的创建活动，能够为社区生活营造良好的文化氛围。

4. 行为规范功能

社区文化一经产生，便会对社区居民产生影响，规范他们的行为。社区文化的这种行为规范功能，表现在对社区内每个成员的行为具有一定的社会约束作用。这种约束又分为硬约束和软约束两种。所谓硬约束，是指社区内的各种规章制度、公约、守则等，它要求全体居民必须遵守。所谓软约束，则是通过社区文化的认识、调节、评价作用来实现的，它使居民通过提高认识而产生一种自律行为。这种规范功能所涵盖的范围有些是法律约束所难以达到和不可替代的。通过营造社区特有的文化氛围，制订行为规范和行为准则来维持社区秩序，调整人与人之间的社会关系，使社区居民懂得哪些事该做，哪些事不该做，产生一种自我约束作用，从而保证社区文化健康、稳定地发展。群体意识、社区舆论、共同的习俗和风尚等带来强大的使个体从众化的群体压力和动力，使社区成员产生心理共鸣，继而产生行为的自我控制。

5. 文化传承功能

一定的社区文化，总是凝聚着该社区居民的集体智慧与创造精神。大至传统戏曲、民歌民谣、风俗习惯，小到手工艺品、窗花剪纸等，都是社区居民对社区文化和民族文化的历史贡献。社区文化是在社区中产生，在社区居民中逐代传承而发展至今的。社区文化的这种传承功能表现在两方面：一方面，它将社区中居民创造的人文精神固化下来，代代相传，使优秀的社区文化得以延续；另一方面，它吸收、融合社区主导文化及承袭以往的优秀社区文化，并加以革新、改造，再流传下去，发扬光大。社区文化在其传承过程中，也影响和塑造着一代又一代的文化传承载体——社区居民，使其无不深深地打上社区文化的烙印。

6. 和谐稳定功能

社会主义和谐社会要求人们具有较高的精神境界。社区文化应积极倡导社会所认同的价值观、人生观和行为方式，并能对社区内存在的各种矛盾和问题给予解决，使社区成员在长期的文化熏陶中培养高尚的道德情操，陶冶、美化人们的心灵，自觉抵制不健康的文化，不断提升社区群众的文化品位，引导人们追求真、善、美。

社区文化的和谐功能从根本上说，是上层建筑对经济基础的反作用和上层建筑各领域之间的相互作用，是一种社会生活与人们的精神风貌、文明水准之间的相互作用、协调发展的内在机制。社区文化在社区发展与稳定方面起协调作用；在人的个性发展与群体价值观念的形成方面起和谐作用；在经济发展促进文化建设、文化建设为经济发展提供精神动力和智力支持方面起和谐作用；在吸收外来文化和传承优秀传统文化方面起和谐作用。

社区文化建设以形式多样、内容丰富的文娱体育活动充实着居民生活，并通过居民的广泛参与来提高人们的审美情趣，增强人们的文化身体素质。社区文化通过广场文化、节庆文化和展示文化等形式，把思想性、艺术性、娱乐性很好地结合在一起，"寓教于乐"，能够吸引人、感染人，达到身心和谐；通过设立体育角，成立健身操队、太极拳队等，能够推动社区全民健身活动，提高居民的身体素质。社区文化活动将为社区居民提供一个轻松、愉快和舒适的环境，使他们从劳累和压力中解脱出来，得到精神上的享受，并以饱满的精神投入次日的工作。

社区文化能使社区成员从内心产生一种积极向上和进取的精神。这种和谐稳定表现在正面的引导而不是消极地满足需求，表现在内在的引导而不是表面的推动。例如，在社区住着各种各样的人，其中包括老、弱、病、残、鳏、寡、孤、独等人士，他们中有些人由于生理或心理等原因，对生活和生存产生厌恶心理，为使他们重新找回自信和人生目标，有必要让他们多参与社区文化活动，通过参加活动使他们重拾信心，积极面对人生。

社区文化建设还有助于抑制和扫除封建迷信、赌博、吸毒等消极的社会现象，提高居民的思想素质和法律意识，为社会稳定提供重要的思想文化保障。

综上，加强社区文化建设，开展各种有益的文化活动，能够净化社会环境，改善社区居民的精神风貌，为社会主义和谐社会建设创造更加有利的环境。

9.3　社区文化建设

9.3.1　社区文化建设的重要性

1. 我国社区文化建设的沿革

改革开放之前，唱红色歌曲、看革命电影可以说是那个时期主要的休闲娱乐活动，八大样板戏是当时全社会娱乐文化的主流，其他文化活动较少。

改革开放伊始，也就是 20 世纪 70 年代末～80 年代初，刚刚经历了革命岁月的人们仍然没有什么休闲娱乐活动。几乎没有多少文化广场、公共娱乐设施匮乏。更不会有人听说什么是歌厅，什么是舞厅，什么是健身房了，人们唱的大多还是革命歌曲、样板戏，那些所谓的流行歌曲被看作是"靡靡之音"不被接受。

从 20 世纪 90 年代中期至今，社区文化建设较之以往几个时期有了明显的变化。在文化制度建设方面，首先是在 1995 年 1 月 1 日在全国城镇范围内实施双休日制度，在 1999 年又实行了五一、十一长假制度，城镇居民有了更多的时间用于休闲娱乐，人们开始思考如何让自己的业余时间充实起来，富裕一些的人甚至去参加保龄球、高尔夫球这样高档的运动，但对于绝大多数普通城市市民而言，他们也可以拥有属于自己的时间和场所去参加可以参加的活动，尤其是各种群众性的文体活动。在组织管理方面，已由过去政府单一的组织管理模式向政府与民间相结合的组织管理模式转变。在政府层面，高一级的政府部门，像市级文化部门组织的大型文化活动。比如啤酒节、服装节、风筝节、小吃节等。举办文化节的目的一是要对城市的经济社会发展成就、特色、市民的精神风貌进行展示，同时也极大地丰富了市民的休闲娱乐和精神生活。相对级别较低的政府部门，像街道往往与民间单位共同合作来组织社区文化活动。比如，组织小区居民举办歌咏比赛、朗诵比赛、棋牌比赛、戏曲比赛、知识竞赛等丰富多彩的活动把市民吸引进来。在思想文化建设方面，由企事业单位承担的功能开始向市民居住的社区转移。在过去由于大多数城市市民都是在国家的"单位"中工作的，单位既是工作场所，也是文化学习场所。一般有什么通知、组织文化学习、各种文体比赛都是由单位组织和负责的。现在国家的企事业单位对这些活动已不再是大包大揽了，而由居民生活所在辖区的街道、居民委员会、居民自治委员会、业主委员会等来承揽和组织。要提及的是，近些年，社区居民的自治组织也就是自发形成的民间团体开始涌现。随着市场经济的不断深化，人们的兴趣爱好也不断增加和变化。社区居民根据自己不同的兴趣爱好，加入不同的活动团体，像京剧爱好者协会、乒乓球爱好者协会、街舞俱乐部、轮滑协会、居民歌舞团等。

2. 社区文化建设的重要性

社区文化建设是社会主义文化建设的重要内容和载体，是社会主义新型社区的重要组成部分。随着社会主义市场经济的发展和改革开放的继续推进，新建新型社区和社区文化对于促使社会整合，保持社会稳定，促进社会发展，建设和谐社会都具有重要作用。

（1）社区文化建设是社会主义精神文明建设的重要载体

社会主义精神文明建设的根本任务，是适应社会主义现代化需要，培养有理想、有道德、有文化、有纪律的社会主义公民，提高整个中华民族的思想道德水平和文化科学素质。社区文化其丰富的内容，无疑已成为精神文明建设的重要载体和依托，是社区居民开展精神文明建设的主要途径。通过开展社区文化活动，如文艺演出、书画、文学等形式，把精神文明建设落到实处，有效提高社会全体成员思想道德水平，提升城市文明水准，推动社会物质文明、精神文明和政治文明建设。

（2）社区文化建设是巩固党执政基础的需要

社会主义文化更加繁荣，同时人民精神文化需求日益旺盛，人们思想活动的独立性、选择性、多变性、差异性明显增加，对发展社会主义先进文化提出了更高的要求。随着社会的发展和改革的不断深入，社区作为城市的主要社会形态，已经成为社会矛盾酝酿、扩散和集中的敏感地带。社区的稳定和良性发展，直接关系到党的路线、方针、政策的全面贯彻落实和政权的稳定。为确保社区稳定，除依靠综合治理外，还必须通过社区文化建设

提高整个社会的文明程度，为形成社区认同感和社区凝聚力提供精神与文化支持，巩固我党的执政基础

（3）社区文化建设是构建社会主义和谐社会的需要

建设和谐有序、稳定安宁的社会是古往今来人类的不懈追求。中国共产党从革命战争年代到新中国成立后的现代化建设时期都进行了不懈的探索。毛泽东同志在 1940 年《新民主主义论》，1957 年《关于正确处理人民内部矛盾的问题》中都做过论述，邓小平、江泽民、胡锦涛对新时期和谐社会也有过论述。从理论上讲，构建民主法制、公平正义、诚信友爱、充满活力、安定有序、人与自然和谐相处的和谐社会，是社会发展的本质要求，是广大人民的共同愿望，是中国共产党人领导人民建设中国特色社会主义的美好理想。从实践的角度讲，社区文化建设是构建和谐社会的核心和灵魂。通过对社区文化环境的创建，通过对各阶层人员的心理分析，有目的地开展行之有效的文化、科学、教育活动，以实现重新塑造人的道德、理想、信念的目标，为构建和谐社会创造有利条件。

（4）社区文化建设是全面建设小康社会的需要

我国正处于社会主义初级阶段，现在达到的小康水平还是低水平的，不全面的，发展也是很不平衡的，人民日益增长的物质文化需要同落后的社会生产力之间的矛盾仍然是我国社会的主要矛盾。改革开放以来，我国不少地区经济已经迈进小康社会，然而小康社会的目标是一个社会经济、政治、文化的全面的综合体现，经济上的富足并不能证明文化上的富有，相反，文化上的落后终将影响经济的可持续发展。所以，继续推进经济发展的同时，大力推进文化与经济的共荣战略，通过社区文化建设，提高人口整体素质，这正是一个国家和民族经济可持续发展的关键所在。

（5）社区文化建设是社会全面建设的需要

社区文化建设是社区建设的重要内容之一，而且社区文化作为社区建设的文化背景和精神依托，社区文化与社区服务、社区卫生、社区环境、社区经济、社区教育等其他社区组织制度和管理制度完善提供内在的驱动力，而且还能培养社区居民平等交流、相互帮助、合作协商、民主参与的作风，营造一个健康向上的社区文化环境。

9.3.2 社区文化建设的原则

1. 理论与实践相结合的原则

社区文化建设，内容涉及哲学、文化学、民族学、民俗学、教育学、心理学、环境学、管理学等多学科。我国的社区文化研究起步较晚，没有太多的经验可供借鉴。我们必须学习各国的先进理论才能丰富我国的社区建设理论。同时还要批判地吸收别国的研究成果，我们才能够发展社区建设理论。政府及社区工作者和专家结合起来进行社区文化的实践研究，即可避免理论空洞，又可不断发现问题，及时解决问题，还可以总结经验，使社区文化建设科学化、规范化、现代化。

2. 整体性和多样性原则

整体性是指从大文化的角度思考社区文化建设实施方案。社区文化建设的服务对象覆盖面要广，要满足社区各类文化群体和各层次的文化需求，文化活动的策划、组织、评价等环节要形成有机的整体。多样性是指内容、服务对象、文化形态和组织的多样性。内容

上要包括文化娱乐、科普宣传、时事政治、法制道德教育、文学艺术等；服务对象上既要有工人、职员、学生、军人、教师，也要有商人、流动人口等；文化形态上要有企业文化、家庭文化、民族文化、街道文化等；文化组织上要体现在党的各级组织、政府各职能部门、社区各相关部门、各级文化主管部门和文化团体、群众自治组织等。

3. 重在建设原则

要培育典型、扎扎实实推进社区文化建设的发展，社区文化活动要注重思想性、知识性、艺术性、趣味性；文化活动要有一定的连续性，注意品牌文化的发展，尤其要注意发展特色文化；要注重社区居民的参与率，不断扩大规模。

4. 资源共享和制度创新原则

实行属地管理，开放、开发和利用社区内文化场地、设备、文献、特色人员等各种资源。积极探索社区文化建设的体制、机制和办法，实现社区建设的可持续发展。

5. 党管文化的原则

社区文化建设的主体多元化、形式多元化、内容多元化，受众群体的多元化，决定了社区文化建设是一个发展的矛盾体。为确保其社会主义先进文化前进方向，必须坚持党管文化的原则，在社区党组织的领导下，加强社区文化建设的规划和管理，实现社区精神文明创建活动、群众文化活动、社区居民教育活动同步健康发展。

9.3.3 社区文化建设的对策

随着我国经济的发展和城市改革的推进，社区文化建设已经出现了良好的发展势头。但是，必须清楚地意识到，我国社区文化建设中仍然存在着一些亟待解决的问题：一是社区居民参与缺乏主动性。二是社区文化建设缺乏经费，这也是目前制约社区文化建设的一个普遍存在的影响因素。三是社区文化建设对政府依赖性大，社会化参与程度低。四是社区文化建设队伍整体水平低。五是社区文化建设管理的制度化水平有待进一步提高。这些问题的存在严重制约着我国社区文化建设的步伐，针对这些问题对社区文化建设提出以下几点对策：

1. 提高思想认识，调动居民参与的积极性

社区成员的参与度是社区文化建设的一个重要指标，是社区文化建设成功与否的重要尺度。缺乏社区成员参与的文化生活，有再好的动机、再新的创意、再大的投入也只能是无用之功。在许多社区，经常参与社区建设活动的主要是少数老人，尤以老年妇女居多，相当多的社区成员尤其是中青年居民和驻区单位员工尚未经常参与社区建设活动，社区成员的参与状况还不适应社区文化建设的需要。其中主要原因是，一些居民和驻区单位对社区文化建设的看法有失偏颇，相当一些居民和单位的社区参与意识比较淡薄，他们虽然生活在社区，但却没有意识到自己属于社区建设的主体，没有意识到自己也应该对社区建设尽一份责任和义务，甚至错误地认为，社区建设完全是政府行为，是政府投资建设社区，让自己坐享其成。

2. 大力开展社区文化活动

以社区基层文化站为龙头，以社区各街道、居委会、住宅小区以及企事业单位的文化活动场所为活动阵地，以发挥社区党员的模范带头作用为引导，以为社区居民搞好各种服务为基础，利用各种载体引导群众广泛参与，开展生动活泼、丰富多彩的社区文化活动，

使不同文化修养及情趣爱好的群众都能各展其长，各得其乐。这样，既满足社区居民求知上进做文明市民的心理需求，展示社区文明风尚，又增进社区居民对社区的认同感和归属感、自豪感，进而增强社区广大居民群众对社区文化建设的参与意识。

3. 发挥文化组织机构作用，加强社区文化管理

社区文化组织，无论是政府办还是非政府办，都要很好地发挥自己的职能，这也是国际大都市社区文化发展的一个标志。我们应以政府在社区文化建设中的主导作用为前提，逐步推动各种非政府组织对社区文化的广泛参与，提高社区文化建设的社会化程度，扭转我国社区文化建设过度依赖政府的不良局面。

4. 重视社区文化人才队伍的建设

重点抓好专业和业余两支社区文化工作者队伍建设。在专业队伍建设方面，应及时解决文化工作人员的编制问题和待遇问题，向社会招聘高素质人才充实队伍；在业余队伍建设方面，要以社区内文化工作积极分子为核心，建立一支社区文化志愿者队伍，加强培训，壮大文化建设队伍。

5. 强化对社区文化的制度化管理，建设优美舒适的自然环境

在社区文化建设中，要结合社区特色，制定切实可行的社区文化发展规划，进一步加大对学校、幼儿园、图书馆、报刊、俱乐部等文化、学习和娱乐场所的管理，加强对开发中的商住房、物业、生活小区文化功能的管理。目前就是要加快社区文化的法制化、科学化的管理，真正做到社区文化管理的有法可依，有章可循。

社区建设作为一项系统工程，需要社区居民、社区群众团体、各企事业单位、居委会、街道办事处这些社区基本成员的同心协力和共同努力。尤其在当前社区居民和单位主动参与意识较弱的状况下，更需要基层社区管理者及组织者的引导和动员，调动社区各方面的积极性，以使社区文化建设真正满足广大居民的多层次、多方面需要，使社区文化更为丰富多彩，在构建和谐社区中发挥更大的作用。

展望社区文化建设的未来发展趋势，将是由单一转向多元，由一般转向特色，由集中转向分散，由功利转向公益，由封闭转向开放，由政府主导转向以民间为主的政府与民间的共同管理的发展方向。

【特色案例】

案例一：“五个一”让社区文化活动更红火——辽宁省沈阳市积极推进全市社区文化建设

“出台一批与社区文化建设相关的政策，完善和新建一批社区文化设施，打造一批群众文化活动品牌，创建一批特色文化基地，培育一批基层群众文化骨干队伍。”这是辽宁省沈阳市“社区文化建设‘五个一’工程运作模式”的核心内容。近年来，经过各级文化部门的不懈努力，沈阳市摸索到了社区文化建设的新思路、新方法、新手段，使全市社区文化建设的整体水平有了显著提高。

1. 抓住契机，加大推进社区文化建设力度

沈阳市有9区1市3县，总面积1.3万 km^2，总人口810万，是东北地区最大的中心城市。近年来，在市委、市政府的领导下，沈阳以科学发展观为统领，以建设和谐社会为宗旨，科学统筹规划、创新工作机制，积极探索社区文化建设的新方式和新方法，大力推

进社区文化设施、文化团队、人才队伍建设，使该市公共文化服务体系建设取得了长足进步。截至2012年年底，全市9个城区的907个社区共建有文化活动室901个，总面积达18.6万 m^2，平均每个活动室面积206.5m^2；拥有各类文艺社团6600多个，其中仅广场舞蹈队、民间舞蹈队、秧歌团队就超过2000支，合唱团队1000余个。如今，沈阳市的文化设施不断完善，文化人才分布更加合理，基本解决了城市居民不出社区就能参与文化活动的问题。

2011年5月，沈阳市《社区文化建设"五个一"工程运作模式》入选创建国家公共文化服务体系示范项目，沈阳市以此为契机，从5个方面加大推进社区文化建设力度。

构建保障和支撑体系，制定和出台一系列政策规定。政策引领方向，政策凝聚力量。2011年下半年，沈阳市委、市政府出台《关于贯彻落实"中共中央关于深化文化体制改革推动社会主义文化大发展大繁荣若干重大问题的决定"的实施意见》，市文化部门与相关部门和单位相继出台了一系列政策措施，各地区党委、政府也相继出台了加强本地区文化建设的意见及具体保障措施，将公共文化服务体系建设纳入到城乡社会发展总体工作中，使社区文化建设有了新的落脚点和发展契机，为创建项目的实施提供了有力的政策支撑。

夯实建设和发展基础，完善和新建一批基础文化设施。设施建设水平在一定程度上决定了文化建设的层次。两年多来，沈阳市不断强化文化基础设施建设，积极为社区打造高水平的文化服务平台，先后投资4.25亿元新建、改扩建区县文化馆、图书馆、少儿图书馆15个，总面积超过6万 m^2。目前，全市9个城区中8个区的图书馆、文化馆为国家一级馆，907个社区中有文化活动室901个，活动室覆盖率达99%，比创建前的2011年年初增加了21%；社区文化广场有1142个，总面积111.5万 m^2，较好地满足了社区居民的文化需求。与此同时，和平区还投资2000万元，改建了全省首家数字化图书馆，并实现了24小时自动化服务，还在该区建设和设置了4个图书馆分馆和5个自动借还机系统，方便社区居民借阅；铁西区投资1500万元兴建的建筑面积5300m^2 的文化馆已投入使用，其建筑规模、工程质量及服务功能在全省区级文化馆中名列前茅；沈河区的社区文化活动室和阅览室的面积平均达到300m^2，50%的社区图书室实现了网络化管理，该区还为每个街道和社区配备了一定数量的活动设备。社区居民表示，创建活动开展以来，他们的生活发生了很大变化，"小区内的文化设施多了，开展各种文化活动有场地了，文化服务水平也提高了"。

发挥品牌引领和拉动作用，打造一批群文活动优秀品牌。创新是事业发展进步的不竭动力和源泉。沈阳市充分发挥品牌引领作用，按照"打造品牌，彰显特色、强化服务、推动跃升"的思路，全方位打造公共文化服务品牌，形成了以市级大型活动为龙头，市、区、街道、社区四级文化活动联动，地区性和地域性活动之间拉动，大中小活动互动的全面发展态势。精心打造了"文化四进社区""欢乐进农家""全民读书活动""千团百场群众合唱"等多项市级名牌文化活动。其中，从2005年起开展的"文化四进社区"系列活动，包括了"社区是我家"文艺演出进社区百场演出活动，"五味人生"图书借阅进社区百家图书流动站（点）创建活动，"岁月流金"电影进社区百部优秀影片放映活动和"播种春天"辅导、创作进社区百名社区文艺指导员培训活动。如今，沈阳市全年已实现春有文化广场活动、夏有"文化四进社区"、秋有"欢乐进农家"、冬有"两节"（春节和元宵节）系列活动。另外，沈阳市送文化下乡、下基层活动也覆盖全年各个时段，实现了品牌文化活动常年化、常态化。各级文化部门及文化骨干感到，文化品牌建设抓到了社区文化建设的重点，牵引和拉动了沈阳整体文化建设的跃升。两年多来，沈阳市群众文化活动成果显著，获得省级及以上奖励381项。

搭建有效的平台和载体，建设一批特色文化活动基地。两年来，沈阳市先后制定实施了《沈阳市特色群众文化活动基地评选办法》，开展了"沈阳市民间文化艺术之乡（特色文化活动基地）"、"群众文化活动优秀示范点"、"星级文化广场"的命名和评选工作，共评选出100个"市级特色活动基地"、100个"群众文化活动优秀示范点"、400个"星级文化广场"、500个区级特色活动基地。特色文化活动基地的建设和评选，为在社区开展丰富多彩、形式多样的群众文化活动提供了有效的资源支撑，为社区文化建设提供了发展的基础和平台。如今，"一区一品"、"一街一品"、"一社区一品"的特色文化活动新格局已在沈阳市基本形成，并成为社区文化建设的重要模式。

建立高水平的人才队伍，培育一批基层群众文化骨干。围绕社区文化建设，沈阳市每年对基层文化工作者进行培训，全市600余名文化馆、图书馆业务干部的专业素质和服务能力得到有效提升，126个街道及907个城市社区的基层文化骨干得到正规培训。为推动群众歌咏活动开展，为基层提供更优秀的合唱骨干，市文化部门还专门聘请了一批国内著名指挥家、艺术家深入街道和社区开展辅导培训和专题讲座，指导群众开展歌咏活动。自2011年以来，沈阳市各级文化部门每年投入培训经费650万元，两年累计投入1300万元。通过各种形式的辅导培训，各级文化干部，尤其是社区文化指导员带领群众开展文化活动、指导活动的能力大幅提升，各类文化队伍不断增加，规模逐年扩大。截至2012年年底，全市街道和社区专、兼职文化工作人员超过1300人，有一定规模的文化队伍有6600余支，其中街道（乡镇）文化团队1282个、社区（村屯）文化团队2874个、各级馆办队伍1505个，比2011年开展创建活动前增加了30％以上。

2. 把社区公共文化服务体系建设推向新的高度

未来5年，沈阳市将按照中央《中共中央办公厅、国务院办公厅关于加强公共文化服务体系建设的若干意见》，推动沈阳"十二五"文化建设实现高起点开局、跨越式发展，形成与全国文化强市相适应的文化建设格局，营造有利于经济快速发展、促进社会和谐进步的文化事业发展环境，实现文化事业繁荣、文化设施完善、文化政策配套、文化生活丰富的目标。从今年开始，沈阳将用3～5年的时间，把社区公共文化服务体系建设推向一个新的高度。

统一认识、高度重视，把社区公共文化服务体系建设作为一项系统工程全面推进。社区文化建设水平是衡量一个地区城市化水平、现代化程度和居民文化素质高低的重要标志，加强社区文化建设，对于构建覆盖全社会的公共文化服务体系，保障和实现广大群众的基本文化权益，推进经济社会协调发展，促进社会和谐稳定有着重要的现实意义。

科学规划、加大投入，为社区公共文化服务体系建设提供良好的物质基础。要把社区文化建设列入重要议事日程，纳入本地区经济社会文化发展总体规划之中，进一步完善政策措施，以政府为主导，明确责任，统筹规划，密切配合，齐抓共管；要把社区文化建设纳入公共财政保障范围，建立社区公共文化服务经费保障机制；政府要在社区文化基础设施建设、经费保障、管理服务、文化资源提供、人员培训等方面提供必要的政策和资金保障。

整合资源、以人为本，为社区公共文化服务体系建设创造良好的文化环境。文化部门应充分发挥主动性，与社区内的单位、企业等加强联系，大力开发和利用他们的存量资源，形成合力，实现共驻共建；不断完善和创新社区文化活动形式，为社区群众文化持续发展注入活力；同时，积极培育和引导社区民间文化组织和文化志愿者队伍的发展，有意识地加以引导、培育，吸引更多的人参与到社区文化活动中来，让社区居民"乐在其中、学在其中、融入其中"，不断增强和扩大群众文化活动的质量和凝聚力、影响力。

普及提高、打造品牌，全面提高群众文化服务工作的质量和水平。多年来，沈阳在抓群众文化的普及工作上成绩斐然，受到广大人民群众的普遍好评。尽管如此，当地文化部门认为，还要在进一步提高科学组织、适应形势、满足多种需求等方面，巩固和提高文化广场、文化四进社区、群众歌咏、票友大赛等群众文化品牌活动的质量上下功夫，要在巩固和发展民间文化艺术之乡及省、市特色文化基地建设上促提升。

（田焕成. 中国文化报. 2013-05-10.）

案例二：多元公益文化活动激活社区大舞台

看节目像点菜，喜欢什么看什么。最近，南山区各公共文化场所放置了很多宣传彩页，上面印有下半年即将开展的各类公益文化活动项目，共有上百场表演，从高雅的交响乐表演到社区大妈们组建的民间演艺团表演，都将呈现在南山区各文化场馆或社区大舞台上。

其中，社区大舞台承担了最多的表演、比赛等活动。在街道层面，社区艺术节成为最大的看点，各种活动节目贯穿全年，各街道文化站又各有侧重，成为基层群众免费享受的精神文化大餐。

公共文化是否丰富，考验着一个城市居民的精神面貌。在南山，除了拥有保利剧院这样高端的演出剧场，还有众多居民小区内建设的社区大舞台。看普通民众的文化生活是否丰富，走进社区大舞台便一览无遗。南山区文体局通过购买服务的方式，丰富辖区的文化表演，同时借助于政策的扶持，激活辖区民间表演等文艺社团的发展，通过打造多元化的社区文化生活，为"文化南山"注入活力。

1. 28 个社区舞台遍及街道各角落

白石洲紧邻着深圳的标志性景点世界之窗，由于毗邻南山科技园，自大冲旧改启动之后，很多在科技园工作的人选择在此居住，白石洲成为南山区外来流动人口集聚的大社区之一，如何丰富这些临时居住人口的"8 小时"之外生活，成为社区、街道共同关心的话题。

去年初，在这个十万多人集聚的社区，由政府投资的白石洲社区文化广场落成，为片区居民提供了一个免费的休闲娱乐场所。在沙河街道文化站喻海明站长看来，广场成为辖区利用效率最高的大舞台：社区群众或社区文化社团在此自发表演各种舞蹈；每月固定时间，广场还承担着街道或区政府安排的各种表演类节目活动。

"平时下班除了聚会，也没有什么好去处，有时候广场上会放电影，挺热闹的，会挤进去看看。"住在白石洲的刘奇说。

喻海明介绍，此舞台运作以来，承接了社区、街道众多大型活动，除了重大节日安排相关的活动外，居民自发组织的表演活动也多在此举行。文化广场安装有舞台灯光，有固定的人员负责，申请场地使用还要提前预约。

目前白石洲文化广场由街道文化站负责指导协调，社区股份公司负责日常管理，社区文艺团体轮流登台演出，社区居民免费参观表演或开展各类活动。"这样的一个场所，成为社区居民的好去处，每天早上、晚上都很有人气。"

在沙河街道类似于白石洲这样的社区大舞台还有两个：一个是丽河工业区舞台，主要服务于周边的工业厂区，占地 500m²，受益人群达到 1.6 万人；一个是位于小区内的锦绣花园大舞台，由华侨城集团建造，为社区居民服务，是一个 600m² 的大舞台，可以覆盖到辖区 1.2 万居民。

在南山区，8 个街道共计分布着 28 个社区大舞台。文化设施的规划和建设是南山区公共文化服务体系建设中的基础环节和重要保障，截至目前，区政府共计投资建设了 28 个社区大舞台，遍布于居民集中的社区，形成了居民经常性开展文化活动的设施网络。这一网络还在不断丰富当中，今年 4 月，西丽大磡社区大舞台正式对外招标，政府投资近 200 万元建设。

"今年，我们利用社区闲置土地新建、更新、扩建一批社区文化广场、篮球场和简易运动场，总面积达到 2.17 万 m²，不断完善基层社区的文化设施建设。"文体局人员介绍。

2. 下半年安排公益文化活动 1419 场

在南山新闻网"文化南山"一栏，近期有哪些演出安排，都有相关的新闻信息披露。比如有一条近期的信息内容是：蛇口影剧院将上演经典越剧节目，红叶艺术团邀请上海越剧院两位当红演员斯钰林和邓华蔚演出经典的《十八相送》、《楼台会》等越剧，期间将穿插多地方戏种同台展演。对于喜欢喜剧的居民来说，均是不容错过的节目。此活动也是南山区文体局主办的《周末戏曲欣赏》公益文化活动的内容之一。

类似上述活动，在南山区 2013 年 7 月～12 月公益文化活动项目宣传彩页上，仅流动舞台项目中，就有时尚街舞秀、少儿才艺秀、中西乐器展演等不同的公益文化活动，在各个社区进行轮流上演，时间上有效错开，从 7～12 月，均有不间断的表演。比如 8 月 31 日晚，沙河街道白石洲文化广场将表演少儿才艺秀，此表演将举办 6 场，分布在西丽、招商等六个街道的社区大舞台上

此外，上百场的周末音乐会也在麻磡社区舞台、天安社区舞台等不间断地演出。"周末音乐会是南山区公益文化活动的品牌项目，自创立以来，一直坚持'让艺术贴近百姓，让群众融入文化'的理念，每个周末在南山区各个文化广场和社区舞台上举办包括流行音乐、戏曲、话剧在内的不同形式的文化活动。"文体局人士说。

政府花巨资打造的社区舞台，因为有如此众多的公益文化表演充实，让社区舞台不再成为摆设。"目前，社区舞台上演的各类表演节目均是区级政府采购的项目，街道层面由于缺少资金，开展的活动不多。"喻海明说。

近几年，随着群众文化需求日益增长，文化公司不断涌现，文艺社团不断壮大，为调动社会资源开展丰富多彩的文化活动，南山区从 2007 年开始对公益文化活动实行社会化运作，通过政府购买，实现"办文化"向"管文化"转变。

2013 年的第二期公益文化活动招标工作，即下半年公益活动项目于近期刚刚结束，进入到项目实施的阶段。此次招标的项目分为社区音乐节、周末音乐会、节庆活动、流动舞台、专题活动、进校园活动、社区电影七大类别，共计 50 个项目 1419 场活动。

社区需要怎样的文艺节目，是文体局举行招标前重点考虑的问题。借助于网络、报纸等公共平台，南山区文体局面向社会征集公益文化艺术活动方案。以这次招标为例，共收到了 61 家单位递交的 185 个策划方案。

"通过举办座谈会、问卷调查的方式，收集公众对公共文化服务的需求，并在此基础上征求相关领域专家的建议，最终确定 51 个项目进行社会招标。"文体局人士说，根据实际需求，这期招标工作有针对性地增加了"器乐展演"、"话剧赏析会"、"记忆南山"等项目。

如何充分发挥社区大舞台的作用，增加公益文化项目的覆盖性？在 2013 下半年的活动中，文体局在"周末音乐会"中增加了海上世界、红花岭工业区、天安社区舞台 3 个固定表演场所，扩大活动的辐射面。同时，结合各个片区群众文化活动的特点，积极因势利导，把文化活动与节庆活动、民俗活动、广场活动、专题宣传等有机结合起来，在活动中增加"重阳节主题活动"、"摇滚音乐会"、"流动舞台"等项目。

"我们要为基层和特殊群体提供'皮影戏进校园'、'慰问驻区部队演出'、'慰问残障人士演出'等文化活动，增强公共文化服务的公平性。"上述人员说。

3. 社区文艺活动呈现多元化

"节目好不好，看看台下的观众就清楚了。"一社区文化站负责人直白地说。

如何协调社区居民的口味，还真的是难题。部分社区大舞台主要在工业区，覆盖人群是工厂工人；部分社区大舞台在高端社区内，需求可能是高雅特色演出；城中村内的社区大舞台则要满足原著居民和外来流动人口的共同需求。对此，青工文化快车（含演出 5 场、比赛 5 场、展览 1 场、讲座 12 场、培训 121 场）将在各社区、企业开展。周末音乐会则侧重在居民社区大舞台。不同的文化品牌在选址上也各有侧重。

确保演出的质量成为节目吸引居民的关键。南山区开展的各种公益文化活动，都是由符合条件的文化事业、企业和社会组织承办，经过项目征集、项目发布、项目评审、项目竞价、项目监审等环节。"为了确保演出活动的成效，区文体局还委托第三方通过发放和收集群众意见调查表、拍摄影像资料、开通视频直播等方式，对每个项目的实施情况进行及时、有效的监管。"文体局负责人说。

为有效调动居民的参与积极性，区文体局还与相关网站合作推出"市民抢票"活动，组织音乐爱好者参观公益文化演出，并及时收集网友评论、微博留言等反馈信息，客观、公正、全面地评价公益文化活动项目的执行情况和社会效果。

"政府购买的表演节目，不能保证个个都是居民群众喜闻乐见的，不过社区成长起来的文体团体表演节目受到的欢迎程度很高，尤其是有社区居民参与的，沾亲带友的都会有人过来捧场，目前不少社区成长起来的民间文艺社团也纳入到政府的采购项目，比如沙河街道的印尼舞蹈队等。"沙河文化站人员说。

为扶持本土的文艺创作和本地的文化活动，培育多元文化主体，南山区还颁布了《文化艺术活动资助实施细则》，只要是注册在南山的从事艺术活动的社会机构、艺术团体均可提出项目的资助申请，资助的范围包括演出、展览、创作、艺术推广、文化交流等。

"截至目前，共收到了 283 个单位 431 个项目的申请，经评审，208 个单位的 230 个项目获得资助，资助金额 968.41 万元，而今年是资助额度最高的一年，仅上半年就资助了 89 个项目，共计 320.06 万元，有效促进了区域文化团体的发展。"文体局人员介绍。

　　南山区公益文化活动招标的统计结果也能印证民间社团的崛起。政府采购的公益活动主要涵盖电影、演出、展览、讲座、比赛等项目，且每年活动总量呈现出不断增加的趋势，比如去年为 2474 场，今年采购量为 2644 场。其中，电影 1600 场，演出、讲座分别为 560 场和 384 场，这两种类型的文化活动呈现出快速增长的态势，尤其是表演类节目增长较快，民间社团也多是表演类。

　　（鲁力. 南方日报. 2013-08-15.）

【复习思考题】

　　1. 什么是社区文化？它包括哪些内容？

　　2. 社区文化的特征有哪些？

　　3. 社区文化的类型有几个方面？

　　4. 社区文化的功能有哪些？

　　5. 社区文化建设的重要性有哪些？

　　6. 社区文化建设的原则有哪些？

第 10 章 社 区 治 安

【关键词】 社区治安；社区治安任务；社区治安原则；社区治安手段

【案例导读】

2012 年中山城乡居民社区服务需求调查报告显示市民最需要社区治安服务。

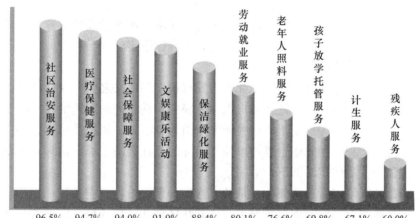

图 10-1 市民最需要社区治安服务

近年来，中山在提高社区公共服务能力方面做了很多努力。如市财政向基本公共服务倾斜；注重培育发展社会组织；探索与完善了"2＋8＋N"的社区管理模式；构建了横向到边、纵向到底的有中山特色的基层服务管理网络等。中山在农村社区建设中探索试行的"2＋8＋N"模式，其中，所谓"2"就是指设立农村社区建设协调中心、社区公益事业服务中心这两个中心；"8"就是指设立"公益事业服务站、环境卫生监督站、志愿者服务站、农技服务站"等"四站"，和"文体活动室、计生卫生室、治安警务室、法律服务室"等"四室"；"N"就是指政府以购买服务的方式委托服务中心在社区受理民政、工商、建设、环保、计生、治安、流动人口管理等行政事项代办服务，以及就业培训、社会保障、救助康复、法律援助等公共服务。因此，中山成了全国首个"农村社区建设实验全覆盖示范单位"，中山的农村居民正逐步实现从村民到居民的身份变化，他们对社区服务的需求也日益增长。

为了解中山城乡居民在社区中的生活情况，对社区工作的感受和评价，以及对社区服务的具体需求，国家统计局中山调查队受中山市社会工作委员会的委托，近期对中山城乡居民社区服务需求展开调查，结果显示：四成人认为重大决策由居民代表决定；近四成人与邻居少往来；调查发现"社区治安服务"排在社区服务最需要之首，96.5％的人选了这项，其次为医疗保健、社会保障服务和文娱康乐服务。在这四项服务上选择"很需要"或"需要"的受访者均超过 90％。按户籍划分来看，本地户籍受访者中，需求度最高的服务项目依次是社区治安、医疗保健和社会保障服务；而外地户籍受访者中，需求度最高的依次是社区治安、社会保障和医疗保健服务。

（中山日报. 第 6638 期 A4 版改编 ［2013-03-20］.）

10.1　社区治安概述

10.1.1　社区治安的含义

在我国古代，治安是指政治清明，社会安定。汉语词典就治安的解释是，治安就是社会的安静秩序。治安现在一般指社会治安机构为了维护稳定的社会秩序，保障人民的生产生活而依法采取的行政执法行为。

根据管理主体和职能划分的不同，社区治安有狭义和广义之分。狭义的社区治安主要是指管辖本地区治安的公安机关及其派出机构的警务及其相关的管理活动。广义的社区治安是指包括公安机关以及与治安工作相关的城市街道办事处、居民委员会、小区业主委员会、物业管理委员会和社区其他企事业单位保卫部门等社会治安综合治理。本章主要指的是广义的社区治安。具体定义如下：

社区治安是社区治安管理的简称，是社区管理的重要内容。它是指一定地域内的社区治安管理主体在政府及其职能部门领导下，依靠社区群众、协同公安、司法机关、对涉及社区的社会秩序和人民群众生命财产安全的问题依法进行治理，促进社区秩序安定有序的一种管理活动。

从上面的概念看，社区治安具体包含了以下几层含义：

（1）社区治安的主体是在政府及其职能部门领导下的社区有关组织，如城市的街道办事处、城市的居委会、农村的村委会、物业管理公司、社区内企事业单位的保卫部门和广大社区群众等，它们共同承担维护社区治安的责任。

（2）社区治安的对象是涉及社区的社会秩序和人民群众生命财产安全的各种行为，包括行政违法行为、刑事犯罪行为、灾害及安全事故、社区内的不良道德风气等。

（3）社区治安的目标是促使社区秩序达到安定有序的状态。

（4）社区治安主要手段是依法进行治理。

（5）社区治安是主体为维护社区秩序所进行的各种管理活动的总和，是安全社区建设的重要保证，是社区管理中的一项重要内容。

10.1.2　社区治安的特征

从上述社区治安的概念中可以看出社区治安具有以下几个方面的特点。

1. 区域性。

社区治安的区域性是指社区治安是在一定地域范围内的治安活动。不同的社区有不同的地理位置、地理环境、人口密度、人口素质、职业结构、生活方式等，使得其治安问题的表现形式也不同，因此，不同社区的治安工作的内容和重点也是不同的。

2. 法律性。

社区治安的法律性是指社区治安活动是在一定的区域内的行政执法活动。社区治安管理活动是以社区治安的法律、法规为依据的,有关社区治安的一系列法律、法规明确规定了社区治安管理机构和部门的职责和权力,规定了社区治安的职能、任务、手段和作用,规定了社区治安管理的职责范围、管理对象、管理方式,规定了治安处罚的程序、种类和条件,还规定了人民群众在社会治安中的权利和义务以及行为规范。社区治安实质上是对法律、法规的贯彻和执行,社区中治安的职权是国家授予并以法律的形式规定的。同时,社区治安部门及公安干警在实施管理活动时,也必须用法律、法规来约束自己的行为。

3. 综合性。

社区治安的综合性是指社区治安的领导力量、治理手段和方法具有综合性。社区治安的综合性要求在党委、政府的统一领导下,把公安派出所、街道办事处、居委会、企事业单位的保卫部门以及群众自治组织的力量结合起来,综合运用政治的、经济的、法律的、文化的、教育的等多种手段,综合发挥打击、预防、教育、管理、建设和改造等 6 项措施的作用,实现社区治安的综合治理。

4. 群众性。

社区治安的群众性是指社区治安工作对社区群众的依赖,离不开社区群众的积极参与。群众既是社区治安的客体,又是社区治安的主体。群众自治组织是社区治安主体的重要组成部分,发动、组织、依靠群众参与社区治安建设,是搞好社区治安工作的"法宝"。社区治安秩序的好坏评价也是以群众的满意为标准的,社区治安主体职能的发挥离不开社区群众的支持。

10.1.3 社区治安的内容

社区治安工作从治安管理业务角度划分主要包括以下 9 项内容:

1. 社区公共秩序的维护

社区公共秩序主要是指社区公共场所的秩序。社区公共场所主要包括影剧院、文化宫、舞厅、音乐茶座、酒吧等公共娱乐场所和公园、广场、商场、集贸市场等社区居民经常活动的场所。社区公共场所是社区居民经常聚集和活动的地方,是社区公共生活的重要载体。社区公共秩序的好坏直接影响到社区居民的正常生活,关系到社区的治安状况。因此,社区公共秩序的维护是社区治安的重要内容。社区公共秩序的维护还包括:防范赌博、吸毒、传播淫秽物品等毒害社会风气的行为,对精神病患者进行监护和管理,对乞丐等进行救助等。

2. 特种行业的管理

特种行业主要包括旅馆业、刻字业、发廊、美容美发中心及废旧物资回收等。这些行业经营的业务比较容易被违法犯罪分子用来藏身、落脚或进行伪造、销赃等违法犯罪活动,因此,国家法律、法规规定由公安机关实施管理。对特种行业的管理是社区治安的一项基础性工作,主要的管理制度包括:特种行业许可证制度、变更经营项目登记备案制度、验证登记制度、情况报告制度、协助检查制度、从业人员上岗培训制度、年度审验制度、安全检查制度等。

3. 社区的消防管理

社区的消防管理是社区防范治安灾害事故的一项重要工作。社区消防工作的主要任务是预防火灾的发生，保障居民生命财产的安全，消防管理的主要内容包括火灾预防、火灾扑救和火灾事故的调查与处理。社区消防管理的主要工作包括：制定社区消防规则、办法和技术规范；进行消防安全宣传，开展消防基本知识培训，提高居民消防意识和消防能力，加强社区消防队伍的建设，制定防火安全管理制度，实行严格的消防管理责任制，定期进行消防安全检查，组织维护保养辖区内的消防设备及火灾的报警设施，加强对社区机关、企事业单位的防火管理，做好社区内重点部门的消防安全工作，加强对消防器材生产厂家的监督管理，指挥火灾的扑救工作，及时、迅速地处置火灾事故等。

4. 水上的治安管理

如果辖区范围内有一定水域且有人居住生活，那么水上的治安管理也是一项重要内容。水上的治安管理主要包括船舶户口管理、水上巡逻、对水域的安全管理、对外来船舶进行检查等。

5. 群体性治安事件的管理

群体性治安事件主要是指为了某一目的或利益，一定数量的人集合在一起违反治安管理的行为。一旦发生群体性治安事件，就可能造成群死群伤的事故，对社会的安全稳定有很强的破坏力。因此，社区治安的相关主体必须大力加强普法宣传教育，同时通过对辖区社会情况的调查摸底，及时掌握社会动态，分析研究可能引发群体性治安事件的因素和条件，及时采取有效措施，将事态控制在最小的限度内。对于一些潜在矛盾或刚刚萌芽的矛盾纠纷，要通过接访、调解等及时做好矛盾纠纷的化解工作。

6. 户口管理

社区户口管理是社区人口管理的基础，是社区治安管理的重要内容。户口管理一般包括户口登记、户口迁移、户口调查、户口档案管理、流动人口管理、人口卡片管理、人口统计等。

7. 交通安全的管理

交通安全也是社区预防治安灾害事故的一项重要内容，交通安全的管理是社区治安的主要业务之一。交通安全管理主要包括车辆管理、机动车驾驶员管理、路面安全设施管理、交通指挥、交通安全知识的宣传、交通事故的查处、交通警卫等工作。机动车驾驶员管理主要是鼓励驾驶员不断提高驾驶技术，认真学习并严格遵守交通法规，认真做好车辆维护，熟悉道路，掌握天气变化。路面安全设施管理主要是保证社区道路、停车场、停车点、停车棚、交通岗、人行道护栏、分隔设施的良好。常用的社区交通管理方法有：限速、设置各种标志、人行道护栏和分隔设施，加强值勤等。

8. 民用危险物品的管理

有一些物品容易造成重大人身伤害，必须加强管理。目前，国家严格管理的民用危险物品主要包括枪支、弹药、刀具、雷管、爆炸物品、剧毒物品、放射性物品以及易燃易爆物品等。搞好民用危险物品的管理，既有利于防范违法犯罪分子利用危险物品开展犯罪活动，也有利于预防和减少治安灾害事故的发生，有利于保障国家和人民生命财产安全，有利于维护良好的社会秩序。民用危险物品的管理是社区治安的一项重要基础性工作，主要包括对生产、销售、运输、储存、使用等环节的安全监督、登记、审批和发证等工作。

9. 单位内部的安全管理

机关、企事业单位内部的房屋、设备、用具、钱财、工作人员的安全等，也是社区治安的重要内容。所以，机关、企事业单位不仅要积极参与社区治安防控，更要搞好单位内部的安全管理。一般说来，机关、企事业单位都要负责本单位内部的治安管理工作，对干部职工加强法治和治安教育，加强物防、技防建设，设置专门的安全保卫部门及专职的保安人员，在门口设置保安和门卫，发动群众参加安全防范，进行值班巡查，注意闲杂人员，定期检查房屋设施，消防治安隐患，协助有关部门做好安置帮教和社区矫正工作。

此外，社区治安还可以从其他角度加以划分。如从管理手段划分主要内容可分为：治安教育、人民调解、治安防范、社区矫正、秩序维持和事故预防等。

10.1.4　社区治安的意义

良好的社区治安是人民安居乐业的基础，是社会主义和谐社会建设和安全社区建设的重要保证，是社区发展的前提。因此，社区治安的意义具体体现在以下几个方面：

1. 维护社区社会环境稳定，为社区居民创造良好的生存空间

社区治安秩序渗透于社区其他秩序（如生产秩序、工作秩序、生活秩序等）之中，是确保社区其他秩序保持正常运行状态的重要因素。社区治安秩序不好，社区其他秩序就可能受到影响甚至不能正常运行。因此，在很多情况下，人们往往把社区治安状况作为衡量社区人文环境的重要标志。

2. 维护社区政治秩序安定，保障社区居民的政治权利、人身权利和其他合法权利

加强社区治安工作，通过对社区居民进行法律、政策、法规、社会经济、伦理道德的宣传、辅导、解释、咨询、说服等协调性服务工作，使外加的政治活动规范，变为人们自觉遵守的行为准则，国家的有关政策、法律和伦理道德的规范才能顺利贯彻。如坚持四项基本原则，遵守宪法及其他法律，不得损害民族尊严，不得对他人和其他组织有诽谤性的宣传，不得宣扬暴力推翻政府，不得影响公共秩序，活动中不得夹杂有反动、淫秽、丑恶、迷信的内容等。用法制来规范政治主体及其活动，以缓解政治冲突，减少社会动荡。只有政治秩序安定，社区居民的政治权利、人身权利和其他合法权利才能得到有效的保障。

3. 维护社区经济秩序稳定，保障社区居民的经济利益和市场经济关系不受侵犯

搞好社区治安管理，有利于促进社区经济和社会事业的协调发展。许多事实表明，搞好社区的治安管理工作，实现社区间的良性互动，强化社区控制，对于促进社区经济与社会事业的协调发展，促进整个社会的安定，都将产生深远的影响。

10.2　社区治安的任务

任务，即所担负的工作和职责。社区治安管理的任务，是国家法律、法规规定的社区治安职能及其人员所担负的治安管理责任的总和，是社区治安主体各项治安职能的具体化，也是社区治安的社会主体在日常工作中所应完成的工作。因此，从社区治安管理职责的角度规范的任务我们称为基本任务，从社区治安主体治安职能角度规范的任务我们称为

具体任务。

10.2.1　社区治安的基本任务

社区治安的任务从治安管理应完成的职责来看，主要包括以下 8 个方面的基本任务：

1. 协助公安机关、政法机关严厉打击各种违法犯罪活动

依法严厉打击各种违法犯罪活动，是社区治安的首要任务。社区只有有效制止犯罪，才能保证人民群众有一个安居乐业的环境。为了做好这项工作，社区各级组织要经常开展调查研究，掌握社区内各种人员的情况，发现疑点及时向公安机关反映，配合公安机关依法拘捕各种刑事犯罪分子，依法查禁和取缔卖淫嫖娼、赌博、吸毒贩毒、传播贩卖淫秽书刊音像制品等危害人民群众的违法犯罪活动，维护社区治安秩序，保障社区的稳定和安全。

2. 做好刑满释放、解除劳教人员的安置帮教工作

刑满释放、解除劳教人员安置帮教的社区矫正工作，是在各级党委、政府的统一领导下，依靠各有关部门和社会力量对刑释解教人员进行非强制性的引导、扶助、教育和管理的一项重要工作。一是对回归社区的刑释解教人员做好建档入户登记，通过调查、走访等方式摸清社区内刑释解教人员的基本情况，为安置帮教工作打好基础。二是组成由街道干部、公安干警、居民委员会成员组成的"三结合"帮教小组，对帮教对象进行定期的集中教育和不定期的个别教育，防止他们重新犯罪，对刑释解教人员做好心理和行为辅导，使他们融入社会。三是采取积极措施，协调社区内的企事业单位做好刑释解教人员的就业安置工作，可创办一些安置实体，建立刑释解教人员安置就业基地，扶持刑释解教人员自谋职业、自我安置和创业等。

3. 积极开展人民调解工作

人民调解又称诉讼外调解，它是在人民调解委员会的主持下，以国家法律、法规、规章、政策和社会公德规范为依据，对民间纠纷双方当事人进行调解、劝说，促使他们互相谅解、平等协商，自愿达成协议，以消除纷争的活动。人民调解委员会是依法设立的调解民间纠纷的群众性组织。社区可以设立社区居民调解委员会，并在基层人民政府和基层司法行政部门指导下进行工作。人民调解工作一般包括受理纠纷、进行必要的调查、掌握事实资料、拟定调解纠纷的实施方案、对当事人进行说服劝导、促进当事人和解并达成协议以及履行协议等等。实践证明，社区开展人民调解是人民群众运用自己的力量实行自我管理、自我教育的一种有效活动，对增进社区居民团结，维护社区安定，减少纠纷，预防犯罪，保证社区治安秩序良好运转，促进社区文明建设均有重要作用。

4. 做好社区青少年犯罪的预防，加强对失足青少年的教育工作

做好社区青少年犯罪的预防，主要是指动员社区力量，加强对青少年的教育和保护，以控制和减少青少年犯罪，给青少年创造一个有利于其身心健康的良好的社区环境。因此，社区的各相关部门应积极主动采取有效措施整治社区的治安环境，加强对娱乐场所包括网吧、游戏厅、录像厅、歌舞厅等的管理，制止一些娱乐场所的不法经营行为，坚决禁止含有色情、暴力等音像制品的销售和传播，防止"黄色"、"灰色"和"黑色"这"三大污染"对青少年的感染和侵害。对失足和辍学的青少年，社区应密切配合家庭，做好失足青少年的教育转化工作，防止他们再次走上犯罪道路。

5. 做好流动人口的管理工作

所谓"流动人口"一般是指跨越一定的地域范围而不改变常住户口的各种类型的移动人口。流动人口对城市的发展起了积极作用，也给城市的治安管理带来难度。将流动人口管理纳入社区治安管理中，必须采取科学有效的管理措施，主要包括：做好暂住户口登记、房屋租赁登记备案等各项基础工作，全面掌握流动人口的基本情况，及时发现并控制各类可疑人员；房屋出租必须要有房屋出租许可证；坚持"谁用工谁负责"的原则，实行治安管理责任制，督促用工单位配合公安机关做好管理工作；建立流动人口管理服务机构，把服务与管理有机结合起来，切实做好流动人口的管理工作，对流动人口进行统一管理；社区的管理部门要加强对流动人口的法制教育，经常发放普法材料，以增强他们的法制观念，提高遵纪守法的自觉性；依法坚决打击流动人口的违法犯罪行为。

6. 做好社区居民的治安防范工作

社区居民的治安防范工作，是社区治安的一项重要内容，加强居民区的治安防范工作的做法主要有：一是对居民小区实行封闭式管理，居民家庭安装防盗门，居民小区封闭围墙，设立门卫，聘用保安，坚持 24 小时值班。二是组织各种形式的群防队伍，如治安联防队、居民治安小组、居民小区巡逻队等。三是有针对性地向居民进行治安防范的宣传，如家庭防盗、社区治安防范须知等，提高居民的防范意识，学会防范知识。四是加强科技防范，做到人防、物防、技防相结合。科技防范是社区安全防范的有效载体，在社区建设中起着重要作用。科技防范主要是通过智能化的安全系统实现有效防范，如门禁系统、报警系统、监控系统等。在社区安全防范中，人防、物防、技防互为补充，必须把人防、物防、技防有机结合起来，才能构成完善的社区安全防范体系。

7. 做好社区消防工作

消防安全直接关系到社区居民的生命财产的安全。消防工作的主要任务是预防火灾的发生，保障居民生命财产的安全。做好社区消防工作应注意以下几个方面：一是做好社区内重点部门的消防安全工作。如人员集中的学校、医院、影剧院、歌舞厅、商场、饭店、宾馆等。二是社区内的建筑要合理布局，配备完备的市政消防设施。三是加强消防设备的检查及消防隐患的整改工作。四是加强消防宣传力度，普及消防知识，提高居民消防意识。

8. 做好社区交通安全管理

为加强交通安全管理，落实"安全第一，预防为主"的原则，促进社区交通安全工作的开展，提高广大交通参与者和驾驶员的交通安全素质，避免交通违法行为和交通事故发生，创造良好的交通安全环境，提高通行效率，社区应制定交通安全管理制度并做好社区交通安全管理工作：一是成立交通安全社区领导小组。二是积极协助公安交通管理部门，定期开展交通安全宣传。三是及时掌握、沟通社区交通安全管理情况。四是及时掌握社区内机动车、非机动车、驾驶员的动态情况。五是开展居民交通安全须知安全宣传，做到家喻户晓。

10. 2. 2 社区治安的具体任务

城市社区中，与社区治安直接相关的组织机构主要有公安派出所、街道办事处、居民委员会、物业管理公司以及企事业单位的保卫部门、治安联防队等，它们在社区治安管理中各自承担着自己的任务和职责，因此，有必要加以具体规范。

社区治安的任务从治安主体来看，具体职责如下：

1. 公安派出所的任务

公安派出所为公安系统的基层组织，上级公安机关的派出机构。在中国，派出所依照国家治安管理法规和上级公安机关规定的权限履行其义务。公安派出所在社区治安管理中的任务主要包括：

（1）依据法律法规，通过公开的行政手段，管理辖区的治安秩序，包括公共场所、特种行业、民用危险品、违禁品、治安案件以及户口和居民身份证。

（2）积极采取措施，预防违法犯罪行为、治安灾害事故和群众性治安案件的发生。

（3）通过各种治安管理手段和某些侦查手段，打击犯罪。

（4）主动为民排忧解难，解决居民群众的实际困难。

2. 街道办事处的任务

街道办事处对辖区的管理全面负责，对辖区的社区治安综合治理工作行使组织、领导、协调、监督和检查的职能，在社区治安中的责任主要包括：

（1）宣传、贯彻有关城区管理的法律法规，制定并组织实施辖区的治安管理工作计划，减少治安案件和刑事案件的发生。

（2）加强社区治安综合治理，发展社区服务，维护市场秩序，动员群众积极参与社区治安活动，组建群防群治队伍。

（3）执行综合执法，对辖区内各专业管理机构的工作行使监督权。

3. 居民委员会的任务

根据有关法律、法规和文件精神，社区居委会是居民自我管理、自我教育、自我服务的基层群众性自治组织，是党和政府联系群众的桥梁和纽带，是社会治安治理的重要力量，在社区治安管理中承担以下职责：

（1）采取多种形式，在居民中宣传和普及法律法规知识，教育群众使其增强法制观念，维护居民的合法权益。

（2）广泛收集社区治安信息，排摸社区不安定因素，早发现、早控制，确保不发生重大治安问题和群体性事件，协助公安、司法机关严厉打击各种犯罪活动。

（3）及时调解民间纠纷，做好疏导工作，化解社区矛盾，防止矛盾激化。

（4）协助人民政府和它的派出机构做好社会治安、流动人口和房屋出租户、社会救济、青少年保护、公共卫生管理工作，及时向有关部门反映社区群众关于治安方面的意见、建议和要求。

（5）配合有关部门依法对被管制、假释、缓刑、监外执行和被剥夺政治权利的罪犯实施社区矫正工作，做好失足青少年及劳改释放、解除劳教人员的帮教工作，防止和减少犯罪。

（6）教育居民遵守居民公约和居民会议决定，开展社区服务，为居民创设安居乐业的环境。

（7）组织社区群防群治力量，协助公安机关落实防火、防盗、防破坏、防治安灾害事故的各项治安防范体系建设工作。

（8）在公安机关指导下开展"安全社区"、"无毒社区"等的创建工作。

4. 物业管理公司的任务

物业管理公司要承担起防盗、防破坏、防爆炸、防自然灾害等治安管理活动，保证所辖的物业区域内的财产、人身不受损害，用户的工作、生活秩序不受干扰。在社区治安管理工作中，物业管理公司具体应该做的是：

（1）建立健全保卫组织机构，配备充足的保安人员。

（2）制定完善的有关治安管理制度，如保安员岗位责任制及交接班制度等、出入登记制度、车辆和大件物品出入管理制度等。

（3）负责维护辖区的治安，预防和查处治安事故。

（4）积极配合公安部门打击辖区内及周边地区的违法犯罪活动。

（5）对社区加强巡视值班。

（6）加强社区内的车辆管理，做好车辆停放和保管工作，确保辖区内道路通畅，保证交通安全。

（7）发动辖区内的用户，做好群防群治工作，强化用户的安全防范意识，采取治安防范措施。

5. 企事业单位的任务

企事业单位内部治安保卫工作是保护公民人身、财产安全和公共财产安全，维护单位的工作、生产、经营、教学和科研秩序的活动。根据中华人民共和国国务院发布的《企事业单位内部治安保卫条例》的规定，单位内部治安保卫机构、治安保卫人员应当履行下列职责：

（1）开展治安防范宣传教育，并落实本单位的内部治安保卫制度和治安防范措施。

（2）根据需要，检查进入本单位人员的证件，登记出入的物品和车辆。

（3）在单位范围内进行治安防范巡逻和检查，建立巡逻、检查和隐患整改记录。

（4）维护单位内部的治安秩序，制止发生在本单位的违法行为，对难以制止的违法行为以及发生的治安案件、涉嫌刑事犯罪案件应当立即报警，并采取措施保护现场，配合公安机关的侦查、处置工作。

（5）督促落实单位内部治安防范设施的建设和维护。

6. 治安联防队的任务

根据治保委员会工作的有关规定，治安联防队是在党支部领导下，一种群众性的自防、自治组织、是预防、制止打击犯罪活动，维护社会治安秩序的辅助力量。联防队的一切活动均置于基础组织的领导和公安机关指导之下。治安联防队有下列的职责任务：

（1）宣传教育群众增强法制观念和安全防范意识，落实群众性防盗抢、防火灾、防破坏和防其他治安灾害事故的防范措施。

（2）协助公安机关维护本责任区的社会治安秩序。

（3）负责本责任区内的执勤巡逻、安全检查，做好安全防范工作。

（4）制止违反治安管理和违法犯罪行为。

（5）在发生治安、刑事案件时，协助公安机关保护现场，提供案件线索。

（6）协助有关部门对有违法行为的人员进行帮助教育，对监外执行的罪犯进行监督。

（7）疏导和调解本责任区内的民间纠纷。

（8）向社会治安综合治理委员会办公室和公安机关反映群众对社会治安工作的意见和要求。

（9）完成当地政府、社会治安综合治理委员会和公安机关布置的其他治安任务。

10.3 社区治安的原则

社区治安管理必须遵循一定的原则，只有遵循这些原则，社区治安的管理才不会走向歧途，才能在社区建设的大环境下实现更好的社区安全。

10.3.1 依法治理

依法治理是社区治安管理的总指导原则，是依法治国战略的深化和具体实践。依法治理要求社区治安管理做到"有法可依，依法办事，执法必严"，这也是各级党委、政府和治安管理机构的准则。具体来说包括以下几个方面：

（1）依法保护社区人民民主、安全和合法权益，区分出罪和非罪的界限，正确处理人民内部矛盾，坚决打击犯罪。

（2）治安问题的查处、处罚等，要严格按照法律和法定程序执行，不得随意执法。

（3）社区治安管理中制定的本社区的规章制度，要符合国家法律、法规和政策，同时体现为人民服务精神。

（4）依法行政，同时通过宣传教育，提高社区居民法律意识和法制观念。

10.3.2 打防结合、预防为主

打与防是维护社会治安的重要手段，两者是相互依存的辩证统一关系。解决犯罪和治安问题既要用好打击的一手也要用好防范的一手。打击是维护治安的首要环节，是落实社区治安管理其他措施的前提条件。社区治安的打击工作，要求社区治安要坚持严打方针不动摇，保持对严重刑事犯罪活动的高压态势，坚持什么问题突出就解决什么问题、哪里治安混乱就整治哪里，有力地维护正常的社会治安秩序。对犯罪行为如不依法实施严厉的打击，就不能达到有力地威慑和遏制犯罪的目的，就不能鼓舞教育群众，就不能增强群众的安全感，就不能实现长治久安。同时打击的出发点和落脚点又是为了促进预防，如果没有强有力的防范措施，打击的效果就难以巩固。社区治安的防范工作，应探索建立大调解工作体系，着眼于实现社区治安的良性循环，着力构建人防、物防、技防相结合的社会治安立体化防控体系，提高驾驭社会治安局势的能力。

10.3.3 专群结合、依靠群众

专群结合、依靠群众，这是党的群众工作传统优势在社会治安领域的充分体现。专群结合就是社区治安工作，既要注意充分发挥政法机关的骨干作用，不断提高预防和打击违法犯罪的专业化水平，又要广泛动员组织人民群众参与社区治安管理。依靠群众是指不断发展壮大社区治安建设志愿者、治安巡逻员、治安信息员、治安中心户长等群防群治队伍，形成全社区人人共创共享平安社区的良好氛围。社区治安依靠此原则要不断加强和改进新形势下群众工作的要求，及时总结治安保卫工作的经验，积极探索专群结合、群防群

治的新途径、新办法，不断激发人民群众参与社区治安管理的积极性、主动性、创造性，筑牢社区治安管理的人民防线。

10.3.4 标本兼治、重在治本

社区治安问题是各种社会矛盾的综合反映，维护社区的治安秩序既要治标又要治本，而且应该把重点放在治本上。"标"是指发生在社区内的各种违法犯罪现象，"本"是指引发这些现象产生的根源。标本兼治是指社区治安工作既注重立足当前着力解决突出的犯罪和治安问题，又注重着眼长远，努力消除和减少产生犯罪及治安问题的原因。社区治安工作应注意深入开展矛盾纠纷排查调处活动，抓早抓小抓苗头，把大量的矛盾纠纷化解在萌芽状态、处置在初始阶段，有效地防止大量"民转刑"案件和群体性事件的发生。重在治本是指要大力加强以保障和改善民生为重点的社区建设，投入更多的精力和财力，切实解决社区居民就业难、看病难等涉及社区群众切身利益的基本民生问题，全面建立和落实社区稳定风险评估机制，从源头上预防和减少社区不稳定因素。积极参与社区管理创新，加强对流动人口、特殊人群、非公有制经济组织、社会组织、新兴媒体的管理和服务，确保整个社区既充满活力又安定有序。

10.4 社区治安的手段

社区治安的手段，是指社区治安主体为实现社区治安工作的任务和目标，所采取的具体工作方式或方法。这些方式方法，必须合法，有针对性。具体来说，社区治安工作的手段包括法律、行政、宣传教育、专业控制、信息、经济和科技等几种。

10.4.1 法律手段

法律手段是国家通过立法和司法，依靠法律的强制力量来调节和规范社会经济活动的手段。社区治安的法律手段主要包括行政处罚和刑事处罚。

1. 行政处罚

行政处罚是指公安机关依法对不履行治安行政法义务或危害公共安全和社会秩序，尚不构成犯罪的行为人所给予的行政制裁。根据《行政处罚法》的规定，行政处罚主要包括：警告；罚款；没收违法所得、没收非法财物；责令停产停业；暂扣或者吊销许可证、暂扣或者吊销执照；行政拘留；法律、行政法规规定的其他行政处罚。同时，根据《治安管理处罚法》的规定，为维护社会治安秩序，保障公共安全，保护公民、法人和其他组织的合法权益，公安机关及其人民警察可以依法履行治安管理职责。本法对扰乱公共秩序、妨害公共安全、侵犯人身权利、财产权利、妨害社会管理的各种行为，做出了处罚的详细规定。

2. 刑事处罚

依照《刑法》的规定，刑事处罚是违反刑法，应当受到的刑法制裁。根据我国刑法的规定，刑事处罚包括主刑和附加刑两部分。主刑有：管制、拘役、有期徒刑、无期徒刑和死刑。附加刑有：罚金、剥夺政治权利和没收财产；此外还有适用于犯罪的外国人的驱逐出境。

10.4.2　行政手段

行政手段，是国家通过行政机构，采取带强制性的行政命令、指示、规定等措施，来调节和管理社会的手段。社区治安的行政手段主要包括治安行政处置和治安行政强制。

1. 治安行政处置

治安行政处置，是指公安机关在公共场所管理、道路交通管理、消防管理、危险物品管理、特种行业管理和出入境管理等治安行政管理活动中，为维护社会秩序和公共安全，依法对特定的人、物、事、场所采取的一种行政处置行为。

行政处置依据法律规定的条件，分为主动采取的行政处置和被动采取的行政处置。主动的行政处置是职能主体依职权采取的，要求相对人做出某种行为或不得做出某种行为，如人民警察的命令、禁止等行为。被动的行政处置是职能主体依照相对人的申请而采取的行为，如相对人申请某些危险物品的生产和运输、申请经营某些特种行业，公安机关依法做出准许、批准或许可的行为。行政处置根据法律规定的不同，分为一般的治安行政处置和特殊的治安行政处置。

（1）一般治安行政处置。所谓一般治安行政处置是指社区治安职能主体对经常性的治安行政管理事务采取法律规定使用的行政处置方法所进行的一般活动，如命令、禁止与取缔、许可、查验等。

1）命令，是指公安机关为了维护社会治安秩序和公共安全，依法向负有特定义务的人发出的作为、不作为和约束的命令。这种命令又称"警察命令"。例如：公安机关要求新建居民住宅楼必须安装防盗门和铁栅栏；要求企事业单位财会部门配置保险箱，安装报警器，配置灭火器材；要求经营某些特种行业的人不能超越经营范围，不得违章经营、生产等。命令的形式有布告、公告、指令、指示、通知、决定等。

2）禁止与取缔，是指公安机关依法对于某些违反治安管理、扰乱社会秩序、妨害公共安全的行为宣布禁止，予以取缔，并对违禁者予以法律制裁。如禁止封建迷信活动，禁止赌博，禁止贩卖毒品，禁止制作、出售、传播淫秽物品，禁止伪造货币、证件、公章，取缔无照经营，取缔自发市场等。

3）许可，是指公安机关在行政管理中，对公民、法人或者其他组织的请示依法允许或者否定的一种权力。这种权力，通常是通过审核批准、决定、登记、颁发证照、指挥等形式表现出来。如对于欲生产、销售、使用枪支、管制刀具、危险物品以及经营旅馆、旧货、印刷刻字行业的单位和个人，由当事人申请，具备符合特定条件，经审查合格，解除相对禁止，给予准许。但是在许可的同时，规定当事人应承担与权利内容相应的一定义务，如接受监督、检查，在许可范围内从事活动等义务。

4）查验。查验是社区治安的职能主体依法对相对人采取的审核、检查、验收等行政行为。例如：对居民身份证的查验，对机动车辆的检验，对建筑设计防火的审核，对公共场所安全的检查，对危险物品仓库的审核、验收等。

（2）特殊治安行政处置。所谓特殊治安行政处置，也称紧急状态处置，是在出现意外突发事件和重大事故情况下，社区治安管理的职能主体依法采取的特殊行政行为。如紧急征用、紧急排险、交通管制、封闭等。

1）紧急征用。紧急征用是在发生重大灾害事故、突发事件的情况下，为抢险救灾、制止暴力犯罪行为、追捕逃犯等需要，依法征用交通、通信工具和其他物资，必要时可调用专业人员。

2）紧急排险。紧急排险是在遇到重大灾害事故和突发事件时，为防止灾害事故的蔓延和波及，减少损失，依法采取的非常措施和特殊方法。例如，在扑救重大火灾、重大爆炸事故时，为防止火灾事故的扩大，拆除同火灾事故现场毗连的建筑物，封堵建筑物、道路和其他设施等，其目的是为了以较小的代价避免遭受较大的损失。

3）交通管制。交通管制是指公安机关在发生重大事故和出现其他特殊事件的情况下，为抢险救灾，为维护社会秩序和保障公共安全，依法对局部地区实行禁止车辆、人员进入的行为。

4）封闭。封闭是在发生特大灾害事故、恶性传染病区或其他重大事件的现场，依法采取封闭控制措施，将该地区与外界隔离开来，除了特别许可的人员以外，不准其他人员进入封闭地区。

2. 治安行政强制

治安行政强制，是指公安机关依法进行治安行政管理和实施治安行政处罚时，为达到使行为人履行法定义务或接受处罚的目的，对不履行法定义务或不服从治安行政处罚的人所采取的人身和物品的强制手段。治安行政强制根据强制适用的对象不同，可分为对人身的强制和对财产的强制。

（1）人身强制。人身强制是对违法行为人人身自由的限制性措施。例如：收容审查、收容教育、强制戒毒、强制隔离、强制治疗等。

1）收容审查。这是依法对现行流窜犯和重大流窜犯罪嫌疑分子采取的强制措施。收容审查的期限最多不超过 3 个月。

2）收容教育。主要是对卖淫嫖娼违法行为人采取的强制措施。由公安机关根据有关法规、规章实施。

3）强制戒毒。是对吸食毒品的违法行为人采取的强制措施。公安机关根据《国务院关于重申严禁鸦片烟毒的通知》，以及其他地方性法规和规章实施。

4）强制隔离。根据《传染病防治法》的规定，对患有某些传染病的人应予隔离。如果其拒绝隔离治疗或者隔离期未满擅自脱离治疗则采取强制隔离。

5）强制治疗。包括对精神病患者的强制收容治疗和对卖淫嫖娼违法行为人的强制性病检查治疗。

6）强行驱散、强行带离现场。根据集会游行示威法和有关实施办法，对违反集会游行示威规定，不服从命令解散的行为人，可采取强行驱散和强行带离现场等行动。

7）强制传唤。在社区治安中，如果需要对行为人传唤讯问，当事人必须服从，没有正当理由不到或逃避的，可采取强制传唤。

8）约束。对于不能控制自己行为的人，社会秩序、公共安全有威胁时，可采取约束，如醉酒的人和精神病人，在本人有危险或对到其酒醒或被监护人领走。

（2）财产强制。财产强制是对违法行为人财产权利的限制措施。例如：查封、强制扣押财产，强行铲除罂粟，强行收缴凶器和枪支弹药，强行拆除，强行拖移占道车辆等。

1）查封。是对违法行为人的财产就地封存的行政强制行为。财产包括动产和不动产，如查封容留卖淫旅店，查封非法出版物和淫书淫画等。

2）扣押财物。根据《治安管理处罚条例》规定，被处罚人因其违法行为造成受害人损失，拒不交纳赔偿费用的，可采取扣押财物折抵的强制措施。

3）强行铲除罂粟。根据《治安管理处罚条例》和其他禁毒法规的规定，私自种植罂粟的，应采取强行铲除。

4）强行收缴。对于私自保存、藏匿枪支弹药、爆炸物品、凶器等，不上缴的，可采取强行收缴的措施。

5）强行捕杀犬只。根据卫生部、农业部、公安部关于加强狂犬病控制工作的意见，以及有关地方法规、规章的规定，严禁城镇养大型犬，违者可采取强行捕杀的措施。

6）强行拖移。根据《道路交通管理条例》和有关法规、规章，对于违章占道停放机动车辆等，可采取强行拖移。

7）强行拆除。根据《国消防条例》规定，对于妨碍灭火救灾的建筑物或为避免重大损失，对毗连火场的建筑物，可采取强行措施。

10.4.3　宣传教育手段

社区治安宣传教育手段，是指社区治安主体在日常工作中，通过各种途径和方式，传播和宣扬一定的观念，教育和影响人们的思想和行动的社会行为。如对社区成员进行治安法律法规、治安防范知识、治安防范技能等方面的宣传教育，以培养和增强社区成员的安全防范意识，提高社区成员自身及社区整体的安全防范能力的活动或过程。通过宣传教育手段，使社区成员正确理解个人安全、社区安全乃至社会安全之间的关系，懂得在搞好自身安全防范的同时，积极参与社区安全防范的重要性，要把"社区是我家、安全靠大家"、"我为社区巡一夜、大家为我巡一年"等观念深入灌输到每个社区成员的头脑之中，从而提高社区整体的安全防范能力。

1. 社区安全防范宣传教育的特点

（1）宣传对象的广泛性和层次性。社区安全人人有责，掌握必要的安全防范知识和技能不仅是社区成员自身安全的需要，也是社区成员在社区归属感、认同感和责任感驱使下对社区应尽的义务。因此，社区成员无论其年龄、性别、职业、职务、文化程度如何，都应成为社区安全防范宣传教育的对象。当然，在实际工作中，应根据每个社区成员的具体情况应分出层次，不同层次的对象对事物的认识水平、认识态度、认识方法各不相同，因此，在实际宣传教育工作中，应根据不同的教育对象采取不同的教育形式和方法，才能取得较好的效果。

（2）宣传内容的针对性和全面性。社区安全防范宣传教育内容的针对性是指社区安全防范宣传教育要始终围绕培养和增强社区成员的安全防范意识，提高社区成员自身及社区整体的安全防范能力来进行。因此，其在内容的选择上都与社区安全防范有关，如安全防范的重要性、安全防范的知识和技能等，从而使社区安全防范宣传教育在功能上有别于其他教育。

社区安全防范宣传教育内容的全面性是由社区安全防范本身的特点所决定的。社区安全防范知识是一个内容极其丰富的知识体系，涉及自然科学和社会科学中众多学科的内容，是对自然科学和社会科学的综合运用。特别是在社区整体的安全防范能力上，所需运用的防范知识和技能更为广泛和全面，否则就会降低社区这一防范系统的整体防范功能。

（3）方式方法的多样性和灵活性。要使社区安全防范宣传教育达到较好的效果，就必须选择好社区安全防范宣传教育的方式方法。在宣传教育的方法上，要根据宣传教育的内容和对象的具体情况采用不同的宣传教育方法，以利于宣传教育的对象对宣传教育内容的理解和掌握。而在社区治安宣传教育的形式上，则应注意宣传教育的形式不应过于死板，而应生动活泼、不拘一格，这样才能激发社区成员学习安全防范知识的主动性和积极性。

2. 社区安全防范宣传教育的内容

（1）党和国家治安管理的方针政策

通过对有关党和国家关于公安工作和社会治安管理的方针政策的宣传教育，一方面可以使社区成员了解我们党和国家对社区治安的重视程度，了解党和国家关于公安工作和社会治安管理的方针政策，以及为搞好社会治安所作的重要指示、工作部署，所采取的工作措施等，从而取得社区成员对治安工作的理解和支持；另一方面，则可以在社区营造浓厚的舆论氛围，培养和增强社区成员的安全防范意识，提高社区成员参与社区安全防范的主动性和积极性。

（2）治安的法律、法规和规章制度

通过对社会及社区治安有关法律、法规和规章制度的宣传教育，一方面可以使社区成员增强法制观念，了解什么应该做、什么不应该做，从而预防社区成员本身的违法犯罪。在这方面，要特别注意加强对特定对象（主要指有轻微违法犯罪的青少年，刑满释放、解除劳教、少管人员等）的宣传教育。另一方面，则可使社区成员懂得如何运用法律武器来维护社区及自身的合法权益，如何运用合法的手段来同违法犯罪作斗争。此外，通过法律、法规和规章制度中有关社区警务内容的宣传教育，还可使社区成员了解社区安全防范的基本知识和相关的制度，从而为社区安全防范的规范化提供有利的条件。

（3）社会主义的道德和优良社区习俗

社会主义道德虽然并不能直接对社区安全防范产生作用，但它们却能对人的行为起到内在强制和外在约束的作用，能够引导人们按照社会所认可的方式行事，因此，能对社区安全防范起到促进作用。社会公德、职业道德、家庭美德是社会主义道德的核心内容，应成为道德宣传教育的重点。

社区习俗是特定地域内社会生活习惯通过长期的创造和积累而形成的行为定型。好的社区习俗不仅是优良社区文化的传承，而且蕴含着对社会行为的道德评价。因此，在社区中搞好优良习俗的宣传教育，不仅可以正确引导社区成员的观念和行为，使社区成员形成良好的道德观念和行为习惯，而且还可以增加社区成员之间的交流，增进社区成员之间的相互理解和信任，在社区内形成团结互助、欢乐祥和的氛围，从而对社区安全防范起到促进作用。

（4）社区安全的防范意识和知识

通过对社会治安形势和主要社会治安问题（特别是有关治安的新形势、新情况和新问题）的介绍和分析，使社区成员对当前社会治安的总体形势和存在的主要治安问题有一个大致认识，从而提高安全防范意识，克服麻痹思想，时刻做好安全防范的心理准备，并对照本社区的实际情况，明确本社区应加强安全防范的重点，进而开展有针对性的工作。通过对违法犯罪和治安灾害事故的状况、特点、规律的宣传教育，使社区成员懂得在日常生活中如何加强防范，如何识别违法犯罪行为、如何发现不安全因素，以及如何采取有效措施应对各种违法犯罪和治安灾害事故。在这方面，应特别注意做好报警知识的宣传教育工作，使社区成员了解报警的重要性，掌握报警所必备的知识，这样不仅可以避免社区成员面对违法犯罪和治安灾害事故时行为的盲目性，而且有利于公安机关及时获取有用信息，提高快速反应和打击违法犯罪、处理治安灾害事故的效率。

3. 社区安全防范宣传教育的形式

（1）口头形式。口头形式是宣传教育工作中最常见、最广泛的一种方式，包括召开事迹报告会、经验交流会、座谈会、专题讲演、理论研讨会、现场会、事故分析会、政治学习辅导会等。通过广播电台与有线广播，利用新闻、科普、少儿节目、听众服务等专题节目进行的广播宣传也是极为有效的一种口头宣传教育形式。

（2）文字形式。文字形式的宣传教育，传播范围大，影响深远。这种形式包括：出版物、报纸、刊物，撰写各种新闻报道、评论、报告文学、宣传理论材料，以及黑板报、墙报、宣传栏、宣传牌、霓虹灯，张贴标语，悬挂条幅、幔帐等形式。

（3）形象形式。形象形式的宣传教育生动、直观、活泼，感染力强，容易被人们接受。如电视、电影、戏剧、小品、录像、图片、绘画、卡通、摄影、幻灯片以及举办各种展览等。音乐、歌曲、曲艺等演唱形式的文艺宣传可以划为这一类。

（4）动作形式。动作形式的宣传教育就是采用肢体语言的方法，通过社区治安工作人员的动作演示、社区成员自己动手操作等形式使社区成员了解和掌握安全防范的知识和技能。如由民警演示人身防范的技巧、指导社区成员进行灭火器材的实际操作演练等。这种宣传教育形式直观、形象，易于理解掌握，尤其为青少年所青睐。

4. 社区安全防范宣传教育的途径

（1）社区自行组织。社区干部组织社区居民学习法律、法规，召开社区居民大会进行宣讲法律、法规，印发有关学习资料等。

（2）结合日常工作进行宣传教育。社区民警要在日常的安全防范工作中，通过对人、地、物、事的管理，发现有碍社区安全防范的行为及时予以规劝、教育、查处，并就如何搞好安全防范对社区群众进行现场指导。

（3）警校共建、警厂共建。比如可以由民警到学校上法制课，担任辅导员，协助学校做好"双差生"（学习成绩差、道德品质差）的帮教转化工作，以防止其违法犯罪。

（4）利用典型案例警示社区群众。对本地区或其他地区发生的典型案例，可以运用广播、电视、网络、黑板报、报刊、幻灯片等多种形式进行剖析，以便让群众从中吸取教训。一方面做好防范工作，免遭不法侵害；另一方面对不法分子也是一个警示。

5. 社区安全防范宣传教育中应注意的问题

（1）搞好社区安全防范情况的调查，是进行社区安全防范宣传教育的首要环节。要使社区安全防范宣传教育取得良好的效果，在进行社区安全防范宣传教育之前必须对社区安全防范本身与之相关的情况做详细的调查。社区安全防范本身的情况包括：社区安全防范的现有资源有哪些、社区安全防范措施的现实情况、社区现有安全防范措施存在哪些问题、社区中已开展的安全防范宣传教育及所取得的效果方面的情况等。与社区安全相关的情况包括：社区的类型及其在安全防范方面的功能特点，社区的自然环境及其对社区安全防范可能产生的影响，社区地理位置及其对社区安全防范的影响，社区人文环境及其对社区安全防范的影响等，只有把这些情况都调查清楚了，在安全防范宣传教育时才能有针对性，才能真正起到好的作用。

（2）应注意根据宣传教育对象的不同层次采取不同的宣传教育形式和方法。社区安全防范教育的对象涉及全体社区成员，在对象上具有广泛性，但同时又具有层次性。因此，在实际宣传教育工作中，应根据不同的教育对象采取不同的教育形式和方法。如对于成年知识分子来说，只要采取口头或文字的形式作简单介绍就可收到宣传教育的效果；而对于青少年来说，这种教育形式无疑过于单调，因此应多采取形象形式和动作形式的宣传教育。又如，对于社区专职防范力量来说，可以多介绍一些识别违法犯罪和治安隐患、应对现行违法犯罪行为和治安灾害事故的知识和技能；而对一般社区成员来说，则应多进行自身防范方面的宣传和教育。

（3）社区安全防范宣传教育要跟上社区安全防范的实际形势。在社区安全防范宣传教育中，民警要随时掌握社区安全防范方面的实际情况，要能了解新情况、发现新问题，只有这样，才能使宣传教育具有针对性，才能切实、有效、及时地解决社区安全防范方面的阶段性问题。

（4）进行社区安全防范宣传教育要善于依靠和发动社区力量。社区安全防范教育是一项极其繁杂的工作，所涉及的问题很多，单靠公安机关和民警难以全面、顺利开展。因此，各个社区应注意充分依靠和发动社区资源，社区居民委员会、治保会、联防队、保安服务公司、社区治安积极分子、学校、单位内部的保卫组织等都是民警在进行社区安全防范教育时可以发动的力量。

（5）社区安全防范宣传教育应精心筹划，周密实施。社区安全防范宣传教育是一项系统工程，在时间上伴随社区发展的始终，因此必须做到精心筹划、周密实施，才能确保社区安全防范宣传教育的顺利进行。要对社区安全防范宣传教育工作进行精心筹划，要在对社区安全防范情况调查了解的基础上，制定出各个阶段社区安全防范宣传教育的工作规划。要加强社区安全防范宣传教育工作的规范化、制度化建设，制定相关的工作制度，制定和完善考证考核制度和奖惩激励机制。要做好与社区的协调工作，使安全防范宣传教育工作得到社区的配合和支持，从而使社区安全防范宣传教育工作做得更加完善和周密。要对社区安全防范宣传教育的效果进行及时收集和反馈，并通过对所收集、反馈的信息的统计、分析来调整宣传教育工作的部署，进一步完善宣传教育的各项工作措施。

10.4.4 专业控制手段

1. 专门调查

社区治安工作中的专门调查，是了解和掌握社会治安情况，查处治安案件、治安事件和治安灾害事故的基本手段。调查研究，实事求是，一切从实际出发，是马克思主义的一个根本原理，是做好一切工作的前提和基础。只有做好调查工作，方能使主观符合客观，在制订规划、判断决策、解决和处理问题时，避免犯主观片面的错误。

（1）调查的种类。调查的种类有综合调查、专题调查、个案调查 3 种：①综合调查。即要调查了解各种违法犯罪活动情况和社会治安动向，调查了解开展某项工作的主、客观条件是否具备，采取哪些步骤和方法，应注意什么问题等，目的是为指导中心工作和全面工作服务。②专题调查。即就某一方面的社区治安工作情况进行专题调查研究，如户口管理、交通管理等。③个案调查。是指为了解决某一具体问题，对单个对象（人或事）进行的调查。如对某一治安案件的调查。

（2）调查的形式。调查的形式包括公开调查和秘密调查有 2 种：①公开调查。即运用社区治安工作的公开手段进行的调查。②秘密调查。是指在不暴露调查人员身份的前提下，以其他名义为掩护或通过布置专门人员进行的调查，包括函调等秘密措施。

（3）调查的方法。调查的方法包括个别访问、开调查会和听取汇报。

2. 巡逻、守望、盘查

巡逻、守望、盘查，是社区治安主体严密控制社会面，应付突发事件，追捕逃犯，预防和打击各种现行违法犯罪活动，维护公共秩序的一种重要手段，既是人民警察的日常勤务之一，也是社区治安的社区主体从事社区治安活动的重要方法。

（1）社区治安巡逻。社区治安巡逻是指为了维护社区治安秩序和社区广大群众的合法权益，由社区治安主体对社区的街道及复杂区域进行一种巡查警戒活动。社区巡逻的工作主要包括观察识别、走访和民事调解。

1）观察识别。即通过经常的走动巡查，对社区内的人、地、事、物进行仔细察看，从中发现异常情况和可疑人员。常见的观察方法有：动态观察，即通过驾驶车辆、步行走动等流动的方式进行观察。静态观察，即静止下来，对周围的人、事、物进行守望观察。跟踪观察，即对异常的人、事、物进行盯梢。反应观察，即对目标施以一定的刺激（如语言、行为），以观察其反应的方法。观察识别异常情况主要从以下几方面进行：一是行为和周围环境不符。二是行为和时间不符。三是行为和身份不符。四是衣着举止及携带物品异常。

2）走访。即深入到居民区、厂区、学校、集市、公共场所和群众交谈，调查了解治安动态。走访的方法可以采用聊天、谈心、对重点人员问话、问卷调查等多种形式。走访的主要目的和任务是：防范、发现、制止违法犯罪；提醒群众注意住宅、厂区、单位内的防范；了解流动人口、重点人员情况。

3）民事调解。即对巡逻中发现的民事纠纷，及时进行调解。

社区治安巡逻在我国社区治安管理中已成为普遍的方式，社区警卫人员的尽职，加之社区志愿者的参与，使我国社区治安环境得到了很大的改善。

（2）社区守望。是指社区治安主体在社区重要地点或案件多发地区，设置岗亭或划定区域，实施警戒、警卫、管制任务，同时受理群众报案、解决疑难问题和便民服务。

（3）社区盘查。盘查，是指人民警察在执行勤务过程中，依法对违法犯罪嫌疑人员进行的盘问和检查活动，是发现、识别、判定违法犯罪嫌疑人员的主要措施之一。盘查权只能是公安民警有权使用，非公安民警的治保人员，如治安联防和保安人员无盘查权。社区盘查包括盘问和检查两种方法。

1）盘问。盘问是公安民警为维护社会治安，对可能有违法犯罪行为的嫌疑人员进行追究式发问，以获取被盘问人口述，从而查明事实真相的一种活动。《人民警察法》第 9 条规定，有下列情形之一的，可以当场盘问、检查：被指控有犯罪行为的；有现场作案嫌疑的；有作案嫌疑、身份不明的；携带的物品可能是赃物的。

2）检查。检查是公安民警对可能有违法犯罪行为的嫌疑人员的人和物当场进行检验、查看，以收集有关证据，查明事实真相的一种活动。检查的内容包括：对可疑人员的证件检查、人身检查（搜身）、携带物品检查和涉嫌车辆检查。

3. 社区矫正

我国社区矫正试点工作从 2003 年开始，2005 年扩大试点，2009 年在全国全面试行。2012 年出台了《社区矫正实施办法》，这是进一步完善中国特色刑罚执行制度的重要成果。《社区矫正实施办法》贯彻了专门机关与社会力量相结合的工作原则，既充分发挥司法行政机关、人民法院、人民检察院、公安机关等国家机关的职能作用，又积极动员社会工作者、志愿者、基层组织、家庭成员等社会力量积极参与；贯彻监督管理、教育矫正、帮困扶助三大任务相结合的原则，整合社区矫正资源，创新教育矫正方法，实现刑罚执行与特殊人群管理的有机结合。

（1）社区矫正含义。社区矫正是与监禁刑罚执行对应的一种非监禁刑罚执行方式，是指将符合法定条件的罪犯置于社区内，由专门的国家机关在有关部门、社会组织和志愿者的协助下，在判决、裁定或决定确定的期限内，矫正其犯罪心理和行为恶习的非监禁刑罚执行活动。社区矫正工作是积极利用各种社会资源、整合社会各方面力量，对罪行较轻、主观恶性较小、社会危害性不大的罪犯或者经过监管改造、确有悔改表现、不致再危害社会的罪犯在社区中进行有针对性管理、教育和改造的工作。

（2）社区矫正的适用对象。适用对象为被判处管制、宣告缓刑、裁定假释、暂予监外执行以及被剥夺政治权利在社会服刑的五种罪犯。实践中，司法行政机关可针对不同的社区矫正对象，采取分类管理、区别对待的矫正措施。

（3）对社会服刑人员社区矫正的任务。对社会服刑的五种罪犯，社区矫正的主要任务是按照有关法律法规，加强对社区服刑人员的管理和监督，确保刑罚的有效实施；通过多种形式，对社区服刑人员进行思想、法制和社会公德教育，矫正其不良心理和行为；帮助社区服刑人员解决在就业、生活等方面遇到的困难。

1）监督管理。司法行政机关要认真履行监管职责，采取多种措施，加强对社区矫正人员的监督管理，监督管理的内容主要有：

一是加强日常管理。要采取有针对性的实地检查、通讯联络、信息化核查等措施，及时掌握社区矫正人员的活动情况。定期到社区矫正人员的家庭、所在单位、就读学校和居住的社区走访，了解、核实社区矫正人员的思想动态和现实表现情况。重点时段、重大活动期间或者遇有特殊情况，可以要求社区矫正人员前来报告、说明情况。

二是加强对适用禁止令人员的监督管理。司法行政机关要根据禁止令的具体内容，结合社区矫正人员的情况特点，制定切实可行的执行方案，明确具体的监督管理措施，落实监督管理责任人，并根据执行情况和效果及时调整执行方案。对于被禁止出入特定区域、场所，接触特定人的，司法行政机关要加强调查走访，及时了解社区矫正人员的活动情况；对于人民法院禁止令确定需经批准才能进入的特定区域或者场所，社区矫正人员确需进入的，县级司法行政机关应当根据具体情况进行审批，并告知人民检察院。

三是严格社区矫正人员的外出、居住地变更审批的程序和时限。认真核查社区矫正人员提交的外出、变更居住地的书面证明材料，如村（居）委会证明、单位证明等。社区矫正人员一次请假时间不得超过一个月。到期仍有外出需求的，需重新办理审批手续。居住地变更涉及具体执行机关的变更，县级司法行政机关还应当在征求新居住地县级司法行政机关的意见后做出决定，并做好衔接工作。

四是要加强检查考核。司法所要定期到社区矫正人员居住的社区、学校、单位、家庭等进行实地检查核查，加强对社区矫正人员日常表现的考核，根据考核结果实施分级管理，调动社区矫正人员改造的积极性。

五是要创新监督管理方式。发挥基层组织、社区群众以及社区矫正人员家属在监督管理中的作用，推广应用手机定位等信息化技术实施监管，提高监管工作的便捷性和实效性。

六是要健全应急处置机制。针对社区矫正人员脱离监管、参与群体性事件、实施犯罪、非正常死亡等情形，制定应急处置预案，与公安机关、检察机关等有关部门建立协调联动机制，确保对突发事件防范有力，处置迅速，应对有效。通过全面加强监督管理措施，促使社区矫正人员认罪悔罪、遵纪守法，防止重新违法犯罪的发生。

2）教育矫正。教育矫正是社区矫正工作的重要任务。在坚持依法、严格、科学、文明管理基础上，对不同犯罪类型、不同情况的社区矫正人员，因人施教，实施个性化教育矫正，是将社区矫正人员改造成为守法公民的重要方法。主要包括以下内容：

① 教育学习。主要是对社区矫正人员的思想教育。包括：一是公共道德教育，即对社区矫正人员进行人生观、价值观、社会公德、职业道德、家庭美德、个人品德等方面的教育，使其树立正确的价值观念，提高道德素质。二是法律常识教育，帮助社区矫正人员学法、用法、守法，增强法制观念和悔罪意识，自觉接受改造。三是时事政策教育，结合党和国家的重要决策部署，结合社会生活中的重大事件，帮助社区矫正人员了解社会形势，知晓国家政策，合理谋求自我发展。社区矫正人员每月参加教育学习时间不少于 8 小时，确保学习效果。

② 社区服务。要求有劳动能力的社区矫正人员应当参加社区服务。需要强调的是，组织符合条件的社区矫正人员参加社区服务，不是惩罚，而是为了培养他们正确的劳动观念、集体意识和纪律观念，强化社会责任感，修复社会关系，进一步得到社会的谅解和接纳。要确保社区矫正人员每月参加社区服务不少于 8 小时，同时注重社区服务的可操作性，考虑社区矫正人员的年龄、性别、健康状况、技能水平、正常工作学习需要等情况，合理安排服务内容和方式。

③ 个别教育和心理矫正。要对社区矫正人员进行有针对性的个别教育，根据个体差异，制定矫正方案，落实矫正措施，做到有的放矢、因人施教。要积极开展心理矫正，对社区矫正人员广泛进行心理健康教育，普及心理健康知识，对有需要的人员提供心理咨询或者心理危机干预，帮助他们康复心理，健全人格，提高适应社会的能力。

④ 考核及分类管理。要求司法所根据社区矫正人员接受监督管理、参加学习教育和社区服务等情况，定期进行考核，并根据考核结果，实施分类管理，给予不同处遇。对于不服从监管、不认真参加学习教育和社区服务的，应当严格管理措施，加大教育力度，甚至给予相应处罚，确保矫正效果。

3）帮困扶助。社区矫正人员是罪犯，但同时也是需要社会给予特殊关爱的对象，对社区矫正人员开展帮困扶助，是为了帮助他们更好地融入社会。社区矫正中的"帮困扶助"是对社区矫正人员监督管理、教育矫正基础上的社会适应性帮助。

司法行政机关应当根据社区矫正人员的需要，协调有关部门和单位开展职业培训和就业指导，帮助落实社会保障措施。各级司法行政机关要积极推动把社区矫正工作纳入社会管理服务工作体系，落实相关政策和措施，协调解决社区矫正人员的就业、就学、最低生活保障、临时救助、社会保险等问题，为社区矫正人员融入社会创造条件。要建立与民政、财政、人力资源和社会保障、税务、工商等有关部门的沟通协调机制，根据社会发展和矫正工作实际需要，完善和落实各项帮扶政策，为有效开展帮扶提供政策保障。要加强社会资源的整合利用，广泛动员企业事业单位、社会团体、志愿者等各方面力量，发挥社会帮扶的综合优势，努力形成对社区矫正人员帮扶的社会合力，提高帮扶效果。

（4）对未成年人的社区矫正。对未成年人实施社区矫正，应当遵循教育、感化、挽救的方针，按照下列规定执行：一是对未成年人的社区矫正应当与成年人分开进行。二是对未成年社区矫正人员给予身份保护，其矫正宣告不公开进行，其矫正档案应当保密。三是未成年社区矫正人员的矫正小组应当有熟悉青少年成长特点的人员参加。四是针对未成年人的年龄、心理特点和身心发育需要等特殊情况，采取有益于其身心健康发展的监督管理措施。五是采用易为未成年人接受的方式，开展思想、法制、道德教育和心理辅导。六是协调有关部门为未成年社区矫正人员就学、就业等提供帮助。七是督促未成年社区矫正人员的监护人履行监护职责，承担抚养、管教等义务。八是采取其他有利于未成年社区矫正人员改过自新、融入正常社会生活的必要措施。犯罪时不满18周岁被判处五年有期徒刑以下刑罚的社区矫正人员，也适用上述规定。

对未成年人社区矫正工作的要求，要注意把握以下几个方面：一是在适用社区矫正前的调查评估过程中，注意从有利于未成年人接受矫正、有利于其成长的角度，做出调查评估报告。二是司法行政机关要会同有关学校、单位、未成年社区矫正人员家庭建立监督帮教小组，共同关心帮助未成年社区矫正人员。三是要注重加强对其思想道德法制教育，增强其法制观念，树立正确的人生目标。四是要注重运用适合未成年人特点的方式方法实施教育矫正。五是要注重对其心理健康教育，特别要发挥心理咨询、心理矫正的积极作用。六是要提高对其帮扶措施的针对性和有效性，尤其是要充分运用好有关政策，协调解决其就学、就业方面的问题。七是要注意培养、设置专门人员从事未成年人社区矫正工作，提高管理教育水平。八是要贯彻落实新修订的《刑事诉讼法》、《未成年人保护法》、《预防未成年人犯罪法》的有关要求。

4. 监督检查

监督检查是贯彻执行治安工作法律法规和各项规章制度的重要手段，也是社区治安主体发现问题、堵塞漏洞的有效方法。

监督检查从内容上分，根据实际情况，既可以进行单项内容的检查，如对防火、防盗等情况的检查，也可以进行多项综合性内容的监督检查，如全面的安全大检查等；监督检查从组织形式上可分为上级检查、自我检查和联合检查；监督检查从时间上可分为定期检查和不定期检查（包括季节性的监督检查，如农村的防火监督检查等）；监督检查从范围上可分为普遍检查和抽样检查等。

10.4.5 信息手段

社区治安信息化是新形势下推动公安工作发展进步的基础。新的历史时期公安机关处于保障公共安全、维护社会稳定的最前沿。这就要求公安机关顺应信息化的发展，对社区内的"人、地、物、事、组织"实施有效的控制；对社区的各种倾向性、苗头性、预警性信息进行全面调查了解和掌控，并及时录入微机启动警务信息化链条，达到资源共享，防范效能的最大化，为公安内部各职能部门及时提供全面、准确、翔实的信息，为决策层服务，为快速反应服务。因此，只有实现社区警务信息化，才能与社会发展相适应，才能为实现公安工作的高层次发展奠定基础。

1. 社区治安信息的涵义

信息是表现事物运动状态特征的一种普遍形式，是人们在与物质相联系的过程中所反映出来的表示事物形态结构和特征的信号，包括各种数据、指令、消息、情报等。

社区治安信息是社区治安工作、社区治安状况以及治安环境状况的表征和反映。也就是说，凡与社区治安活动有联系的人、地、事、物等的各种情况的数据、消息、情报、图表等都是治安信息。

2. 治安信息的作用

信息可以消除人们认识事物的不确定性，提高人们对事物的调节和控制能力，提高社会活动的有序性和工作效率。治安信息是社区治安主体的工作构成要素之一，也是现代社区治安工作的基础。治安信息的作用体现在以下 3 个方面：

（1）治安信息是社区治安工作决策的基础。治安决策是社区治安工作主体最重要的职能，治安决策的过程就是信息的收集、传输、处理和使用的过程。

（2）治安信息是社区治安工作部门互相联系的桥梁和纽带。

（3）治安信息是实现社区治安工作职能的必要手段。

3. 社区治安信息的收集渠道

治安信息收集的基本要求体现在 4 个方面，即主动积极、准确及时、经常全面、依法收集。社区治安信息的收集渠道主要有以下 4 个：

（1）通过社区治安主体的日常社区治安工作进行收集。

（2）通过对刑事案件、治安案件、治安灾害事故的侦查与调查，处理违法犯罪行为，检查安全防范状况等活动进行收集。

（3）通过社区治安主体深入社会治安第一线进行观察、调查访问和召开群众座谈会等进行收集。

（4）通过群众检举、揭发等途径进行收集。

4. 社区治安信息收集的基本手段和方法

收集社区治安信息的基本手段主要有人工收集和机器收集两种。收集方法主要有观察法、调查法、查阅法、综合分析法（即综合预测法，是通过对一定地区、一定时间内发生的刑事案件、治安案件、治安事件、治安灾害事故等进行分析研究，预测今后一段时间内的治安状况发展趋势的方法）、利用科技手段（如监控等）收集法。

10.4.6　经济和科技手段

社区治安的经济手段，是指依据经济利益原则、借助经济杠杆作用所采取的强化社区治安工作的措施。我国目前社区治安工作中通常运用的经济手段有：一是推行治安承包责任制，这一制度属于群众性治安防范的一种责任形式，主要是通过雇请专职或兼职治安员，在一定范围承担特定治安防范内容和职责，由有关单位和居民群众等筹集经费，承担其工资补贴的一种经济手段。二是由保安服务公司提供有偿保安服务。三是内部安全保卫责任制，是指根据"谁主管、谁负责"的原则，机关、企事业单位的第一治安负责人，通过分级管理和岗位承包，将内部安全保卫责任制落到实处。其基本经验就是将治安工作寓于行政、企业管理之中，做到同计划、同布置、同检查、同总结、同评比、同奖惩。

科技手段是将现代科学技术应用于社区治安工作的手段。社区治安工作的现代化的重要标志就是社区治安工作要广泛应用现代化的科学技术手段。同时，科技手段在社区治安工作中的运用，也是适应社会治安情况变化的客观需要。科技手段的运用渗透于社区治安工作的各个方面，社区治安主体应高度重视科技手段在社区治安中的作用，积极探索科技手段在社区治安中的运用范围和具体方法。

【特色案例】

案例一：苏州出租屋超市解社区治安难题

本报南京6月3日电在江苏苏州吴中区郭巷街道国泰社区，依托社区警务室建立的"出租屋超市"，成立一年多，有效破解因租房带来的各种治安案件。据统计，"出租屋超市"成立至今，只发生盗窃案件23起，远低于2011年的109起。

该模式自推出以来，国泰社区流动人口的动态管控率上升32.6%，真正做到了人来登记，人走注销；社区内入室盗窃、盗窃电动车等各类侵财型案件下降137%，辖区治安环境明显好转；辖区出租房在警务室的登记覆盖率达98%以上。

据悉，国泰社区于2011年12月依托社区警务室，成立"出租屋超市"。房东有房出租，警务室民警负责信息录入，并通过社区电子显示屏公布；有人想租房，向社区警务室民警提出要求，找到合适房源后由民警陪同看房；一直到最后签约时，租房合同的提供也由警务室负责，并监督签约，还不向双方收取中介费。

由于租房整个过程时刻在警方"眼皮"下，房东和租客都非常放心，"出租屋超市"很快受到群众的欢迎。据统计，截至目前，"出租屋超市"已为900多户社区居民和约2000名租户提供了免费租房服务。

社区警务室民警许林明说，"出租屋超市"使租房更规范，引发的各种矛盾纠纷大大减少；居民们切实感到放心租房等好处，主动提供信息或配合调查，使警方掌握暂住人口信息的工作大为便利；民警的工作强度得到缓解，从而把更多注意力放到治安方面，使社区治安环境不断改善。

（王伟健. 人民日报，[2013-06-04]. http://news.163.com/13/0604/04/90GGKTN600014AED.html）

案例二：武汉某社区片警姐妹花妙招化解小区治安难题

以往街坊之间，一家有事喊一嗓子，邻居都伸手帮忙，可随着城市房屋越长越高，这样的场景逐渐消失，这也给治安防范带来很大困扰。和平社区（江南春城小区）是青山区的第一个高层小区，19栋高层住宅全部都是10层以上。社区一对姐妹花片警，用三招来化解这一新式高层小区治安防范的难题。

昨天，一走进和平社区警务室，两个笑颜盈盈的制服美女就迎了出来，她们是高丽和袁璐，这个社区的管段民警。这是武汉市唯一的一对姐妹花片警。41岁的"姐姐"高丽看着比实际年纪小得多，在和平社区还是老房子时，她就一直是这里的片警，与周围的群众熟悉得很。25岁的"妹妹"袁璐，则是今年警方开展警务机制改革以来，6月份"下沉"到和平社区的，她利用自己信息化的特长，迅速在社区内建立起了QQ群和微博。居民们都说，这是一对"脚板"＋"键盘"的组合，也是一对"传统＋科技"的组合。高丽说："有时候，男民警敲住户的门，很多人有紧张情绪，不愿意打开，但是一听到我俩的声音，大家都愿意开门，从未给我们吃过闭门羹。"

妙招 1：每月开警务"议事会"

高层小区中，通常住的都是小夫妻，以上班族居多，平常在家也是大门不出二门不迈的，如何才能得知大家最近怕些什么，防些什么？姐妹花想到个好主意：让业主每月一会。高丽和袁璐邀请小区内有一定代表性和号召力的业主，如政协委员、银行经理、商户等共 15 人，组建了"和平社区警务议事会"，每月开个小会，解决社区群众关心的治安问题。4 月 26 日以来，议事会决定推行"电动车进出社区发牌查验制"，实现了电动车被盗零警情。

另外，二人还选了 30 名热心居民，组建了一支治安志愿者队伍。"有时，我们民警还没到，志愿者已经把纠纷都调解好了！"还别说，志愿者也能帮大忙。今年 8 月 5 日，一名志愿者小杨在小区对面的交通银行门前看到一伙人开着汽车偷电动车，马上记下车牌号，向姐妹花汇报，二人与红卫派出所视频侦察专班联动，最终打掉了一个吸毒人员结伙盗窃电动车的犯罪团伙。

妙招 2：利用微博也能办案

小区中的年轻人多，网虫也多。如今，民警与居民沟通也进入"信息时代"了。

"我在网上看到一个网站，是现在最火的节目《中国好声音》，我在网上报了名，但对方称好声音都是实名报名，要交 2000 元的保证金，这到底是真是假？"前几天，19 岁的吴晴拿不准了，找到警务室，向高丽和袁璐求助。姐妹俩登上网页一看，明显是假的！她们除了跟吴晴说明白了以外，还在 QQ 群发出了这一则提示，避免更多的居民受骗。

本月初，王女士随手发在"和平社区警务室"微博上的一句话，引起了袁璐的注意："都 7 点多了，小伢还没回家"。8 点多时，袁璐再次跟王女士联系，此时的她已经急得团团转了，孩子还没回来！袁璐与高丽急忙和王女士一起到处寻找，将近 10 点时，才在和平公园找到贪玩的孩子。

妙招 3："维权角"成了"欢乐角"

在和平社区警务室，有一个贴满卡通图案的角落，这是该社区的传统项目"红卫维权角"，这里曾是青少年法治教育工作的典型。如今，"维权角"成了"欢乐角"，社区里的孩子们经常在这里一起写作业、一起画画。"维权角"还贴有一个卡通长颈鹿，是给孩子们量身高的地方。"有时，有小伢经过，我总是喊他们过来量量，看长高了没有。"高丽说。

小区居民刘先生、王先生住楼上楼下，两家人因装修漏水发生过纠纷，尽管民警调解后平息了事态，但双方见面后仍视为陌路人。后来，高丽和袁璐发现两家的小孩都喜欢来维权角，便将两个孩子编在一组，成了好朋友。一天，两家长来到警务室接孩子，发现孩子的小伙伴竟是对方的家人，家长们也不好意思了。后来，二人主动打招呼，摒弃前嫌，后来两家来往越来越密切。

（记者梁爽，通讯员孙伟、余志浩、张光华．http：// news. 163. com/12/0821/10/89E5D6T000014JB6.html）

案例三：广西柳州市积极探索解决"三无"小区治安难题

新华网广西频道 11 月 21 日专电"三无"小区是指无物业管理、无保安门卫、无业主委员会的小区。近年来，随着城市规模扩大，城市老城区中的"三无"小区已经成为社会治安综合治理的"盲点"和社会稳定问题的薄弱环节。近年来，广西柳州市公安局通过广泛依靠小区居民，采取一系列措施，逐步摸索出一条变"三无"小区为平安和谐小区的做法，对城市低收入群体相对集中的居民小区建设作出了有益探索。

"三无"小区无人睬 "黄牛过河各顾各"

"'三无'小区人人怕，无主无保（安）无物业；八旬老翁不敢睡，5分（钟）摩托被盗走；下岗弱势无人睬，黄牛过河各顾各！"这是多年来流行在柳州市"三无"小区的顺口溜。

1994年开发的国泰花园一共有9栋，418户，近1700人。大部分居民都是城市改造拆迁户、廉租户，属于典型的低收入群体。20世纪90年代以来，随着企业改制，破产改制的单位下岗人员增多，大部分居民家庭生活困难，领取低保人员比例达到80%，甚至连每月28元的物业费都交不上。

2004年之后，入不敷出的物业公司撤离了国泰花园。短短几年时间，这里就成为"小偷的天堂"。民警黄钢毅告诉记者，最初是偷汽车、摩托车、电动车，无车可偷后，就变为偷路灯，偷剪照明线路，偷防盗铁门。国泰花园小区老人黄俊强说："没有物业，也没有保安，连路灯都没有，我有半年多时间不敢睡觉，就是怕小偷把家里唯一值钱的电视机偷走。每晚看电视到天亮才敢睡觉。"

柳州市公安局的统计表明，2004年之前，全市有755个居民小区，其中有近300多个"三无"小区。"三无小区"的报案率、发案率居高不下，成为城市社会稳定的重大隐患。

"七步工作法"：奠定"取信于民"的管理基石

柳州市公安局长胡明朗在深入调研后明确表示："社会治安没有贫富贵贱之分，保障社会治安一定要彻底解决好'三无'小区治安难题。"

2006年以来，市公安局通过推行"七步工作法"，力求尽快改变小区管理混乱状况，改善小区居民生活环境。"七步工作法"第一步是调查摸底，掌握小区现状；第二步是宣传发动，民警与社区干部联合"造势"，推动小区治理良好氛围形成；第三步是民警帮助群众组建群众自管队伍；第四步是规范自管队伍工作方式；第五步是筹集资金，解决管理经费来源；第六步是将口头承诺付诸实践，让群众看到实实在在的效果；第七步是实施效果反思，出台规章制度。柳州市市长郑俊康表示："'三无'小区管理问题，涉及最广大老百姓的切身利益，政府部门责无旁贷。"

真抓实干：带来小区由乱变治

多位基层民警表示，"三无小区"管理表面上积重难返，但从老百姓到民警、商家都希望能够扭转现状，只要牢牢依靠群众，扎实做好每一件事，就能将环境彻底改变。

破解"三无小区"环境治理难题过程中，基层派出所和民警往往采取"自掏腰包"的办法，预先垫付改善环境的资金，完善小区内的安保人员、电线路灯、围墙护栏、出入车牌等。在管理过程中，基层民警创造性地从停车费、提供充电等服务项目中收取管理费，不仅没有引起居民的抵触情绪，而且认为"物有所值"。一些小区还利用前期收费的结余，安装了摄像头，摄像头全部纳入市公安局的"天眼"范畴，进一步强化了小区的安全管理措施。

接受记者采访的"三无"小区居民感慨地说："派出所民警一天24小时不是在岗位

上，就是在社区里协调管理，这样的公安我们信得过。"市公安局鱼峰分局政委覃柳说："'三无小区'和'七步工作法'推行以来，辖区内'三无'小区就成立自管队伍 20 个，小区发案率与往年相比下降 30％以上。"

（记者何丰伦．http：//news. 163. com/10/1121/06/6M0C5KU100014JB5. html）

【复习思考题】

1. 社区治安的含义及特征是什么？
2. 社区治安的任务有哪些？
3. 社区治安的原则是什么？
4. 社区治安有哪些手段？
5. 社区治安宣传教育手段的内容和形式如何？
6. 社区治安专业控制手段的内容和方法有哪些？

参 考 文 献

1. 魏娜. 社区管理原理与案例. 北京：中国人民大学出版社，2012

2. 袁继红. 社区管理实务. 北京：电子工业出版社，2009

3. 黄文，佟丽萍. 社区建设与管理. 大连：大连理工出版社，2009

4. 蒋奇. 社区建设与管理. 北京：北京大学出版社，2008

5. 吴鹏森，章友德. 城市社区建设与管理. 上海：上海人民出版社，2007

6. 陈潸，徐越倩. 社区公共事业管理. 北京：北京邮电大学出版社，2007

7. 郭强. 中国社区建设报告. 北京：中国时代经济出版社，2007

8. 孙桂华. 社区建设. 北京：中国劳动社会出版社，2006

9. 张俊芳. 中国城市社区的组织与管理. 南京：东南大学出版社，2004

10. 赵勤. 社区管理. 北京：中国劳动社会保障出版社，2007

11. 汪大海. 社区管理. 北京：中国人民大学出版社，2009

12. 夏建中. 社区工作. 北京：中国人民大学出版社，2009

13. 黛玉林. 物业管理实务. 北京：化学工业出版社，2007

14. 李斌. 物业管理-理论与实务. 上海：复旦大学出版社，2006

15. 李航. 城市社区文化建设的发展趋势研究. 北京：未来与发展，2009

16. 叶忠海，朱涛. 社区教育学. 北京：高等教育出版社，2009

17. 陈乃林，张志坤. 社区教育管理的理论与实务. 北京：高等教育出版社，2009

18. 陈潸，徐越倩，许彬. 社区公共事业管理. 北京：北京邮电大学出版社，2007

19. 王劲松，徐嘉. 我国城市社会保障制度的发展与改革. 长春：社会科学战线，2009